引进外资与对外投资互动发展的逻辑与对策研究：

浙江实践

A Study on the Theory Basis and Countermeasures of the Interactive Development between IFDI and OFDI:

Based on the Practice in Zhejiang Province

钟昌标 黄远浙 叶劲松 著

中国财经出版传媒集团
经济科学出版社
Economic Science Press

图书在版编目（CIP）数据

引进外资与对外投资互动发展的逻辑与对策研究：浙江实践／钟昌标，黄远浙，叶劲松著．—北京：经济科学出版社，2020.7

ISBN 978-7-5218-1652-5

Ⅰ．①引…　Ⅱ．①钟…　②黄…　③叶…　Ⅲ．①外资引进－研究－浙江　②对外投资－研究－浙江　Ⅳ．①F832.755

中国版本图书馆 CIP 数据核字（2020）第 109234 号

责任编辑：杨　洋　卢玥丞
责任校对：蒋子明
责任印制：李　鹏　范　艳

引进外资与对外投资互动发展的逻辑与对策研究：浙江实践
钟昌标　黄远浙　叶劲松　著
经济科学出版社出版、发行　新华书店经销
社址：北京市海淀区阜成路甲 28 号　邮编：100142
总编部电话：010-88191217　发行部电话：010-88191522
网址：www.esp.com.cn
电子邮箱：esp@esp.com.cn
天猫网店：经济科学出版社旗舰店
网址：http://jjkxcbs.tmall.com
北京时捷印刷有限公司印刷
710×1000　16 开　14.5 印张　250000 字
2020 年 7 月第 1 版　2020 年 7 月第 1 次印刷
ISBN 978-7-5218-1652-5　定价：50.00 元

目　录

第一章　导　　论

第一节　问题的提出

外商直接投资（IFDI）和对外直接投资（OFDI）是国际直接投资的两个对立统一的部分，已有研究较多从 IFDI 或 OFDI 单一视角展开分析。但在当前中国的对外开放实践中，已经呈现双向 FDI 并驾齐驱的格局。因此，很有必要将 IFDI 与 OFDI 纳入到同一个体系，从投资主体和区域协调等维度研究二者互动发展的内在机理。此外，考虑到中国进入了新的发展阶段，从原先注重发挥劳动力、自然资源优势，到注重提高劳动生产率、寻求质的发展，需要重视双向 FDI 互动发展对生产率的影响，以推动中国经济可持续发展。浙江省民营经济发达，其对 IFDI 和 OFDI 的需求具有很强的原生性特征，对浙江双向 FDI 互动发展的研究，更容易探索同一体系的元素与结构。

在探索中国双向 FDI 互动发展路径时，需要关注诸多环节的相互关联。首先，我们要把下列几个问题搞清楚：

第一，当前 IFDI 与 OFDI 的发展情境发生了哪些变化？

从实践上看，在中国改革开放的前三十多年，IFDI 和 OFDI 的发展是不同步的，较长时期把重点放在“引进来”上，直到 2000 年中国政府才正式提出“走出去”战略，把对外投资提到了国家战略的高度，并指出要把“引进来”和“走出去”紧密结合起来。随后，中国企业的对外直接投资快速增长，2014 年中国双向投资按现有统计口径首次接近平衡。由于中国 IFDI 与 OFDI 成长于不同的背景，承担的使命也有较大差异，所以必须正确把握两者的发展历程和变化趋势，才能开展下一步的发展路径设计。

浙江民营经济发展历程中积累了大量的民间财富，对比广东和江苏，浙江最初对IFDI的依赖并不大。只是在产业结构升级的迫切需要背景下，浙江加快了引进外资业务。可以说，浙江双向FDI发展的不同步性相对没有全国层面那么突出，但还是需要进一步总结双向FDI的发展特征。

第二，为什么要研究IFDI与OFDI的互动发展？

当前，中国经济出现了一些新的特征。

从宏观层面看，现阶段中国经济发展面临着诸多结构性问题，低端产业生产过剩，高端产业生产不足，以低端产品为主的中国出口贸易受阻，减缓了中国经济的前进步伐。以往中国主要通过内循环政策来调整经济，着重从解决内需方面入手，但并没有解决问题。当前国际上，贸易和投资联系越来越紧密，二者推动IFDI与OFDI互动发展，在动态开放中优化经济结构，将有助于解决中国经济的结构性问题。

从经济增长方式看，中国过去三十多年在很大程度上体现为：以大量剩余劳动力的存在为前提的投资依赖型经济增长方式。外资的进入起到了消化剩余劳动力的作用，但当大量剩余劳动力不再存在时，经济的一般状态将逐渐转向供给决定型，经济增长也将更依赖于技术进步和创新。“以市场换技术”的引进外资模式确实在我国经济发展的前一阶段起到了提升技术水平的重要作用。然而，当中国与发达国家的技术差距渐渐缩小的时候，单纯地依靠引进、模仿国外技术已不再有很多的发展空间。为此，在继续推动自主研发和原始创新来实现技术进步的同时，如何尽快调整外商直接投资政策，推动IFDI与OFDI互动发展以促进技术进步已成为一个重要举措。

从国际环境看，世界贸易与投资规则正在面临调整。民粹主义获得追捧，逆全球化浪潮汹涌，美国与欧洲试图重塑国际规则。国内外形势的变化，势必会影响IFDI与OFDI的发展，同时也赋予了IFDI与OFDI新的发展使命。

浙江是一个开放程度较高的沿海发达省份，在很多领域扮演着先试先行的角色。以浙江为样本的研究，势必更有引领和推广价值。

第三，IFDI与OFDI能否互动发展？二者互动发展的动力机制是什么？

迄今为止的主流国际投资理论研究有个明显偏向，即几乎全部基于欧美工业化国家的自由市场制度框架。主流经济学家们认为：只要留出足够的时间，市场便会自我修复。由此推导，IFDI 与 OFDI 是可以协调发展的。在漫长的发展过程中，发达国家的 IFDI 与 OFDI 通过不断的试错和修正，实现了自我协调、互动发展。

但是，随着国际经济发展渐趋复杂，我们必须主动探寻 IFDI 与 OFDI 的互动关系，而不是期待二者自动协调。已有研究鲜见地把 IFDI 与 OFDI 放在一个框架里，系统地梳理出二者相互影响的作用机理。况且，中国经济发展有其自身的特点，“摸着石头过河”式的发展模式更像是一个黑箱，其真实过程亟待揭示。浙江民营经济发达，具有较强的市场经济特征，有助于我们找出更接近真实情况的答案。

第四，双向 FDI 互动发展昭示的方向是什么？能否改善中国企业在全球价值链的地位？

改革开放以来，通过鼓励跨国公司对华直接投资，利用其资本和技术等优势，大力发展劳动密集型产业嵌入全球价值链，促进经济发展；通过鼓励企业对外投资，获取自然资源以及市场等以弥补国内发展不足而产生的短缺和短板。但是，单一的“引进来”或“走出去”显然很难解决转型升级和提升全球价值链地位等问题，还可能陷入“低端锁定”的状态。生产率的提高不仅能够促进创新，亦能够推动产业转型升级，是促进经济发展的重要保障。IFDI 与 OFDI 互动发展如若有助于生产率的提高，势必对我国产业转型升级大有裨益。

浙江民营企业在“走出去”中取得了很多值得推广的经验，但在提升全球价值链地位方面并不是很理想。借助于 IFDI 的力量，通过双向 FDI 互动发展是一条值得尝试的道路。

第五，如何更有效地发挥 IFDI 与 OFDI 互动作用？

国际直接投资宏观上表现为资本流动，中观上表现为产业分工与协作，但根本上看还是要通过企业的跨国经营活动来实现，很有必要从政府、产业和企业行为来解析 IFDI 与 OFDI 在中国经济发展中的作用。注重 IFDI 与 OFDI 互动发展将是我国进一步高水平对外开放的方向，通过国内外产业发展的互补，提升 IFDI 与 OFDI 互动作用的效果。

在中国经济发展的舞台上，民营企业的投资行为更具市场化特征，应该重视像浙江这种民营经济发达的省份，跟踪观察其民营企业的对外投资行为，探索企业对外投资速度、宽度对企业绩效和创新的影响，特别需要挖掘投资失败案例，揭示其警示价值。

第二节　国内外文献综述

一、IFDI 与 OFDI 互动发展可能性与必要性研究

1. 可能性研究

邓宁投资发展路径（IDP）理论是分析引进外资与对外投资关系的重要理论支柱。该理论认为，引进外资和对外投资理论分为四个阶段，随着经济发展水平的提高，一个国家引进外资与对外投资在动态变化。朱华（2009）发现中国对外投资处于 IDP 理论的第二个发展阶段而不是第三阶段。实际上，目前中国已经是投资净流出国，IDP 理论并不完全符合中国发展的实际情况，但是该理论证实了引进外资和对外投资动态变化中互动的可能性。

2. 必要性研究

IFDI 和 OFDI 都动态地影响着储蓄、投资的均衡水平和资源配置效率。因此，把二者引入一个均衡框架进行考察，有利于一国对引进外资与对外投资进行有效的宏观协调。有学者研究发现，中国引进外资和对外投资的流入与流出规模及结构存在一些问题，武鹏和潘小春（2014）发现，对华直接投资主要集中在第二、第三产业且规模相当，而对外投资主要集中在第三产业且规模较大。一个健全的开放型经济是靠资金的流入和流出共同组成的循环机制建立起来的。如果长期偏重于资金流入，被动地融入国际分工体系，就会对外来资金和技术产生依赖。此外，外国投资者一般会按照自己既定的产业调整战略进行直接投资，不会照顾东道国和地区利益，对东道国和地区的市场和产业安全可能会带来一定的负面影响。而通过“走出去”参与国际分工，

则会从更大范围、更广领域和更高层次上展开竞争与合作，变被动为主动，利用“两个市场、两种资源”实现本国的战略利益（朱华，2010）。

二、IFDI 与 OFDI 相互关系研究

经济新常态下，国家在平衡 IFDI 和 OFDI 方面尤其重视。把“引进来”和“走出去”更好地结合，将促进国际国内要素有序自由流动、资源高效配置、市场深度融合，加快培育参与和引领国际经济合作竞争新优势。习近平总书记在 2014 年中央经济工作会议明确指出：面对对外开放出现的新特点，必须更加积极地促进内需和外需平衡、进口和出口平衡、引进外资和对外投资平衡，逐步实现国际收支基本平衡，构建开放型经济新体制。2015 年全国两会的《政府工作报告》提出，实施新一轮高水平对外开放，加快实施“走出去”战略，以丝绸之路经济带和 21 世纪海上丝绸之路合作建设为平台，构建全方位对外开放新格局。引导 IFDI 和 OFDI 协调发展，实现高质量的“引进来”与大规模的“走出去”，完成我国产业结构升级，已成为党和国家关注的重要问题。

一些学者认为引进外资与对外投资之间是正相关关系（Banga，2007；Anil et al.，2010；王增涛等，2009），两者甚至可以齐头并进，而无先后顺序（邢厚媛，2008；王彦敏，2008）；另外一些学者认为两者之间存在互为因果的辩证统一关系（Lee & Plummer，1992；肖光恩，2009；李辉和张雪莲，2010）。谢康和于蕾（2003）论证了吸引外资与对外投资相结合的投资战略的必要性和可行性，提出吸引外资为对外投资奠定了物质基础，提高了企业对外投资的国际竞争力，带动了中国产业结构升级。有学者进一步分析了两者的相互作用，发现引进外资与对外投资之间存在着稳定的均衡关系（王增涛等，2009），“引进来”是“走出去”的基础，“走出去”是对外开放的更高阶段。在此基础上，朱华（2010）认为两者不仅是因果关系，还存在互补关系，即对外投资能够弥补利用外资的不足。

一般来说，发展中国家“走出去”要滞后于“引进来”，“走出去”和“引进来”是相辅相成、相互促进的内在辩证统一关系。洪俊杰等（2016）

认为 IFDI 和 OFDI 分别承担着促进国内经济发展、产业结构升级和全面提高我国开放型经济的功能，二者之间是相互联系、相互作用的。

上述研究更多地侧重于定性的描述或分析，对于定量的分析和解释并不多见，少有文献关注 IFDI 对 OFDI 产生的影响。如，卡尔森等（Karlsen et al.，2003）指出，有效利用具有知识溢出的外资企业有助于内资企业开展对外商业活动，将经营活动缩小到外商直接投资后，也证实了 IFDI 有利于东道国和地区企业的对外投资（Yao et al.，2016）。然而，也有学者的研究表明，IFDI 所产生的知识溢出会降低以寻求知识为目的的新兴经济体企业海外投资的可能性（Li et al.，2012），将海外投资行为进一步细化为国际化投资动机、程度和速度后，发现确实存在显著的负向关系（Ma et al.，2015）。存在争议的可能原因是上述研究并未考虑到 IFDI 的投资类型，顾倩和吕文珍（Gu & Lu，2011）的研究表明合资型 IFDI 所产生的溢出效应有利于 OFDI，而独资型 IFDI 则不利于 OFDI，也有学者分析了 IFDI 对新兴经济企业 OFDI 的区位选择、资产寻求导向和进入模式的影响（Hertenstein et al.，2017）。

三、双向 FDI 的作用效果研究

双向 FDI 的作用绩效研究主要围绕着双向 FDI 对产品质量、技术进步和产业结构的影响展开。从研究视角看，早期研究基本是从 IFDI 或者 OFDI 单一视角展开，近几年把双向 FDI 纳入统一体系的研究开始增多。

在 IFDI 对东道国和地区出口产品质量的影响方面，许多学者论证了其正面影响（Aitken & Harrison，1999；Kneller & Pisu，2007），也有学者从行业的异质性得出了双重影响（李坤望和王有鑫，2013）。OFDI 的影响更为复杂，杜威剑和李梦洁（2015）、李骥宇和李宏兵（2018）的研究认为 OFDI 显著地促进了母国产品质量升级。程凯和杨逢珉（2019）建立了一个包含 IFDI 和 OFDI 的体系，发现 IFDI 和 OFDI 对出口产品质量具有显著的提升作用，而且 OFDI 的提升作用要大于 IFDI。

国内外学者围绕着双向 FDI 技术溢出效应的存在性展开了大量研究。一般而言，人们都会认为国外企业特别是跨国企业具有内生优势，他们拥有先进的产品技术、过程技术、管理技术、广阔的市场通道和先进的机器设备，IFDI 会产生溢出效应，促进东道国和地区的技术进步（Liu et al.，2000；沈坤荣和耿强，2001；Kugler，2006；Javorcik & Spatareanu，2008），但也有人提出质疑（Djankov & Hoekman，2000；Damijan & Knell，2005），阿巴克和布莱德（Akbar & Bride，2004）也发现市场寻求型 FDI 有利于转轨国家经济的长期发展，但资源导向型 FDI 不利于东道国和地区企业技术进步和人民福利的增加。布兰斯特（Branstetter，2006）、白洁（2009）论证了 OFDI 存在逆向技术溢出效应，但蒋冠宏（2017）指出在不同国家的跨国并购对我国企业生产率进步具有不同的影响，高收入国家具有显著的逆向技术溢出效应，而中低收入国家的逆向技术溢出效应则为非显著的，叶建平等（2014）则指出我国不同省份的 OFDI 具有较强的区域差异性。邵玉君（2017）同时考虑了双向 FDI 的作用，欧洲、美国、日本对中国的 IFDI 和中国对欧洲、美国、日本的 OFDI 阻碍了中国的技术进步，而同期在其他国家或地区的 IFDI 和 OFDI 则促进了中国的技术进步，且这些国家越开放越有利于中国的技术进步。凌丹等（2018）也建立了双向 FDI 模型，发现中国 IFDI 技术溢出和 OFDI 技术溢出均显著促进了国内技术进步，且二者存在互补关系，但是这一效应很微弱。分区域来看，东部地区 IFDI 技术溢出、OFDI 技术溢出以及二者的交互效应均显著促进了技术进步；但在中西部地区，仅有 OFDI 技术溢出促进了技术进步，IFDI 技术溢出以及二者的交互效应均未能促进地区技术进步。

双向 FDI 对产业结构的影响大多是通过技术溢出效应实现的。贾妮莎等（2014）发现，在短期 IFDI 对产业结构升级的贡献更为突出，长期来看，中国双向 FDI 对产业结构升级均有促进作用，但 IFDI 对产业结构高度化的促进效应更显著，OFDI 则对产业结构合理化的促进作用更显著。霍忻和刘宏（2016）发现短期内，通过 OFDI 溢出的国外研发资本存量对国内产业结构升级产生了明显的优化效应；长期中，同国内研发、IFDI、进口贸易相比，通过 OFDI 溢出的国外研发资本存量对我国产业结构升级的促进作用偏弱。凌丹等（2018）认为中国 OFDI 技术溢出和 IFDI 技术溢出通过促进国内技术进步有效地推动了本国产业结构升级，但二者交互效应对国内技术进步影响不显著，未能对产业结构升级形成有效地推动作用。分区域来看，此效应仅在东部地区存在，在中、西部地区并不明显。值得注意的是，刘海云和聂飞（2015）发现制造业海外的过度扩张，会导致“离制造化”现象。

四、IFDI 与 OFDI 互动发展政策研究

已有学者对“以市场换技术”的作用存在怀疑，认为应重新审视吸引外商直接投资的目的及效果，改变引进外资的政策取向，从一味重视“引进来”，到积极实施“走出去”的战略，实现“走出去”与“引进来”并重的转换（周继红，2003）。改革开放以来，引进外资政策较为完善，而对外投资相应政策配套较少，“走出去”需要充分发挥政府的政策导向作用（羊子林，2005）。

事实上，“走出去”和“引进来”政策在实施过程中出现了较大的倾斜，各级政府都积极地在招商引资，而在一定程度上降低了在对外投资方面的关注和支持力度。目前，国家在对外投资与引进外资方面相继出台了投资行业、税收、外汇等方面的政策，但出台的相关政策是分散的、无序的、缺乏统一性，同类型审批涉及多个部门。企业在对外投资或外商来华投资时，往往需要多个部门审批，而部门间有时意见不统一，并因缺乏有效的沟通协调机制导致企业的投资项目审批被延误，使企业在激烈的国际竞争中丧失了先机。由于缺乏统一的政策支持与引导，国内企业在“走出去”时往往各自为政，缺乏整体性，从而导致中国企业的整体竞争力不高、地方政府盲目出台税收等方面的优惠政策与措施，盲目招商引资，恶性竞争，引进的项目良莠不齐。引进外资和对外直接投资有其互动发展的内在机制，一旦偏离其轨道，实际结果则会偏离原始目标，影响政策效果，不利于经济可持续发展。

五、浙江双向 FDI 发展实践研究

浙江 IFDI 始于 20 世纪 70 年代末、80 年代初，但整个 80 年代的引资规模和占全国比重都非常小，从 1991 年开始呈现跳跃式发展，在中国“入世”之后更是强势发展，2003 年之后占全国的比重超过了 10%（倪伟清和厉英

珍，2015）。但是，与同属于长江三角洲“一核两翼”中的“两翼”之一的江苏相比，浙江 IFDI 流入数量的绝对额上存在巨大差距（金银亮，2014）。随着国际竞争越来越残酷，各地都在抢占制高点，浙江省在资本市场建设、高科技产业发展和地方政策支持等方面都有较大优势，有助于吸引高技术含量的外商投资项目（寿娣，2019）。

现有关于浙江外向经济的研究中发现，早期的研究主要集中于 IFDI 方面，对 OFDI 的研究相对较少，2000 年以后才逐渐有一些学者开始研究浙江企业“走出去”的问题（厉英珍和赵立静，2017）。赵伟（2001）和陈建军（2002）提出，浙江企业主要是根据本省要素禀赋条件，依托比较优势产业进行对外投资。近些年，中国经济转型升级压力不断加大，浙江传统行业企业面临成本上升、产能过剩的压力，高新技术企业亟待提升创新能力，浙江企业“走出去”的主观动力明显加强（厉英珍和赵立静，2017）。

六、文献评述

尽管现有研究是从不同的层面和视角揭示了中国引进外资和对外投资所存在的各种问题，也有学者开始研究二者之间的关系，但是这些研究一般缺少系统的理论支撑和整合，尤其缺乏对它们的内在机制进行研究，这使得分析不够深入和全面。

一是已有理论难以合理解释现实问题。过去的研究大部分集中于通过经典跨国投资理论来分析中国问题，缺少具有中国特色的经济理论分析，对此需要理论创新。

二是关于 IFDI 与 OFDI 互动发展现实问题的研究不足。已有的研究更多的是分别从引进外资和对外投资的单一视角展开分析，较少从两者互动发展的现实问题出发进行研究，需要进一步分析两者的互动机制。

三是关于 IFDI 与 OFDI 互动发展的内在机制以及作用成效的研究不足。例如，目前的研究停留在研究二者积极和消极的影响之间，很少对产生这些影响的内在机制展开分析；很少深入分析二者如何在一国经济的均衡框架下达到稳态；很少对构筑对外投资开放促进体系进行研究；很少对二者互动发展的机制进行设计，研究利益博弈的过程；很少分析二者互动对微观企业行为与机制的影响。

四是关于 IFDI 与 OFDI 互动发展的经济学解释单薄。现有研究以实证分析为主，通过计量经济学分析方法对二者的互动发展进行解释：其一，利用跨国（地区）横截面数据对 IFDI 与 OFDI 等变量进行普通最小二乘法（OLS）回归分析；其二，利用单个国家（地区）的时间序列数据对 IFDI 与 OFDI 等变量进行协整检验和因果关系分析；其三，利用跨国（地区）的横截面和时间序列数据组成的面板数据（panel data）进行研究，缺乏对其经济学内涵的具体分析。

五是关于 IFDI 与 OFDI 互动发展的实现机制研究不足。现有研究基于引进外资和对外投资战略实施过程中存在的各类问题提出对策建议，并没有从两大战略协调出发探寻共同的着力点和实现路径。我们需要把 IFDI 与 OFDI 放到一个系统里去，探索二者互动发展的契合点，探寻二者互动发展路径。此外，还应建立相应的保障制度，如建立“引进来”与“走出去”的协调管理机制，加强双边或多边投资谈判力度，实现产业和空间上的协调，通过“双边避免双重征税协定”的谈判和签订增强企业“走出去”的竞争力来提高中国在全球产业链中的地位等。

六是对浙江双向 FDI 发展实践的研究，侧重于单向分析。浙江有一些优势条件吸引着国外优质投资项目，浙江的企业也存在对外投资的主观动力。但双向 FDI 之间缺少一根连接的纽带，没能把双向投资的作用充分发挥出来。

第三节　研究内容与方法

一、主要研究内容

“IFDI 与 OFDI 互动发展”这一提法是“引进来”“走出去”以及“引进来”与“走出去”相结合战略在外商直接投资领域的具体应用，也是对三十多年来引进外资与对外投资经验的继承与发展。国际资本流动与中国经济发展密不可分，“剩余劳动力的消化过程”和“技术的追赶过程”是发展中国家向发达国家追赶的“两阶段”，随着劳动力成本的提高，来自外商对华直接投资产生的溢出效应和中国对外投资产生的逆向溢出效应对技术进步的作用是实现转型升级和提高全球价值链中地位的重要途径。当前，中国 IFDI 与 OFDI 已进入新的历史阶段，面临着国际经济政治环境新变化的机遇和挑战，面临着国家发展战略的新要求。本书在中国经济“新常态”背景下，把 IFDI 与 OFDI 放在开放发展的框架中，紧扣国内转型升级和区域协调发展等情景，按照“为什么要互动发展”——“互动发展的机理是什么”——“怎样更深入地互动”的逻辑展开分析。

本书共有九章。

第一章为导论。介绍本书的背景、内容框架，阐述研究意义。

第二章列举了世界前十大 FIDI 流入和流出国或地区，并对中国双向 FDI 发展现状展开客观描述。

第三章对中国现阶段 IFDI 与 OFDI 互动发展的现状作出评估，指出中国 IFDI 与 OFDI 协调发展中的现实问题，揭示“为什么要互动发展”。

第四章展开机理分析，从竞争与合作视角分析 IFDI 如何促进 OFDI，探寻“互动发展的机理是什么”。

第五章切入区域视角，重点考察浙江省双向 FDI 发展关系及成因分析，为“为什么要互动发展”“互动发展的机理是什么”的研究寻找落地的现实基础。

第六章构建了 IFDI 与 OFDI 互动对生产率的影响。

第七章观察了外资进入速度、制度环境和内资企业生产率。

第八章分析了对外直接投资速度与企业绩效。

第九章综合了对外直接投资宽度、东道国和地区发展水平与企业创新。

二、研究方法

第一，本书通过对历史的演变和大量数据的分析，对中国 IFDI、OFDI 以及两者互动发展问题的前因后果和基本现状进行客观描述，对中国现阶段 IFDI 与 OFDI 互动的效果进行评估，指出中国 IFDI 与 OFDI 互动发展中的现实问题。

第二，在理论架构上，本书将国际直接投资理论、国际分工理论、全球价值链理论、新经济增长理论和协同理论等几个领域的理论与方法贯穿到总体设计和各分部研究中，结合我国经济发展和对外开放特定阶段的情境因素，对经典国际直接投资理论进行了拓展，分析 IFDI 与 OFDI 两大系统内部的复杂适应性，探寻 IFDI 与 OFDI 互动发展的作用机理。

第三，本书运用模型建构与实证分析方法，包括门槛检验、中介效应和调节效应等研究方法。需要指出的是，本书重点考察宏观战略实施，同时也关注 IFDI 与 OFDI 对个体的影响，也就是说 IFDI 与 OFDI 的互动发展会影响个体，同时也会受到作为它们构成要素个体的影响。运用多层次、多视角的分析方法，对中国 IFDI 与 OFDI 互动发展中存在的问题、决定因素、效果评价和路径进行了论述。

第四，在 IFDI 与 OFDI 协调发展的内在机制上，本书主要着力于微观分析，但同时也结合中观和宏观两个层面，考虑宏观经济发展背景、产业发展基础，同时也把制度因素纳入到实证研究中，全方位解剖和设计中国 IFDI 与 OFDI 互动发展的路径。

第五，IFDI 与 OFDI 的互动发展最终落脚于区域、产业和企业。本书以中国对外开放实践为整体考察框架，同时还以浙江省双向 FDI 的发展特征及存在的问题作为案例加以分析，基于浙江省的现实条件提出相关对策建议。

第四节　研究意义

我们对以往相关研究的不足之处开展了新的探索，并从新的高度挖掘 IFDI 与 OFDI 协调发展机制。具体而言，本书的重要突破价值以及社会意义如下所示：

一、理论价值

在全球外商直接投资理论平台上以中国 IFDI 与 OFDI 发展过程为“故事

原型”重新演绎一种别样的理论逻辑并构建一个新的分析范式，这是时代给予的特殊机遇。长期以来，以中国为代表的新兴市场经济体的人们总是受困于主流理论对本土双向资本流动的解释力与适用性。但具体到中国而言，中国对外直接投资具有独特的趋势动因、投资方式和特点，以及投资主体特点与东道国和地区的地理分布（比如，中国对外直接投资路径通常是“跳跃式”的）。这些特点有可能挑战经典对外投资理论，违背北欧学派提出的渐进式国际化演进理论，为拓展其边界提供新的机会。

主流经济学向来是以双向的视野来审视一国直接投资流动，且将直接投资流动置于宽泛的国际资本流动框架下来考虑的。值得注意的是，迄今为止的理论研究有个明显的偏向，这便是几乎全部基于欧美工业化国家的自由市场制度框架，略去了政府战略与政策效应，这与中国改革开放以来的实践极为不同。作为一个由计划经济向市场经济转型的经济体，中国迄今为止的引进外资及对外直接投资均是在政府战略与政策的强力引导与激励下发生的，政府战略在“引进来”与“走出去”方面发挥着巨大的作用。另外，国与国之间不断签署更多的投资协定，开展更多的国际合作，使国际投资的规划和管理日益成为政府工作的重要内容，已有基于企业为主体的分析框架事实上把这些因素外生化，也无法胜任包容这些外部因素对于企业投资决定的影响。为此，我们在已有关于直接投资双向流动的经济学理论框架中纳入了政府战略与政策等因素，围绕两个方向的 FDI 互动机理构建模型，这是一种新的尝试，获得了理论上的突破。而以民营经济特征明显的浙江省为观察样本，使得理论分析具有扎实的现实依据。

二、实践价值

现阶段中国经济发展面临着诸多结构性问题，如低端产业生产过剩、高端产业生产不足、依靠低端产品出口的对外贸易低迷、经济增长乏力。以往的需求侧改革并没有取得预想的效果，因此，从供给侧进行改革，尤其是利用国际市场成为了新的选择。投资与外贸从来都是密不可分的，在外贸不振的情况下，如何拉动投资带动中国经济增长，具有重要的实践价值。在这种背景下，研究 IFDI 与 OFDI 互动发展的动力机制，在动态开放中优化经济结构，将有助于解决中国经济的结构性问题。可以预料的是，随着中国经济总体规模的进一步扩张，尤其是随着中国政府致力于新一轮高水平对外开放系列战略与对策的展开与落实，中国作为全球双向直接投资大国的地位还将强化。

就中国经济自身来看，随着双向直接投资并驾齐驱格局的形成，一个非常紧迫的议题是，如何建立一套合乎双向直接投资流动内在规律的体制与机制，通过“引进来”与“走出去”战略的联动，最大限度地促成中国经济的发展。

就浙江而言，IFDI 和 OFDI 都取得了良好的实践。现阶段，需要关注二者的互动关系，推动双向 FDI 的发展进入新阶段，以促进浙江产业结构升级。

IFDI 与 OFDI 承担着新时期的历史使命，探索二者互动发展的经济学内涵及其动力机制对解决当前中国经济所面临的各种问题和制定未来中国经济发展战略具有重要的实践指导意义，对构筑我国的对外开放新体系、进行新一轮的高水平对外开放提供相关的政策建议具有极其重要的实践价值。

三、社会意义

首先，有助于寻求解决中国开放经济发展“旧常态”所存在的问题之路。我们将研究和提出以全球产业分工重组为契机，寻找和利用 IFDI 与 OFDI 互动发展的内在机制，通过构建中国与周边国家的基础设施通道等重大项目，以达到化解和输出中国过剩产能的目的，实现产业转型升级，打造全球产业链，形成资本回流，为我国经济发展“新常态”下对内和对外经济战略的调整提供了决策依据。

其次，有助于探索提升中国企业在全球价值链中地位的路径。针对中国经济发展面临的新问题，如果不加快推进 IFDI 与 OFDI 协调发展，两者都只能继续在较低的水平上徘徊发展，致使中国长久处于国际分工价值链的低端，停留在“低端产业过剩化”和“高端产业低端化”的经济活动水平上，这样就难以摆脱粗放型的经济增长方式，难以抓住产业结构转型升级的机遇，难以改变过于依赖第二产业的不合理的产业结构；只能跟在发达国家的后面去寻找世界产业结构调整的机会，继续在国际经济竞争中处于不利的地位。因此，通过深入、系统地分析 IFDI 与 OFDI 之间的互动发展机制，对于促进中国经济发展方式转变，改善国民经济中的各种宏观、中观和微观结构关系，提高中国对外经济的整体效益和水平，保持中国对外经济健康、持续地发展和提升在全球价值链中的地位具有重要意义。

再次，为构建新的开放体制提供理论支持。IFDI 与 OFDI 互动发展有助于促进国际国内要素有序自由流动、资源高效配置、市场深度融合，加快培育参与和引领国际经济合作竞争新优势，推动改革进一步深化。浙江民营经济发达，具有很强的市场经济特征，其双向 FDI 发展的研究更有利于发掘真实规律。因此，以浙江 IFDI 与 OFDI 互动发展为样本的研究有助于在更高的层次上构建开放型经济新体制，对赢得经济发展的主动权、赢得国际竞争的主动权，具有重大指导意义。

最后，增强了国际投资理论研究对现实活动的引领作用。从经济学角度解释 IFDI 与 OFDI 互动发展的内在机制，探索符合中国国情的经济理论，对国际经济学的理论创新具有深远影响。这不仅是对现有理论研究观点和框架的突破，更是对对外直接投资理论的推动和发展，对指导中国的对外开放战略具有重要的理论意义。

总之，研究 IFDI 与 OFDI 互动发展的内在逻辑并从经济学角度对其进行解释，对我们适应未来世界经济格局的重大变化、提升中国在国际经济体系中的地位、减少在纠正世界经济失衡过程中可能受到的损害、在后国际金融危机时期的国际竞争中争得创新优势等都具有重要的理论意义和实践价值。紧抓浙江民营经济发达这一特征，探寻双向 FDI 互动发展规律，对推动浙江经济发展有很强的实践意义，也为中国开放型经济的发展方向做了一个有益的探索。

第二章　中国双向 FDI 发展现状

第一节　世界前十大 FDI 流入和流出国或地区

一、世界前十大 FDI 流入国和流出国

由表 2－1 可知，美国、中国、英国、法国、加拿大、德国、中国香港地区长期位于前十大 FDI 流入国国家和地区之中。其中，包括美国、英国、法国、加拿大、德国、中国香港地区在内的发达经济体有 6 个，仅中国为发展中经济体。[①] 1990～2018 年，美国是世界上最受欢迎的 FDI 目的地，长期处于引进外资首位，仅在 2003 年和 2005 年分别被中国和英国超越，但当年仍然处于世界第二。与此同时，英国、法国、中国香港地区、德国和加拿大的表现也较为抢眼。英国引进外资规模长期位于世界前三，尽管自 2010 年以后，英国吸收的外商投资规模在世界排名中逐渐落后，但依旧是 OFDI 的主要目的地之一；与英国类似，法国对外资的吸引力也经历了由盛慢慢转弱的过程，1999 年之前世界前五大 FDI 流入国中经常出现法国的身影，随后其地位不断下滑，直至 2010 年以后，法国基本退出 FDI 流入国和地区前十的排名；中国香港地区作为世界金融中心之一，一直以来是国际资本追逐的重要市场之一；

① 参考国际货币基金组织（IMF）对世界各国经济体的划分，所有前十大流入国和流出国中（出现一次便统计在内），法国、西班牙、德国、爱尔兰、瑞典、荷兰、瑞士、英国、奥地利、比利时、卢森堡、加拿大、美国、澳大利亚、新加坡、韩国、日本和中国香港地区等为发达经济体，中国、巴西、墨西哥、印度尼西亚和印度等为发展中经济体。

表 2-1　　FDI 流入前十位经济体（1990~2018 年）

年份	1	2	3	4	5	6	7	8	9	10
1990	美国	英国	法国	荷兰	西班牙	比利时和卢森堡	澳大利亚	加拿大	意大利	新加坡
1991	美国	法国	英国	西班牙	比利时和卢森堡	瑞典	荷兰	新加坡	墨西哥	德国
1992	美国	法国	英国	比利时和卢森堡	中国	西班牙	荷兰	澳大利亚	马来西亚	加拿大
1993	美国	中国	法国	英国	比利时和卢森堡	西班牙	中国香港地区	荷兰	马来西亚	加拿大
1994	美国	中国	法国	墨西哥	英国	西班牙	新加坡	比利时和卢森堡	加拿大	中国香港地区
1995	美国	中国	法国	英国	瑞典	德国	新加坡	荷兰	澳大利亚	比利时和卢森堡
1996	美国	中国	英国	法国	荷兰	比利时和卢森堡	新加坡	巴西	中国香港地区	加拿大
1997	美国	中国	英国	法国	巴西	新加坡	墨西哥	德国	比利时和卢森堡	加拿大
1998	美国	英国	中国	荷兰	法国	巴西	德国	加拿大	比利时和卢森堡	瑞典
1999	美国	比利时和卢森堡	英国	瑞典	德国	法国	荷兰	中国	巴西	中国香港地区
2000	美国	德国	英国	比利时和卢森堡	加拿大	荷兰	中国香港地区	中国	西班牙	丹麦

续表

年份	1	2	3	4	5	6	7	8	9	10
2001	美国	比利时和卢森堡	荷兰	中国	英国	墨西哥	中国香港地区	西班牙	加拿大	德国
2002	美国	德国	中国	西班牙	爱尔兰	荷兰	墨西哥	加拿大	法国	英国
2003	中国	美国	比利时	荷兰	德国	西班牙	爱尔兰	意大利	墨西哥	中国香港地区
2004	美国	英国	中国	比利时	澳大利亚	中国香港地区	英属维尔京群岛	墨西哥	西班牙	新加坡
2005	英国	美国	中国	德国	荷兰	比利时	中国香港地区	法国	墨西哥	加拿大
2006	美国	英国	中国	加拿大	比利时	德国	瑞士	意大利	中国香港地区	新加坡
2007	美国	英国	加拿大	荷兰	比利时	中国	德国	西班牙	法国	中国香港地区
2008	美国	中国	英国	西班牙	俄罗斯	加拿大	中国香港地区	英属维尔京群岛	印度	澳大利亚
2009	美国	中国	英国	比利时	中国香港地区	英属维尔京群岛	荷兰	沙特阿拉伯	印度	澳大利亚
2010	美国	中国	巴西	中国香港地区	德国	英国	新加坡	英属维尔京群岛	比利时	爱尔兰
2011	美国	中国	巴西	中国香港地区	比利时	德国	澳大利亚	英属维尔京群岛	英国	新加坡

续表

年份	1	2	3	4	5	6	7	8	9	10
2012	美国	中国	巴西	英属维尔京群岛	中国香港地区	新加坡	澳大利亚	英国	爱尔兰	塞浦路斯
2013	美国	中国	英属维尔京群岛	中国香港地区	加拿大	开曼群岛	巴西	澳大利亚	新加坡	俄罗斯
2014	美国	中国	中国香港地区	新加坡	巴西	加拿大	澳大利亚	英属维尔京群岛	开曼群岛	爱尔兰
2015	美国	爱尔兰	荷兰	中国香港地区	中国	开曼群岛	瑞士	新加坡	巴西	法国
2016	美国	英国	中国	中国香港地区	新加坡	荷兰	瑞士	开曼群岛	巴西	比利时
2017	美国	中国	中国香港地区	英国	新加坡	巴西	荷兰	英属维尔京群岛	澳大利亚	印度
2018	美国	中国	中国香港地区	新加坡	荷兰	英国	巴西	澳大利亚	开曼群岛	英属维尔京群岛

资料来源：世界投资报告。

与英国与法国相反的是，尽管早期中国香港地区引进外资的规模并不是很突出，但从2008年金融危机以来，中国香港地区的FDI流入量逐年增长，并且在世界排名中逐年攀升，近两年来占据了世界第三的位置；相对于美国、英国、法国和中国香港地区较有规律的波动而言，德国和加拿大引进外资呈跳跃式变化的特征，波动起伏较大。如，1997~2000年，德国吸引FDI流入规模从居于世界第八逐步上升至世界第二，2001年下滑到世界第十，2002年上升到世界第二的位置，其后的2008年和2009年又退出了前十大国家或地区。加拿大也同样如此，2007年加拿大是世界第三大引进外资的国家，但是2009年便退出了前十的位置。世界前十大FDI流入国中，发达经济体表现抢眼，但是以中国为代表的发展中经济体发展迅猛，随着中国改革开放以及融入全球化程度的加深，中国成为最受欢迎的投资目的地之一，仅次于美国，并在1990~2018年长期位于世界前二的位置，这得益于政策支持以及经济的快速发展。由此，我们可以看出，发达经济体整体在世界FDI流入量中的排名靠前，是外商投资的主要流入目的地，但部分发达经济体的世界排名在各年间排名波动也比较大。受自身经济发展以及要素禀赋的制约，发展中国家吸引外资的能力稍显不足，但以中国、墨西哥、巴西、印度尼西亚和印度等为代表的发展中国家或地区发展较为亮眼，我们有理由相信，随着以越南和泰国为代表的东南亚国家以及以赞比亚和埃塞俄比亚等为代表的非洲国家的崛起，发展中国家将成为引进外资的主力。

FDI前十大流入国中美国、英国、法国、德国、加拿大以及中国香港地区也是对外投资的前十大国家或地区之一，此部分将重点分析上述6个国家或地区为代表的发达经济体对外投资状况（见表2-2)。美国作为世界上最大的经济体以及嵌入全球化程度最深的代表，总部在美国的跨国公司以资本和技术等要素为载体充分利用世界各地的要素禀赋和比较优势进行生产和经营，1990~2018年长期为世界第一大对外投资国，仅在少数年份出现波动；与引进外资相似的是英国对外投资也呈早期强后期转弱的趋势，尤其是在2012~2016年，英国对外投资规模下滑较为明显，这与英国自身经济发展缓慢以及金融危机和欧债危机产生的连带影响有关，需要指出的是就对外投资存量而言，凭借其历史积累，英国仍位于对外投资的强国之列；与法、英两国在引进外资地

表 2-2　　FDI 流出前十位经济体（1990～2018 年）

年份	1	2	3	4	5	6	7	8	9	10
1990	日本	法国	美国	德国	英国	瑞典	荷兰	意大利	瑞士	比利时和卢森堡
1991	美国	日本	法国	德国	英国	荷兰	意大利	瑞典	瑞士	比利时和卢森堡
1992	美国	法国	德国	英国	日本	荷兰	比利时和卢森堡	中国香港地区	瑞士	意大利
1993	美国	英国	法国	中国香港地区	德国	日本	荷兰	瑞士	意大利	加拿大
1994	美国	英国	法国	中国香港地区	德国	日本	荷兰	瑞士	加拿大	瑞典
1995	美国	英国	德国	中国香港地区	日本	荷兰	法国	瑞士	比利时和卢森堡	加拿大
1996	美国	德国	英国	荷兰	法国	中国香港地区	日本	瑞士	加拿大	新加坡
1997	美国	英国	德国	法国	日本	荷兰	中国香港地区	加拿大	瑞士	西班牙
1998	美国	英国	德国	法国	荷兰	加拿大	比利时和卢森堡	瑞典	日本	西班牙
1999	美国	英国	法国	比利时和卢堡	德国	荷兰	西班牙	瑞士	日本	中国香港地区

续表

年份	1	2	3	4	5	6	7	8	9	10
2000	英国	法国	美国	比利时和卢森堡	荷兰	西班牙	德国	中国香港地区	加拿大	瑞士
2001	美国	比利时和卢森堡	英国	法国	荷兰	德国	日本	加拿大	西班牙	英属维尔京群岛
2002	美国	英国	西班牙	日本	荷兰	加拿大	法国	德国	英属维尔京群岛	中国香港地区
2003	美国	英国	荷兰	比利时	日本	西班牙	加拿大	瑞典	法国	瑞士
2004	美国	英国	西班牙	中国香港地区	加拿大	荷兰	比利时	日本	瑞士	瑞典
2005	荷兰	英国	德国	法国	瑞士	日本	西班牙	意大利	比利时	瑞典
2006	美国	德国	西班牙	英国	法国	瑞士	荷兰	比利时	日本	加拿大
2007	美国	英国	德国	西班牙	法国	意大利	比利时	日本	卢森堡	加拿大
2008	美国	英国	日本	法国	加拿大	西班牙	德国	荷兰	意大利	俄罗斯
2009	美国	法国	日本	德国	中国香港地区	中国	加拿大	英属维尔京群岛	俄罗斯	新加坡
2010	美国	德国	中国香港地区	瑞士	中国	荷兰	日本	英属维尔京群岛	法国	英国
2011	美国	日本	中国香港地区	英国	德国	中国	英属维尔京群岛	意大利	加拿大	法国
2012	美国	日本	中国	中国香港地区	德国	加拿大	英属维尔京群岛	塞浦路斯	瑞士	法国

续表

年份	1	2	3	4	5	6	7	8	9	10
2013	美国	日本	中国	英属维尔京群岛	中国香港地区	俄罗斯	荷兰	加拿大	新加坡	德国
2014	美国	日本	中国香港地区	中国	德国	英属维尔京群岛	俄罗斯	加拿大	荷兰	新加坡
2015	美国	荷兰	爱尔兰	中国	日本	德国	瑞士	英属维尔京群岛	开曼群岛	中国香港地区
2016	美国	中国	荷兰	日本	瑞士	德国	加拿大	法国	中国香港地区	西班牙
2017	美国	日本	中国	英国	德国	中国香港地区	加拿大	英属维尔京群岛	新加坡	法国
2018	日本	中国	法国	中国香港地区	德国	荷兰	英属维尔京群岛	加拿大	英国	开曼群岛

资料来源：世界投资报告。

位变化一样，法国对外投资地位与英国先强后弱的趋势一致，早期处于对外投资强国之列，但近年来起伏较大；相对而言，由于德国制造存在的优势显著，德国通过技术以及系统化经营等优势在全球投资，长期处于对外投资强国的行列；虽然对外投资规模不如德国，但是加拿大对外投资整体保持着良好的发展，在前十大对外投资国家或地区的排名中较稳定；中国香港地区对外投资发展则呈现两头强中间偏弱的特征，1993～1995 年是世界第四大对外投资经济体，其后地位开始下降，2008 年金融危机后，随着中国香港地区本土企业以及部分中国企业以中国香港地区为跳板的海外经营活动的加快，2010～2011 年中国香港地区对外投资位于世界前三大国家或地区的行列。就发展中国家或地区对外投资情况而言，发展中国家对外投资整体偏弱，远低于引进外资的表现。如巴西、墨西哥、印度和印度尼西亚以资源和劳动力等方面的优势吸引外商投资，但受限于自身经济发展和产业结构等约束，对外投资发展较为缓慢，始终难以进入世界前十。需要指出的是，中国不仅在引进外资中表现抢眼，对外投资也在发展中国家或地区中一枝独秀，自身经济发展的扩张以及内在动能和需求转变促使中国企业通过对外投资创造企业发展空间，尤其是受 2008 年金融危机影响，全球经济不景气为中国的兼并和绿地投资创造了有利条件，此后中国不断加大对外投资的力度，直至 2016 年成为世界第二大对外投资国。

从表 2－1 和表 2－2 中，可以明显观察到一个现象：对外投资一直以发达国家为主体进行，随着发达国家逐年对外投资，发展中国家在逐年的净流入中不断发展，并在早期试探性地对外输出，对外投资流出量逐年递增。诚如前文单独分析引进外资和对外投资一样，同时为世界前十大 FDI 流入和流出的国家或地区主要有美国、英国、法国、德国、加拿大、中国香港地区和中国。美国在 IFDI 和 OFDI 的排名中，一直处于世界领先地位，常年排在世界第一的位置；英国的 OFDI 排名与其 IFDI 的排名情况基本相同，早期排名世界前三，后不断被其他国家超越；荷兰在 IFDI 和 OFDI 世界格局中的变动起伏较大；尽管德国的 IFDI 变动也存在起伏，但是德国的 OFDI 表现相对于 IFDI 更加稳定；中国香港地区双向资本流动在世界排名的变化则正好相反，引进外资长期处于较为稳定的位置，但是对外投资变化波动幅度较大。作为发展中国家的代表，中国在引进外资与对外投资两方面表现都很突出，受制于对外投资起步较晚的影响，早期对外投资发展较为缓慢，经过金融危机后10 余年的发展，来自中国的外商投资已经成为一股不可小觑的力量，引进外资和对外投资呈现均衡发展之势。从上述七个国家的引进外资与对外投资在世界格局中的地位变化可以看出，IFDI 和 OFDI 的表现主要有两种，一种是如美国、英国两国，在 IFDI 和 ODFI 的表现都较为稳定，尤其是美国的双向投资发展均很强劲；另一种是如荷兰和德国等国，双向投资和引进外资的发展并不稳定。相对于发达国家在对外投资中的优势而言，发展中国家对外投资发展滞后，但是引进外资与来自发达国家的对外投资实现了互补，因而在引进外资方面表现较为突出。当然，尽管绝大多数发展中经济体双向对外投资发展不均衡，但是中国同时在引进外资和对外投资上发展突出，由早期的偏引进外资，逐步发展为引进外资与对外投资齐头并进的状态。

IFDI 与 OFDI 呈现出来的周期性变化，引起了学者的关注和思考。邓宁（Dunning）提出投资发展路径理论（以下简称“IDP 理论”）将吸引外资和对外投资关联了起来，该理论认为一国的经济发展和其国际投资的发展之间存在着系统的相关性。依照邓宁（Dunning，1982）的理论，在一国经济发展的不同阶段，随着人均 GDP 的提高，其对外净投资（对外投资减去吸引外资的差）将会经历由负转正的发展过程。具体说来，一国的对外净投资可分为四个阶段：第一阶段，经济发展处于低水平，外资不愿意进来同时企业也不具备对外投资的能力，因此其吸引外资和对外投资都非常少，对外净投资表现为接近零的负值；第二阶段，随着人均 GNP 的增长，大量的外资涌入，虽也有企业尝试对外投资，但增幅小于外资涌入的速度，因此对外净投资小于零且绝对值不断增加；第三阶段，人均 GNP 进一步提高，处于该阶段的国家已经具备了较强的对外投资能力，其对外投资开始快速增长，并且增长速度超过了吸引外资的增长速度，因此对外净投资开始进入正增长阶段，但净投资本身仍然为负值；第四阶段，对外投资大于外资流入，因此对外净投资由负转正，并进一步增加。根据 IDP 理论的描述，随着经济的发展，一国将经历从对外投资的净流入国逐渐发展出自身的对外投资能力，进而最终成为对外投资的净流出国。后续，邓宁从 20 世纪末期国际投资出现的新现象，又进一步提出了 IDP 理论的第五阶段。在该阶段，美国等一些国家一方面保持着强大的对外投资能力，另一方面也因其拥有有价值的创造性资产而吸引大量的外资，因而在这一阶段，这些国家的对外净投资会在零附近震荡（Dunning, 1988）。总体来看，高等收入国家由于其经济发展迅速，资本积累较高，其大多已经过了前三阶段，进入了第四阶段，通过对外投资让企业获利。甚至以美国为代表的国家，进入了第五阶段，即引进外资与对外投资同步发展。以中国为代表的发展中经济体，从早期的引进外资逐步到对外投资，看似符合投资路径，实则不符合这一理论的解释。对外投资自 2013 年突破 1000 亿美元以来，2015 年便超过引进外资实现净流出，2016 ~ 2017 年维持这一状况，2018 年又回到引进外资大于对外投资的情况。虽说中国双向投资经历了从引进外资到逐步对外投资再到前几年的对外投资超过引进外资符合 IDP 的四个阶段，但现实是中国的经济发展水平并未得以显著提高，尽管中国已经是世界第二大经济体，但人均收入远低于发达国家的平均水平，因而 IDP 理论难以解释中国故事，中国双向投资发展需要用基于中国现实的理论去阐述和解读。

二、FDI 流入和流出代表性国家或地区分析

从 FDI 流入和流出前十大国家或地区的变化情况中归纳出 IFDI 和 OFDI 的格局以及两者的基本变动情况，并没有细化到对各个国家或地区 IFDI 与 OFDI 规模的阐述。为进一步掌握 IFDI 与 OFDI 变动的发展规律，有必要对各个国家进行分别论述。下面分别对美国、英国、法国、德国、加拿大、荷兰、新加坡、西班牙、瑞典和瑞士等 10 个国家的引进外资与对外投资总体情况进行介绍，以深入了解代表性国家双向投资变化情况、趋势及关系。①

1. 美国

美国引进外资从 1990 年的 484. 22 亿②美元增长到 2018 年的 2518. 14 亿美

① 这一部分并未分析中国内地及中国香港地区，主要的原因在于本章第二节专门讨论中国双向投资的情况，因而不在此部分分析。另外，中国香港地区双向投资依赖于中国内地，具有很强的依附性，不具备 IFDI 与 OFDI 自由流动代表的条件。

② 资料来源于《世界投资报告》，本节资料均来源于《世界投资报告》。

元，29 年间增长了 5.2 倍，其中年均增长 70.14 亿美元，2016 年达到最高值。29 年来，美国几乎一直处于世界 FDI 流入国排名的榜首，仅有 2 年屈居第二。同时，美国对外投资从 1990 年的 309.82 亿美元增长到 2017 年的 3003.78 亿美元，28 年间增长了 9.7 倍，年均增长 96.21%，美国对外投资长期处于世界第一的位置。美国外商投资净值从 1990 年的 174.4 亿美元到 2017 年的 -231.2亿美元①，外商投资净值正负动态变化，这也是美国双向投资难以用 IDP 四阶段解释的重要原因。需要指出的是，受 2008 年美国税改以及中美贸易战等影响，美国跨国公司的大规模资金回流导致美国跌出全球 10 大对外投资经济体名单（见表 2-3）。

表 2-3　美国 1990~2018 年引进外资与对外投资情况　单位：亿美元

年份	FDI 流入	FDI 流出	年份	FDI 流入	FDI 流出
1990	484.22	309.82	2005	1047.73	153.69
1991	227.99	326.96	2006	2371.36	2242.20
1992	192.22	426.47	2007	2159.52	3935.18
1993	506.63	772.47	2008	3063.66	3082.96
1994	450.95	732.52	2009	1436.04	2879.01
1995	587.72	920.74	2010	1980.49	2777.79
1996	844.55	844.26	2011	2298.62	3965.69
1997	1033.98	957.69	2012	1990.34	3181.96
1998	1744.34	1310.04	2013	2013.93	3034.32
1999	2833.76	2093.91	2014	2017.33	3330.14
2000	3140.07	1426.26	2015	4676.25	2643.59
2001	1594.61	1248.73	2016	4717.92	2892.61
2002	744.57	1349.46	2017	2772.58	3003.78
2003	531.46	1293.52	2018	2518.14	-635.50
2004	1358.26	2949.05			

资料来源：《世界投资报告》。本节数据均来源于《世界投资报告》。

① 2018 年受美国税改等影响，美国跨国公司的大规模资金回流致使对外投资为负，本书未考虑 2018 年美国外商投资净值以消除特殊情况干扰。

2. 英国

英国引进外资从1990年的304.61亿美元增长到2018年的644.87亿美元，29年间增长了2.11倍，其中年均增长11.73亿美元，2016年达到顶峰。在1990~2000年，英国的FDI流入一直处于高速增长阶段，位于全球前5，在经过2年的下滑后，又持续增长到2016年并达到顶峰。近年来由于全球环境下滑，英国引进外资减少，但仍在全球前10大FDI流入经济体中占据一席之位。同时，英国对外投资从1990年的179.48亿美元增长到2018年的498.80亿美元，29年间增长了2.78倍，其中年均增长11.01亿美元，在2007年达到最高值。早年英国的对外直接投资位于全球前5，但近年来由于新兴市场国家的崛起，英国的排名逐渐下降，但仍居全球前20。尽管受制于经济发展以及脱欧等不确定因素的影响，英国双向投资在国际上依然具有一定影响力。

表2-4　英国1990~2018年引进外资与对外投资情况　单位：亿美元

年份	FDI流入	FDI流出	年份	FDI流入	FDI流出
1990	304.61	179.48	2005	1829.28	885.60
1991	148.46	164.09	2006	1473.72	811.00
1992	154.73	177.39	2007	1768.39	3358.85
1993	148.04	260.33	2008	921.58	1981.85
1994	92.53	321.99	2009	897.09	289.65
1995	199.69	435.62	2010	582.00	480.92
1996	244.35	340.47	2011	422.00	955.87
1997	332.27	615.86	2012	554.46	207.00
1998	743.21	1228.16	2013	516.76	404.86
1999	879.79	2014.51	2014	246.90	-1512.86
2000	1153.04	2327.44	2015	391.86	-668.21
2001	359.49	572.07	2016	1961.32	-225.16
2002	196.83	538.02	2017	1012.38	1175.44
2003	165.90	642.04	2018	644.87	498.80
2004	612.20	1032.04			

3. 法国

法国引进外资从 1990 年的 165.06 亿美元增长到 2018 年的 372.94 亿美元，29 年间增长了 2.26 倍，其中年均增长 7.17 亿美元，并在 2007 年达到顶峰，法国长期位于世界 FDI 流入国前 20 名。法国的对外投资从 1990 年的 383.02 亿美元增长到 2018 年的 1024.21 亿美元，29 年间增长了 2.78 倍，其中年均增长 11.01 亿美元，在 2007 年达到顶峰。法国的对外投资一直处于全球前 10，尤其在 2010 年以前，始终位列世界前 5 位，是一个对外投资大国。法国外商投资净值从 1990 年的 -217.96 亿美元增长到 2018 年 -651.27 亿美元，变化速度快于对外投资的幅度，大多数年份法国是 FDI 净输出国[①]。

表 2-5　法国 1990 ~ 2018 年引进外资与对外投资情况　单位：亿美元

年份	FDI 流入	FDI 流出	年份	FDI 流入	FDI 流出
1990	165.06	383.02	2005	332.29	680.57
1991	161.66	267.87	2006	253.26	767.67
1992	186.99	318.54	2007	635.00	1106.43
1993	166.20	197.16	2008	375.93	1032.81
1994	156.80	245.39	2009	307.33	1008.66
1995	235.62	156.82	2010	138.90	481.55
1996	217.46	301.24	2011	316.42	514.15
1997	233.82	359.06	2012	160.62	354.38
1998	312.38	490.16	2013	342.70	203.69
1999	465.45	1268.54	2014	26.69	497.83
2000	274.95	1619.48	2015	453.47	531.97
2001	159.47	528.24	2016	230.61	648.03
2002	215.14	233.00	2017	298.02	412.57
2003	785.5	184.41	2018	372.94	1024.21
2004	-25.74	229.65			

① 外商投资净值为引进外资额减去对外投资额。

4. 德国

德国引进外资从1990年的29.62亿美元增长到2018年的257.06亿美元，29年间增长了8.68倍，其中年均增长7.84亿美元，并在2000年达到顶峰。德国的FDI流入在2011年前始终位于全球前10，但近年来跌出了前十的榜单。德国的对外投资从1990年的242.35亿美元增长到2018年的770.76亿美元，29年间增长了3.18倍，其中年均增长18.22亿美元，在2007年达到顶峰。德国的对外投资一直处于全球前10且排名靠前，称得上是对外投资大国。德国外商投资净值从1990年的-212.73亿美元扩大到2018年的-513.7亿美元，规模进一步扩大，这与德国制造的强劲势力密切相关，以大众和宝马等为代表的汽车制造商在全球布局优化自身资源配置。

表2-6　德国1990~2018年引进外资与对外投资情况　单位：亿美元

年份	FDI流入	FDI流出	年份	FDI流入	FDI流出
1990	29.62	242.35	2005	474.50	745.43
1991	47.27	229.37	2006	556.55	1166.80
1992	-20.89	186.00	2007	802.12	1693.20
1993	3.68	171.96	2008	81.27	715.07
1994	71.35	188.59	2009	238.06	685.41
1995	120.24	390.49	2010	656.43	1254.51
1996	65.73	508.05	2011	675.14	779.29
1997	122.45	417.98	2012	281.81	621.64
1998	245.93	888.25	2013	155.72	422.70
1999	560.76	1086.88	2014	48.64	918.42
2000	1982.79	570.86	2015	414.44	1098.92
2001	264.02	398.89	2016	235.00	712.44
2002	535.22	189.43	2017	369.31	917.99
2003	323.77	55.68	2018	257.06	770.76
2004	-101.92	203.12			

5. 加拿大

加拿大引进外资从 1990 年的 75. 82 亿美元增加到 2018 年的 396. 25 亿美元，29 年间增长了 4. 87 倍，其中年均增长 11. 05 亿美元，2007 年达到最高值。29 年来，加拿大主要位列 FDI 流入国的前十位，但近三年加拿大一直跌出 FDI 流入国前十位之外。加拿大对外投资从 1990 年的 52. 37 亿美元增加到 2018 年的 504. 55 亿美元，29 年间增加了 9. 63 倍，其中年均增长 15. 59 亿美元，2017 年达到最高值。29 年来，加拿大主要位列 FDI 流出国的前十位，近三年其排名主要位列前十位中的后五位。加拿大外商投资净值从 1990 年的 23. 45 亿美元到 2018 的 –108. 3 亿美元，外商投资净值由正变负，说明加拿大国内企业更多地选择“走出去”。

表 2 –7　　加拿大 1990 ~2018 年引进外资与对外投资情况　　单位：亿美元

年份	FDI 流入	FDI 流出	年份	FDI 流入	FDI 流出
1990	75. 82	52. 37	2005	256. 92	275. 38
1991	28. 81	58. 34	2006	602. 94	462. 14
1992	47. 24	35. 91	2007	1168. 21	646. 27
1993	47. 32	57. 02	2008	615. 53	792. 77
1994	82. 04	92. 94	2009	227. 00	396. 01
1995	92. 55	114. 62	2010	284. 00	347. 23
1996	96. 34	130. 96	2011	396. 69	521. 48
1997	115. 25	230. 66	2012	431. 11	558. 64
1998	228. 03	343. 50	2013	693. 91	573. 81
1999	247. 44	172. 47	2014	589. 33	601. 97
2000	667. 95	446. 78	2015	438. 25	674. 24
2001	276. 63	360. 29	2016	359. 92	699. 48
2002	221. 55	267. 73	2017	248. 32	798. 24
2003	74. 82	229. 24	2018	396. 25	504. 55
2004	–4. 45	433. 47			

6. 荷兰

荷兰引进外资从1990年的110.63亿美元增加到2018年的696.59亿美元，29年间增长了6.3倍，其中年均增长20.21亿美元，2015年达到最高值。29年来，荷兰主要位列FDI流入国的前十位，只有个别年份跌出前十位之外；荷兰对外投资从1990年的143.72亿美元增加到2018年的589.83亿美元，29年间增加了4.1倍，其中年均增长15.38亿美元，2015年达到最高值。29年来，荷兰主要位列FDI流出国的前十位，只有个别年份跌出前十位之外。荷兰外商投资净值从1990年的-33.09亿美元加到2018的106.76亿美元，外商投资净值由负变正，说明荷兰利用农业和船舶制造等优势吸引着越来越多的外商投资。

表2-8　荷兰1990~2018年引进外资与对外投资情况　单位：亿美元

年份	FDI流入	FDI流出	年份	FDI流入	FDI流出
1990	110.63	143.72	2005	390.47	1196.88
1991	60.75	134.85	2006	139.78	725.83
1992	63.92	131.54	2007	1141.61	556.05
1993	63.59	99.30	2008	-67.76	684.92
1994	70.32	172.43	2009	387.52	262.72
1995	117.24	192.23	2010	-71.84	683.58
1996	161.87	311.82	2011	241.56	347.94
1997	111.81	246.18	2012	250.13	179.35
1998	372.77	368.23	2013	511.05	697.04
1999	412.03	576.10	2014	449.74	593.57
2000	638.55	756.34	2015	1787.85	2462.23
2001	519.27	505.93	2016	643.29	1880.39
2002	250.38	320.18	2017	581.89	280.26
2003	329.00	558.88	2018	696.59	589.83
2004	124.52	407.43			

7. 新加坡

新加坡引进外资从 1990 年的 55. 75 亿美元增加到 2018 年的 776. 46 亿美元，29 年间增长了 13. 93 倍，其中年均增长 24. 85 亿美元，2018 年达到最高值。29 年来，新加坡主要位列 FDI 流入国的前十位，近三年其排名有所上升，从 FDI 流入国前十位中的后五位跻身到前五位；新加坡对外投资从 1990 年的 20. 34 亿美元增加到 2018 年的 371. 43 亿美元，29 年间增加了 18. 26 倍，其中年均增长 12. 11 亿美元，2014 年达到最高值。29 年来，新加坡只有部分年份位列 FDI 流出国的前十位，2017 年位列第九，但 2018 年又跌出前十位之外。新加坡外商投资净值从 1990 年的 35. 41 亿美元增加到 2018 的 405. 03 亿美元，说明新加坡本土吸引着越来越多的外商投资，这与新加坡开放的贸易体系吸引跨国公司总部入驻密不可分。

表 2 – 9　新加坡 1990 ~ 2018 年引进外资与对外投资情况　单位：亿美元

年份	FDI 流入	FDI 流出	年份	FDI 流入	FDI 流出
1990	55. 75	20. 34	2005	177. 48	125. 53
1991	48. 87	5. 26	2006	374. 80	200. 63
1992	22. 04	13. 17	2007	426. 09	408. 82
1993	46. 86	21. 52	2008	118. 10	79. 64
1994	85. 50	45. 77	2009	185. 32	320. 40
1995	119. 43	72. 83	2010	574. 60	354. 07
1996	114. 32	91. 96	2011	398. 90	319. 00
1997	157. 02	122. 52	2012	601. 03	204. 80
1998	59. 59	35. 44	2013	566. 72	452. 79
1999	188. 53	81. 11	2014	732. 87	524. 77
2000	147. 52	68. 48	2015	597. 00	452. 23
2001	173. 02	202. 04	2016	738. 63	397. 82
2002	53. 38	28. 35	2017	757. 23	436. 96
2003	163. 53	37. 26	2018	776. 46	371. 43
2004	223. 25	131. 39			

8. 西班牙

西班牙 1990 年引进外资 107.97 亿美元，2018 年引进外资 435.91 亿美元，29 年间增长了 4.04 倍，其中年均增长 11.31 亿美元，2008 年到达顶峰 769.93 亿美元。自从 1995 年以后，西班牙的 IFDI 首次跌出世界前十，直到 2000 年重回世界前十。2008 以后由于新兴市场国家的崛起，西班牙再次跌出全球前十的名单。西班牙的对外投资，从 1990 年的 26.85 亿美元增长到 2018 年的 316.20 亿美元，29 年间增长了 11.78 倍，年均增长 10 亿美元，其中 2007 年达到最高值 1370.52 亿美元。其对外投资的世界排名大多数位于全球前二十。西班牙外商投资净值从 1990 年的 81.12 亿美元增长到 2018 年的 119.71 亿美元，尽管如此，西班牙依旧呈现出早期资本流入为主，后期则是资本流出大于资本流入。

表 2-10　　西班牙 1990～2018 年引进外资与对外投资情况　　单位：亿美元

年份	FDI 流入	FDI 流出	年份	FDI 流入	FDI 流出
1990	107.97	26.85	2005	250.20	418.29
1991	96.33	34.25	2006	308.02	1042.48
1992	106.66	17.34	2007	642.64	1370.52
1993	85.71	28.42	2008	769.93	747.17
1994	88.83	39.37	2009	104.07	130.70
1995	79.11	45.77	2010	398.73	378.44
1996	93.25	68.42	2011	283.79	411.64
1997	89.18	143.97	2012	256.96	-39.82
1998	142.67	203.76	2013	374.36	128.23
1999	187.43	443.82	2014	252.38	338.37
2000	395.75	582.13	2015	119.11	402.64
2001	284.08	331.06	2016	276.58	436.21
2002	392.23	327.15	2017	209.18	399.64
2003	258.19	287.17	2018	435.91	316.20
2004	247.61	605.32			

9. 瑞典

瑞典 1990 年引进外资 19.71 亿美元，2018 年引进外资 111.48 亿美元，

29 年间增长了 5.66 倍，其中年均增长 3.16 亿美元。1999 年到达顶峰 611.35 亿美元，其世界排名基本处于全球第十名左右。瑞典的对外投资，从 1990 年的 147.46 亿美元增长到 2018 年的 200.28 亿美元，29 年间增长了 1.36 倍，年均增长 1.82 亿美元，其中 2000 年达到最高值 409.07 亿美元。瑞典外商投资净值从 1990 年的 -127.75 亿美元变为 2018 年的 -88.8 亿美元，两者差距减小。

表 2-11　瑞典 1990~2018 年引进外资与对外投资情况　单位：亿美元

年份	FDI 流入	FDI 流出	年份	FDI 流入	FDI 流出
1990	19.71	147.46	2005	115.16	286.33
1991	63.53	70.55	2006	274.46	267.89
1992	-0.41	4.09	2007	285.93	390.79
1993	38.46	13.58	2008	369.47	309.07
1994	63.50	67.01	2009	101.47	273.19
1995	144.48	112.15	2010	0.97	207.30
1996	54.37	50.26	2011	129.29	303.18
1997	109.68	126.48	2012	162.57	293.71
1998	199.19	244.79	2013	39.30	302.89
1999	611.35	219.28	2014	40.30	91.94
2000	234.33	409.07	2015	73.13	129.14
2001	109.14	73.01	2016	173.35	32.34
2002	122.73	106.00	2017	121.65	227.64
2003	52.80	214.22	2018	111.48	200.28
2004	120.93	231.58			

10. 瑞士

瑞士 1990 年引进外资 54.84 亿美元，2018 年引进外资 -872.12 亿美元[①]，2015 年到达顶峰 804 亿美元，在 1990~2000 年间，瑞士的 FDI 处于缓慢增长阶段，2004 年到 2007 年以及 2013 年到 2015 年处于高速增长阶段，

① 瑞士是欧洲最受欢迎的投资目的地之一，2018 年大幅下降的原因有二，一是以美国为代表的投资大国强调制造业回归以及世界经济形势不确定性有关，2018 年美国对外投资大幅下降便是佐证；二是瑞士自身产业出现衰退现象，如瑞士引以为豪的银行业出现倒闭潮，后续计算外商投资净值时，并未考虑 2017 年和 2018 年波动及大的这两年，以免干扰判断。

2018 年由正值转为负值。2015 年瑞士的 IFDI 排名进入了全球前十。瑞士的对外投资从 1990 年的 71.76 亿美元增长到 2018 年的 269.28 亿美元，29 年间增长了 3.75 倍，年均增长 6.81 亿美元，其中 2016 年达到最高值 885.28 亿美元。瑞士的对外投资排名一直处于世界前十。瑞士外商投资净值从 1990 年的 -16.92 亿美元变为 2016 年的 -278.58 亿美元，两者差距进一步增大。

表 2-12　瑞士 1990~2018 年引进外资与对外投资情况　单位：亿美元

年份	FDI 流入	FDI 流出	年份	FDI 流入	FDI 流出
1990	54.84	71.76	2005	-2.67	511.18
1991	26.42	65.41	2006	445.98	765.04
1992	4.11	60.57	2007	335.38	515.98
1993	-0.83	87.64	2008	162.15	448.59
1994	33.67	107.93	2009	299.35	262.41
1995	22.22	122.10	2010	298.76	861.83
1996	30.78	161.52	2011	264.15	485.49
1997	66.36	177.32	2012	294.83	440.77
1998	89.41	187.67	2013	11.55	385.39
1999	117.19	332.76	2014	93.40	-0.47
2000	198.55	446.73	2015	804.00	875.04
2001	93.89	183.20	2016	606.70	885.28
2002	68.64	82.03	2017	390.00	-349.16
2003	173.05	154.42	2018	-872.12	269.28
2004	18.46	262.69			

第二节　中国双向 FDI 流入情况

改革开放以来，中国吸引了世界各国的投资者来华投资。短短数年，中国在外资流入的环境中大力发展，同时也给来华的投资者们带来巨大的财富效益。中国早期人口红利和资源优势使得早期中国的对外投资一直保持着高度净流入的状态。随着中国的发展，中国提出了在“引进来”的同时要更好地“走出去”，鼓励中国的企业积极参与到全球的竞争环境中去，促进全球的要素自由流动，资源高效配置，积极改变中国长期处于全球价值链中的低端处境。中国企业在国家政策支持和世界竞争大环境中，积极地走出去，使得中国外商投资出现了净流出状态。本书整理了 1990 ~ 2018 年的世界投资报告，对中国外商投资流入与流出进行了统计，如表 2 – 13 所示。

表 2 – 13　　　　中国对外投资情况（1990 ~ 2018 年）

年份	IFDI 流量（亿美元）	排名	OFDI 流量（亿美元）	排名	国内生产总值（亿美元）	国内人均收入（美元）
1990	34.87	11	8.30	22	3608	310
1991	43.66	9	9.13	22	3833	340
1992	111.56	6	40.00	12	4269	370
1993	275.15	2	44.00	13	4447	410
1994	337.87	2	20.00	23	5643	460
1995	358.49	2	20.00	23	7345	530
1996	401.80	2	21.14	23	8637	650
1997	442.37	2	25.63	26	9616	750
1998	454.63	3	26.34	25	10290	790
1999	403.19	8	17.74	27	10939	840
2000	407.15	8	9.16	33	12113	930
2001	468.78	6	68.85	19	13393	1000
2002	527.43	3	27.00	26	14705	1100
2003	535.05	1	28.55	21	16602	1270
2004	606.30	2	54.98	20	19553	1500
2005	724.06	4	122.61	17	22859	1740
2006	727.15	4	211.60	13	27521	2010
2007	835.21	7	265.06	17	35521	2410
2008	1083.12	3	559.07	12	45982	2940
2009	950.00	2	565.29	5	51099	3500
2010	1147.34	2	688.11	5	61006	4300
2011	1239.85	2	746.54	6	75725	5000
2012	1210.80	3	878.04	3	85605	5870
2013	1239.11	2	1078.44	3	96072	6740

续表

年份	IFDI 流量（亿美元）	排名	OFDI 流量（亿美元）	排名	国内生产总值（亿美元）	国内人均收入（美元）
2014	1285.00	2	1231.20	3	104823	7380
2015	1356.10	4	1456.67	2	110646	7820
2016	1337.10	3	1961.49	2	111909	8280
2017	1340.63	2	1582.90	3	122377	8800
2018	1390.43	2	1298.30	2	136000	9730

资料来源：《世界投资报告》《中国统计年鉴》。

中国外商投资起源于中国的改革开放，国家通过政策的扶持、人口红利和丰富的自然资源吸引外商来华投资，从而开始了最初的引进外资。外商对中国的投资，是早期中国发展的强大助力。如表 2－13 所示，外商对中国的投资自 1990 年以来，一直稳定增长，年均增长 10%。在全球范围中，中国对世界的投资者来说具有极大的吸引力，这一点可以从中国引进外资的世界排名中看出（见图 2－1），中国引进外资长期处于世界前十，且在一段时间内保持世界第二的位置，甚至在 2003 年成为世界第一大 FDI 流入国。尤其以 1992 年来，中国外商投资流入量进入全球前 6 位，自此以后中国的对外投资流入量一直保持在世界前 10 位。在 1990～2018 年，中国外商投资流入量在发

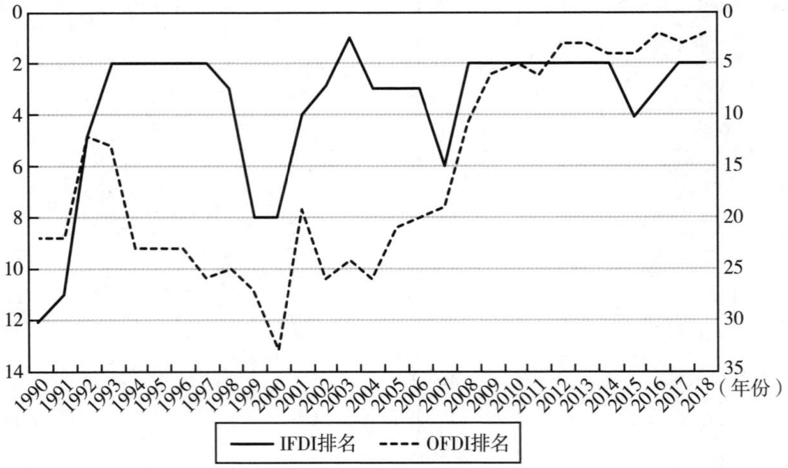

图 2－1　中国双向外商直接投资排名（1990～2018 年）

展中经济体的排名一直处于领先地位。目前，世界范围内以美国为代表的逆全球化态势蔓延，美国大规模采取贸易保护主义政策，世界经济发展遭遇一定程度的阻碍，中国引入外资也相对受到一定程度的影响。纵使外部环境恶化，中国依旧是跨国公司投资的首选之地。有理由相信随着营商环境的大幅优化，以及《中华人民共和国外商投资法》的出台和实施，包括负面清单管理等一系列政策在内的改变，中国将进一步深化对外开放，吸引跨国公司来华投资。作为发展中国家，中国的引进外资无疑是一条正确的道路，是引导百姓追求幸福生活的好政策。中国的人均收入从 1990 年的 310 美元增长到了 2018 年的 9730 美元，人均收入大幅增长，逐步迈向小康社会。

早期的中国外商投资主要以接受世界各国或地区的投资为主，中国的外商投资整体处于净流入状态。随着经济的发展，国内和国外资源的互补以及国内和国外市场的结合成为中国企业发展的重要途径，“走出去”成为企业突破资源和空间约束的重要战略。中国对外投资规模从 1990 年的 8. 3 亿美元增长到 2018 年的 1298. 3 亿美元，增长了 150 余倍。中国的对外直接投资自 2009 年进入世界对外投资流出前十位后便一直稳定攀升，目前是世界重要的对外投资大国。中国对外投资发展过程中，2013 年、2015 年和 2016 年是重要节点，2013 年对外投资首次超过 1000 亿美元，2015 年对外投资超过引进外资并首次成为外商投资净值流出国，2016 年对外投资创纪录地达到 1961. 5 亿美元，并于当年位居世界第二大对外投资国。受制于中美贸易摩擦以及外部环境不确定性增强，2017 年中国对外投资规模出现下降趋势（见图 2 -2），但是中国依旧是对外投资前三大国家或地区。这与中国大力建设“一带一路”等紧密相关，通过与“一带一路”沿线国家在基础设施、自然资源以及货物和服务贸易等合作助推企业“走出去”。

整体来看，无论是引进外资还是对外投资，在过去的几十年中都稳定增长。中国政府在“引进来”达到一定程度后，积极引导企业“走出去”，继而强调“引进来”与“走出去”相结合。在政策和自身需求推动下，引进外资与对外投资呈现良好的发展势头。2015 年前外商对华投资主导中国外商投资的发展，这一阶段引进外资大于对外投资。2015 年，中国成为外商投资净流出国，对外投资的力量不断壮大，2016 年双向投资差距进一步拉大。尽管

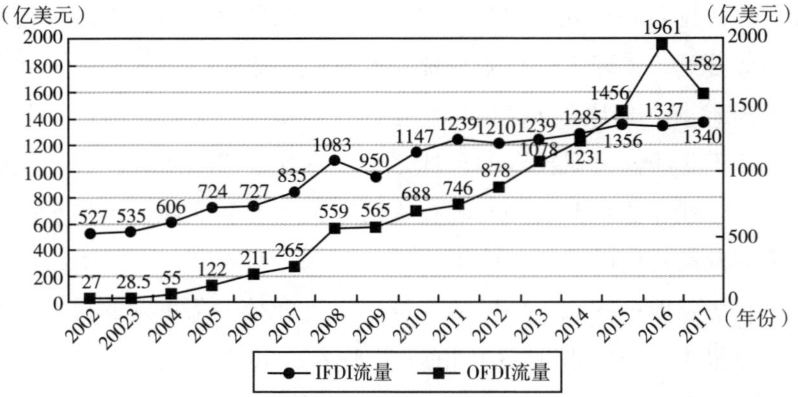

图 2－2　中国双向外商直接投资情况（2002～2017 年）

2018 年外商对华投资再次占据上风，中国引进外资再次回归到世界第 2 的位置，对外投资再次居于世界第 2 位。这充分说明外部环境的恶化并不能动摇中国外商投资以及经济的发展，中国吸引外商投资的能力不会因不确定性而衰退反而得以强化，中国引进外资和对外投资已经在世界格局中占有一席之地，并将持续健康发展。

第三节　中国引进外资与对外投资政策演变

1978 年 12 月中国共产党第十一届中央委员会第三次全体会议确定了把全党的工作重点转移到经济建设上来的发展思路，并彻底否定了“两个凡是”的错误方针，重新确立起解放思想，实事求是的指导思想。至此，中国拉开了改革开放的大幕，中央对如何看待和使用外资的指导思想也因此发生了重大而深刻的转变——从拒绝和抵制外资转变为合理利用外资。2000 年提出“走出去”战略，随后在 2002 年“引进来”与“走出去”相结合政策正式在党的十六大中被提出。2013 年党的十八届三中全会中进一步指出推动“引进来”与“走出去”更好结合，促进国际国内要素有序自由流动、资源高效配置，摆脱“低端锁定”的局面，在全球价值链中占有一席之地。进入新常态后的中国经济，引进外资和发展本土企业对外直接投资并举，正成为其重要特征。对外开放的重点由引进外资与对外贸易进一步拓展为引进外资、对外投资和对外贸易三大支柱，面临开放新特征的到来，许多开放的问题急需我们破解。从三者的关系来看，迫切需要厘清引进来与走出去对进出口贸易会产生何种影响，尤其是对进出口贸易战略转型的作用效果大小。

一、引进外资政策

1. 引进外资试点：中央利用外资的指导思想发生重大转变（1979～1991年）

开始于1978年的改革开放在经济方面主要有三点举措：（1）开启国际间的贸易；（2）大力引入外资，特别是发达国家或地区的资金；（3）开展广泛深入的对外经济交流。尽管这些经济上的举措极大提升了对外开放和经济发展，但实际上当时还没有明确提出“引进来”战略。1979年7月15日中共中央、国务院决定在深圳、珠海、汕头和厦门试点建立特区，这是改革开放对外设立的第一批窗口，随后在1984年的5月，中共中央决定进一步开放上海、宁波、福州和广州等14个沿海港口城市和海南岛。紧接着在1990年，中共中央、国务院同意上海市加快浦东地区的开发，在浦东实行经济技术开发区和某些经济特区的政策。由此，中国东南沿海地区的城市实现对外开放，以此形成了以开放城市为“点”到沿海经济开发带为“面”的巨大转变。

与此同时，1979年8月13日，国务院提出了15条经济改革措施，其中一条就是“出国办企业”（刘云纲和张景云，2002）。当年，北京市的友谊商业服务有限公司与日本东京丸一商事株式会社合资开办了“京和股份有限公司”并顺利落地，其中中方公司出资22万美元，这一举措拉开了改革开放后中国对外直接投资的序幕。

2. 加速引进外资：中国进入大量引入外资的快速发展时代（1992～2018年）

1992年的邓小平南方谈话，进一步解放了思想，推动了改革开放发展。而引进外资是中国对外开放的重要渠道，也是中国经济持续发展的重要部分。

针对外商投资在华经营活动的合法性问题，中国过去制定了一系列法律来规范外商投资。其中关于中外合资经营企业方面，制定了《中华人民共和国中外合资经营企业法》，该法主要目的是扩大国际经济合作和技术交流，允许外国公司、企业和其他经济组织或个人，按照平等互利的原则，经中国政府批准，在中华人民共和国境内，同中国的公司、企业或其他经济组织共同举办合营企业而制定的法律。这部法律在 1979 年 7 月 1 日第五届全国人民代表大会第二次会议通过，于 1980 年 1 月 1 日生效，并于 1990 年、2001 年和 2016 年对其进行了修正。

随后还制定了《中华人民共和国外资企业法》，该法是为了扩大对外经济合作和技术交流，促进中国国民经济的发展，允许外国的企业和其他经济组织或者个人在中国境内举办外资企业，保护外资企业的合法权益而制定的法律。这部法律在 1986 年 4 月 12 日第六届全国人民代表大会第四次会议上通过，并于 2000 年和 2016 年对其进行了修正。除此之外，中国还制定了《中华人民共和国中外合作经营企业法》，该法是为了扩大对外经济合作和技术交流，促进外国的企业和其他经济组织或者个人按照平等互利的原则，同中华人民共和国的企业或者其他经济组织在中国境内共同举办中外合作经营企业而制定的法律。这部法律在 1988 年 4 月 13 日第七届全国人民代表大会第一次会议上通过，并于 2000 年 10 月、2016 年 9 月、2016 年 11 月和 2017 年 11 月进行了四次修正。

3. 高质量引进外资：优化营商环境引进优质外资（2019 年至今）

国内产业结构升级和新常态下动能转换为引进外资提供了新的思路和方向，国际环境形式的变化迫使中国思考下一阶段的发展问题。尽管受制于逆全球化的影响，开放型经济体受到一定的冲击，通过开放促改革和发展是中国未来发展的主旋律。外部环境的变化为深化改革提供了机遇，通过优化营商环境，对标国际标准甚至创造国际准则吸引优质外资，加快符合中国产业结构转型和未来发展的产业落户。2019 年 3 月 15 日，《中华人民共和国外商投资法》经全国人大会议表决终获高票通过。该法于 2020 年 1 月 1 日起实施，取代了《中华人民共和国中外合资经营企业法》《中华人民共和国外资企业法》《中华人民共和国中外合作经营企业法》，成为我国外商投资领域新的基础性法律。

其中值得关注的是，《中华人民共和国外商投资法》在其总则中明确规定了准入前国民待遇加负面清单的外商投资管理制度，这是我国首次在法律层面确定对外商投资实施准入前国民待遇加负面清单管理制度。因此，准确理解和适用负面清单对于来华的外商投资尤为重要。外商投资负面清单制度是外商在华投资的重要制度，这一制度的确定进一步推动形成全面开放的新格局。《中华人民共和国外商投资法》的出台，重构了中国的外资基础性法律，顺应了中国外商投资法律制度与时俱进、完善外商投资发展的现实需求。

二、对外投资政策

1979 年，国务院提出“出国办企业”，为中国的对外投资发展拉开了序幕。从此中国的对外投资规模不断扩大，范围不断变广。1993 年起，中国开始进行经济结构调整，紧缩财政政策，对外投资的审批也越来越紧。但是中国的对外投资流量增速并没有放缓。2001 年 3 月，“走出去”战略被写入《国民经济和社会发展第十个五年规划纲要》，成为中国开放型经济发展的三大支柱之一，对外投资直接逐渐上升至国家发展战略高度。同年 12 月，中国加入世界贸易组织（WTO），市场进一步开放。随后在 2002 年“引进来”与“走出去”相结合的政策正式在党的十六大中被提出。2013 年 9 月和 10 月，中国国家主席习近平分别提出建设“新丝绸之路经济带”和“21 世纪海上丝绸之路”的合作倡议，开启了中国的“一带一路”新篇章。“一带一路”提倡与沿线国家“共商、共建、共享”，共同发展。中国“一带一路”网站数据显示，“一带一路”开展以来，中国同 160 多个国家和国际组织签署合作文件，成功举办两届“一带一路”国际合作高峰论坛、达成 550 多项合作成果。中国的对外投资流量规模从 2002 年开始一路增长，到 2016 年达到一个峰值。虽然此后规模有所下降，但主要是由于全球的对外投资都有所下降，中国即使下降，依旧保持在世界前三。另外，排名也从 2002 年开始快速增长，于 2009 年第一次进入世界前五，后于 2012 年进入前三，并一直保持前三的位置，中国逐渐成为一个对外投资大国。

中国先后成立了多个部门并出台了一系列文件以规范和管理对外投资的发展。《境外企业管理条例》（2004）中，明确规定了政府各个部门的外资管理职能：外经贸部负责对境外投资方针政策的制定和统一管理；国家计委负责审批项目建议书和可行性研究报告；其他部委及省一级外经贸厅（委）负责为其境外企业主办单位的政府主管部门；外经贸部授权驻外使（领）馆经商处（室）负责对中方在其所在国开办的各类企业实行统一协调管理，并且中国对外投资的增长离不开国家在外汇管理、财税、金融、风险防范等方面的规范和引导。《关于对国家鼓励的境外投资重点项目给予信贷支持》《境外直接投资人民币结算试点管理办法》《关于做好“对外投资”监管方式海关申报的通知》等文件先后被颁布，构成一套与中国对外投资发展相适应的外汇管理体系、风险防御与应对体系、税务与金融支持体系等，为中国对外投资发展保驾护航。

三、引进外资与对外投资

1997 年党的十五大会议提出“鼓励能够发挥我国比较优势的对外投资，更好地利用国内国外两个市场、两种资源”的战略方针。2000 年全国人大九届三次会议鉴于我国东部沿海发展空间问题首次提出“走出去”战略，将对外投资提升到国家战略高度。随着经济社会的进一步发展以及经济全球化的加速，于 2002 年在党的十六大中明确指出要“引进来”与“走出去”相结合。

2001 年 11 月 10 日，在卡塔尔多哈举行的世界贸易组织（WTO）第四届部长级会议通过了中国加入世界贸易组织的法律文件，它标志着历经 15 年艰苦卓绝的谈判努力，中国终于成为世贸组织成员，这是中国改革开放进程中一个具有重要里程碑意义的伟大事件。

在 2002 年明确提出“引进来”与“走出去”战略相结合后，中国引入外资和中国对外直接投资数额均呈每年递增的趋势，并且中国对外直接投资在增长率上明显高于外商直接投资增长率。2008 年美国爆发次贷危机，由此引发全球金融危机，受此影响中国对外投资和外商对华直接投资出现增速放缓的态势，但中国对外投资的增长率依然高于外商直接投资的增长率。2015 年，中国对外投资额首次超过外商对华直接投资成为资本净流出国，并连续三年保持这一状况。

党的十八大强调，面对经济全球化的挑战，要进一步提高对外开放水平，坚持实施“走出去”战略，积极拓展国际市场，提高“走出去”的能力。中国在积极吸引外资的同时，“走出去”的步伐日益加快。习近平总书记在党的十九大报告中明确指出，要以“一带一路”建设为重点，坚持“引进来”和“走出去”并重；创新对外投资方式，促进国际产能合作，形成面向全球的贸易、投资、生产、服务网络，加快培育国际经济合作和竞争新优势。

第四节　浙江省引进外资与对外投资政策演变

1978 年改革开放后，中央利用外资的思想发生了深刻转变，浙江省对引进外资的重要性有了认识上的飞跃。1984 年宁波市和温州市成为首批沿海开放城市，浙江省引进外资进入了一个全新的历史时期。2002 年党的十六大提出了“走出去”与“引进来”相结合的政策，浙江省积极响应，加速引进外资和对外投资，坚持“引进来”与“走出去”相结合，形成“引进来”和“走出去”互为促进、协调联动的对外开放局面。“十二五”期间，“走出去”与“引进来”的协调发展对保持浙江省经济平稳高效增长、促进产业转型起到了重要的作用。“十三五”和“十四五”是浙江省全方位推进对外开放，全面提升国际竞争力的关键期，是加快推进供给侧结构性改革、实现治理体系和治理能力现代化的关键期。

一、引进外资政策

1. 开启引资模式（1980 ~ 1991 年）

1978 年改革开放以来，浙江省吸引外商直接投资曾在相当长一段时期内处于落后状态，与经济发展的地位极其不相称。1980 年浙江省二轻局下属的浙江省家具杂品工业公司与中国香港地区新艺行合资成立西湖藤器有限公司。这是浙江省第一家中外合资企业，拉开了浙江利用外资的序幕。1984 年，国务院决定开放 14 个沿海城市，其中浙江省境内有两个——宁波和温州，这标志着浙江省引进外资进入了一个全新的历史时期。随后，浙江省开放了全部 34 个县市，并出台了多项引进外资的优惠政策，外商投资金额逐年增加。

2. 加速发展（1992～2015 年）

1992 年，邓小平南方谈话掀起了全面改革开放和新一轮引进外资热潮。同年，浙江省首次召开了全省引进外资工作会议，把对外开放和引进外资提到了前所未有的高度，各级政府把招商引资工作作为“一把手工程”“一号工程”“经济工作中的重中之重”来抓，逐步放宽外商直接投资企业投资领域、技术转让等的政策限制，努力改善投资硬环境，加强港口、机场、公路、铁路等基础设施建设。在诸多利好因素的刺激下，外商直接投资取得了突破性的进展。

进入 21 世纪，随着中国 2001 年正式加入 WTO，高速增长的中国经济和日益开放与完善的投资环境使中国吸收外商直接投资的区位优势进一步凸显，成为欧洲、美国、日本跨国公司对外投资和产业转移的首选地区。浙江省作为国际资本流入的热点地区之一，引进外资进入了一个全新的发展时期。2011 年，浙江省“十二五”规划中指出，“要深化对内对外开放，提高开放型经济发展水平。大力引进国际先进技术和装备，扩大重要资源进口，鼓励有条件的地方建立进口商品展示中心、贸易中心，支持有条件的企业发展商业储备。创新利用外资方式，优化外商投资环境，全面推进招商选资，注重引进世界 500 强和行业龙头企业，鼓励国有企业、民营企业与外资企业合资合作，推动内外资企业融合发展。充分发挥各类特殊监管区、出口基地、空港等在对外开放中的独特作用。”“十二五”期间浙江省利用外资取得了显著成就，利用外资规模平稳增长，并且新增了 15 个国家级开发区、10 个省级开发区和 4 个对台经贸合作区，舟山综合保税区、嘉兴综合保税区和金义综合保税区相继获批成立。

3. 高质量发展（2016 年至今）

党的十九大对对外开放提出了新要求，国务院出台了关于开发区改革和创新发展的文件，要求各地贯彻落实。浙江省在认真贯彻和执行相关文件和条例的基础上，根据浙江实际情况和经验出台了相关指导性文件。2017 年 6 月 4 日浙江省出台了《浙江省人民政府关于扩大对外开放积极利用外资的实施意见》，为营造国际化、法治化、便利化的营商环境，打造高质量外资集聚地，继续保持浙江省利用外资工作走在全国前列，提出了进一步扩大对外开放举措、创新利用外资方式支持政策等一系列实施意见。同时高度重视开发区的发展，2018 年 2 月 8 日出台了《浙江省人民政府办公厅关于印发全面优化开发区建设促进开发区深化改革扩大开放和创新发展的实施意见》，其中指出坚持开放发展，优化资源配置，加大利用外资力度，把引进外资作为开发区“一把手工程”，强化招商队伍建设，创新招商引资方式，允许各开发区在法定权限范围内制定招商引资优惠政策。随后 2018 年 5 月 9 日出台的《浙江省人民政府关于促进外资增长的若干意见》，也贯彻落实了国务院的精神，全面提升浙江省外商投资环境，高质量的引进外资和利用外资。

二、对外投资政策

为响应国家改革开放，出国办企业的号召，浙江开始逐步发展对外投资。1991 年前，浙江对外投资发展以国有企业和政府机构为主，对外投资方式大都是窗口公司和境外贸易机构。20 世纪 90 年代末期，浙江政府以外贸为抓手，强化对外投资战略。从 1998 年开始，浙江省民营企业对外投资逐渐兴起，在摸索中形成了不同的境外贸易型投资方式，扩展了企业的销售渠道。1999 年起，浙江省实施“两个推动”战略，即“推动本省制造业等优势产业到境外投资，积极开展加工贸易；推动省内商品专业市场到境外设立分市场，开展跨国经营”。同时，相应出台了《浙江省私营企业申办境外企业的审批管理办法（试行）》（1998）、《关于鼓励企业开展境外加工贸易的若干意见》（1999）、《关于进一步扩大对外开放加快发展开放型经济的决定》（2000）、《关于实施“走出去”战略的意见》（2001）等政策文件以及相应的管理办法和实施细则，为企业“走出去”提供有力支持。2001 年，浙江省政府响应中央实施“走出去”战略，并结合浙江省实际情况确立了把民营企业作为对外投资主体的政策思路，并在金融服务、行政审批和专业指导等领域为跨国业务提供支持。民间资金的丰裕给浙江省金融服务创新奠定了扎实的基础，浙江省内各类金融机构响应政府号召，在民营企业跨国经营方面也及时提供全方位的创新服务。2002 年起，台州农业银行、泰隆、工行浙江分行和中国出口信用保险公司杭州业务部相继推出了“个人创业贷款”“摊位抵押贷款”“信保融资通”（又称为出口信用保险项下应收账款质押贷款）等创新服务项目，为民营企业跨国经营提供包括协助投保短期出口信用综合险和出口信用保险项下融资在内的一系列金融服务，更是大大方便了浙江民营企业跨国经营。同时浙江政府鼓励民营企业境内外证券融资，以浙江玻璃、万向集团、浙江金益集团等为代表的公司开创了通过国际证券市场实施跨国兼并的先河。

2005 年时任浙江省委书记的习近平提出了“跳出浙江发展浙江”的思路，这是浙江经济发展的必然要求，也是浙江在高起点上实现更大发展的战略选择。2011 年 6 月《省发改委关于简化部分境外投资项目申请报告的通知》中对满足条件的境外投资项目申请报告，简化相关内容，试行项目申请报告表的形式，提高了审批效率。2011 年 11 月浙江省政府出台了《浙江省人民政府关于统筹省内发展和对外开放加快实施走出去战略的意见》，提出了总体要求和具体举措，对稳定外需出口、促进转型升级发挥了积极作用，取得了一定成效。2012 年《浙江省体制改革“十二五”规划》中将“完善有利于‘走出去’的体制机制”作为改革的主要任务，提出了“完善企业境外投资引导促进机制，支持企业在境外设立和购并研发机构，拓展对外承包工程领域和承揽方式，完善金融支持企业‘走出去’机制，健全境外投资风险防范体系”的措施。浙江省发改委和省商务厅联合发布的《浙江省利用外资和境外投资“十二五”规划》从引导境外投资方向、简化境外投资流程、加大境外投资政策支持、强化风险管理、放宽境外投资人员限制、协调境外投资交流机制等方面给予了政策支持。

2017 年根据《国务院办公厅转发国家发展改革委商务部人民银行外交部关于进一步引导和规范境外投资方向指导意见的通知》要求，浙江省发改委联合省商务厅、省外侨办、人行杭州中心支行拟定了《浙江省关于进一步引导和规范境外投资方向的实施意见（征求意见稿)》。意见稿中提出了“坚持境外投资的正确导向，支持符合国家政策的境外投资，严格审核国家限制的境外投资，坚决禁止国家禁止开展的境外投资，强化对境外投资合规性监管”等关于规范境外投资的实施意见。根据国家发改委《企业境外投资管理办法》以及《关于发布企业境外投资管理办法配套格式文本（2018 年版）的通知》要求，浙江省发展改革委起草了《浙江省企业境外投资管理实施办法》。新办法重点在“取消项目信息报告制度”“取消地方初审、转报环节”“放宽投资主体履行核准、备案手续的最晚时间要求”三方面作出改革。其实施办法的细化内容主要是明确各级发改委（局）的管理权限，加强对于大额非敏感类项目、重大不利情况、项目完成情况和违规情况处理的监管，项目备案实现在线申报和管理。此办法为更好地以“一带一路”为统领加快开放强省建设，以“最多跑一次”改革优化浙江省境外投资综合服务，完善境外投资的指导服务和全程监管提供了解决方案。

三、引进外资与对外投资

中国在改革开放中较早地提出了充分利用国内、国外两种资源、两种市场这样一个重要命题。随着 2000 年中国首次提出“走出去”战略，将对外投资上升到国家战略高度，浙江省政府积极响应，于 2001 年出台了《浙江省人民政府关于加快实施“走出去”战略的意见》，其中指出坚持“走出去”与“引进来”相结合，相互补充，互为促进，增强“走出去”的实力与后劲。自入世以后，浙江吸引外资的规模不断扩大，即使是在 2008 年金融危机期间，全球对外投资额同比下降 40 个百分点的情况下，浙江省对外投资额仍同比增长 43%①。2010 年，浙江省对外直接投资额为 26.8 亿美元，位居全国之首。

“十二五”期间，浙江省利用外资规模平稳增长，利用外资结构持续改

① 数据来源于《浙江统计年鉴》，本小节数据均来源于《浙江统计年鉴》。

善，利用外资平台加快发展。同时浙江省境外投资水平快速提升，境外投资形式更加多样，跨国并购取得显著成效。“走出去”与“引进来”的协调发展对保持浙江省经济平稳高效增长、促进产业转型起到了重要的作用。

2016年7月25日，为进一步加快开放型经济发展，更好地发挥利用外资与境外投资在推动浙江省经济转型及实施创新驱动发展战略中的作用，浙江省出台了《浙江省利用外资和境外投资“十三五”规划》，该规划是指导全省利用外资和境外投资的纲领性文件。文件中指出在中国重大开放战略全面推进实施和浙江加强开放型经济强省建设的背景与形势下，“十三五”是浙江省全方位推进对外开放，全面提升国际竞争力的关键时期，是加快推进供给侧结构性改革、实现治理体系和治理能力现代化的关键期。该规划提出了“改革引领，强化平台”“优化结构，提升水平”“培育主体，内外联动”“创新方式，统筹兼顾”四项基本原则，确立了浙江省利用外资和对外投资走在全国前列的总目标，进一步优化利用外资产业结构和空间布局，积极引导境外投资由以市场拓展为主向跨国经营和战略布局转变，着力打造国际产能和装备制造合作示范区，利用外资和境外投资对供给侧结构性改革和产业转型升级的作用更加明显。

第三章　中国双向 FDI 互动发展的成因分析*

第一节　引　言

自 2003 年发达国家的主导地位被新兴和转型经济体冲击后，地缘经济学关于 FDI 分布模式的结论受到了很大的挑战。发达国家 FDI 占全球份额急速下降，从 20 世纪末的 90% 降到了 2012 年的 65%。联合国贸易发展会（United Nations Conference on Trade and Development，UNCTAD）分析认为，目前阶段，发达国家跨国企业（Multinational Enterprises，MNEs）的对外投资总体呈观望状态或是选择在多个东道国和地区内分散化、多样化投资。相反的，新型和转型经济体①跨国企业的海外拓展则呈现了更活跃的姿态。发达国家跨国企业的海外投资，往往是希望通过结合自己的所有权优势、内部化优势和东道国和地区区位优势以最小化成本（Dunning et al.，2001），这是传统跨国企业行为和国际直接投资理论的结论。但是，这一理论只能部分地解释新型和转型经济体内跨国企业的海外投资行为。事实上，新兴和转型经济体的许多企业往往在尚未形成某种特定优势之前就开始了对外直接投资（OFDI），这

* 本章主要成果已发表于：张梦婷、钟昌标、俞峰．发展中国家 IFDI 对 OFDI 的影响：母国因素的调节作用研究 [J]．经济问题探索，2017（4）：110～116，190.

① 主要由五个金砖国家：巴西、俄罗斯、印度、中国和南非主导。

些现象无疑对传统的跨国公司主流优势理论提出了挑战，理论体系亟待新兴和转型经济体的现实和数据补充。

“国际化”被定义为在地理范围上超出国界的市场扩张（Hitt et al.，1997），其中隐含着两个同时进行的过程：IFDI 和 OFDI。梳理既有的相关文献发现，OFDI 已经成为关于 FDI 研究的重要内容（Dunning，1993），而 IFDI 作为母国 OFDI 的重要驱动力之一（Luo & Tung，2007），对这一机制的研究却为数不多。在少有的一些关于 IFDI 对 OFDI 影响的研究中（Sauvant，2011；Tham et al.，2015；Yao et al.，2016），一些解释认为其正向效应是源于知识和技术的溢出（Aitken et al.，1997；Kneller & Pisu，2007）。相反的，有研究却显示 IFDI 会产生很强的竞争效应，该效应会致使 OFDI 减少（Wang et al.，2012）。进一步分析发现，IFDI 对 OFDI 既有正向溢出效应又有负向竞争效应（Chang & Xu，2008），这两种效应在已有的研究中分别都有实证检验的支撑，却得出了看起来似乎相反的两种结论。

基于 IFDI 兼有溢出效应和竞争效应，同时考虑两种效应的视角能为我们提供一个更加综合理解二者关系的机会。因此，本书尝试跳出 IFDI 对 OFDI 的直接影响分析，转为分析在怎样的条件下、受哪些因素的作用会呈现不同的溢出效应和竞争效应的组合。以中国为新兴经济体的代表，通过分析中国 2003 ~2014 年与全球 125 个国家间的双向投资情况，探究新兴经济体 IFDI 对 OFDI 的影响及其国内发展因素对 IFDI 影响 OFDI 的调节作用，调节因素具体指 R&D 投入（经费及人员）、东道国和地区之间的贸易往来（进口与出口）和前期 OFDI 等。

研究的边际贡献主要体现在：其一，以中国为代表，丰富了国际投资研究问题中关于新兴市场国家和转型经济国家的国际投资行为的理论分析；其二，从母国因素中深入挖掘和分析 IFDI 影响 OFDI 的机理，即母国因素中会对 IFDI 影响 OFDI 过程产生调节作用的因素，这对解决目前发展中国家所面临的“引进来”与“走出去”互动发展的问题有重要的理论启示。

第二节　中国双向 FDI 互动现状及作用机理

一、中国双向 FDI 互动现状

双向直接投资与一国经济发展阶段的水平、生产技术和文化制度等紧密相关。中国在改革开放中较早地提出了充分利用国内、国外两种资源和两个市场这样一个重要命题。

虽然中国在近些年才逐渐成为一个 OFDI 大国，但是长期以来被公认为是一个重要的 FDI 流入地。改革开放以来，中国吸引了来自全世界的投资，逐渐成为直接投资的重要目的地，利用外资并保持稳步增长，从20 世纪90 年代末开始便成为发展中国家的头号 IFDI 东道国和地区、全世界位居第三（UNCTAD，2007）。正如第二章图 2 –1 所示，相比于 OFDI，我国的 IFDI 起步较早、发展相对成熟，在较长一段时间内，双向直接投资的发展是不平衡的，IFDI 显著地高于 OFDI。

虽然中国 OFDI 自 1982 年才开始有统计，但增速迅猛。随着 2001 年加入世界贸易组织（WTO）、2002 年“走出去”战略的实施和推进，越来越多的中国本土企业积极地走出去，对外直接投资从无到有，在 2001 ~2005 年“十一五”期间，我国 OFDI 出现了第一轮平稳的快速增长，年均增长率约为 45. 6%。2011 ~2015 年“十二五”期间 OFDI 流量累计达到 5390. 88 亿美元，约为“十一五”期间的 2. 39 倍。根据商务部和国家外汇管理局的统计，2014 年我国对外直接投资规模与同期吸引外资规模仅差 35. 6 亿美元（见图 3 –1），双向投资按现有统计口径首次接近平衡，至 2017 年对外投资达 1961. 5 亿美元，中国已经成为一个对外投资大国。

为了进一步直观地观测 IFDI 与 OFDI 的相对发展，图 3 –1 呈现了 IFDI 与 OFDI 的差额随时间的变化，横坐标为年份（1992 ~2016 年），纵坐标为 IFDI 减去 OFDI 的差值。由图 3 –1 可知，自 2014 年开始 OFDI 流量数值超过了 IF-DI，2016 年，OFDI 继续高于 IFDI，流量数据也明确地揭示了 IFDI 与 OFDI 互动发展机制及实现渠道的必要性。

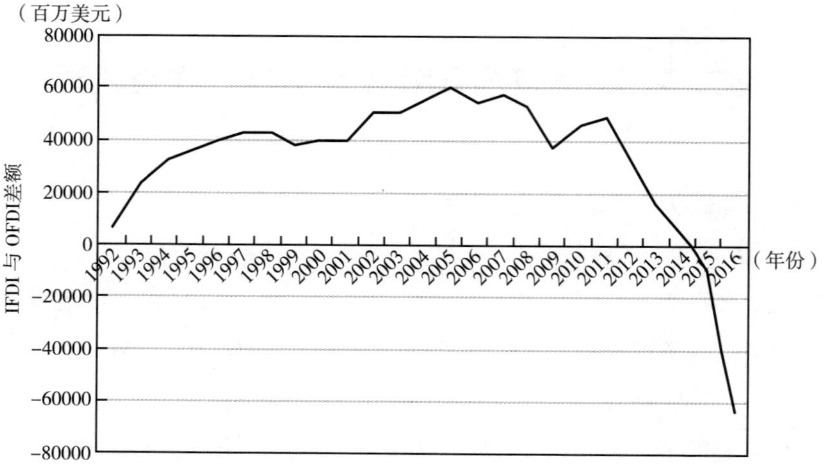

图3－1　中国1992～2016年IFDI与OFDI的差额（IFDI减去OFDI）

资料来源：UNCTAD：https：//unctadstat. unctad. org/wds/TableViewer/tableView. aspx。

采用计量方法初步对IFDI与OFDI的关系进行分析以明确探究二者相关关系具有一定的必要性。利用协整检验和格兰杰因果分析对1992～2016年我国IFDI与OFDI之间的关系进行实证研究。首先根据ADF、赤池信息准则（AIC）和施瓦茨准则（SC）确定最佳滞后阶数对序列LNIFDI、LNOFDI进行平稳性检验，结果如表3－1所示，提示了LNIFDI、LNOFDI为二阶单整序列，即满足协整分析的条件。进而采用约翰森（Johansen）检验对IFDI和OFDI进行协整分析，检验结果如表3－2所示。

表3－1　　LNIFDI、LNOFDI的平稳性检验结果

变量	ADF检验值	检验类型（C，T，K）	1%临界值	5%临界值	10%临界值	结论
LNIFDI	-2.95	（C，T，1）	-4.83	-3.76	-3.35	不平稳
DLNIFDI	-3.35	（C，T，1）	-4.91	-3.76	-3.58	不平稳
DDLNIFDI	-4.41	（0，0，0）	-3.19	-2.05	-1.97	平稳
LNOFDI	-2.64	（C，T，1）	-4.88	-3.63	-3.29	不平稳
DLNOFDI	-2.93	（C，T，0）	-4.36	-3.97	-3.44	不平稳
DDLNOFDI	-5.41	（0，0，0）	-3.28	-2.15	-1.94	平稳

注：D表示一阶差分，DD表示二阶差分；检验类型中C表示常数项，T表示时间趋势项，K表示滞后阶数；当ADF值小于临界值说明序列平稳，小于1%临界值表示在1%显著性水平下平稳，以此类推。

表 3－2　　　　　　　　LNIFDI、LNOFDI 的协整检验结果

变量	特征值	迹检验统计量	1%临界值	5%临界值	10%临界值	结论
LNIFDI	0.93	20.18	22.39	18.97	15.63	没有显著性
LNOFDI	0.02	0.21	6.76	3.35	2.86	至多一个

表 3－2 所报告的结果提示了 IFDI 与 OFDI 存在协整关系，因而可以进行格兰杰因果关系检验。表 3－3 为格兰杰检验结果，结果表明，在样本窗口内（1992～2016 年），IFDI 是 OFDI 的格兰杰原因。因此，结合协整检验和格兰杰因果分析（见表 3－3）的结果可知，IFDI 对 OFDI 具有促进作用，下面我们将从理论和实证两方面系统地考察 IFDI 对 OFDI 的作用。

表 3－3　　　　　　LNIFDI、LNOFDI 的 Granger 因果检验结果

变量	零假设	F 值	P 值	结论
LNIFDI	IFDI 是 OFDI 的 Granger 原因	0.520	0.830	接收原假设
LNOFDI	OFDI 是 IFDI 的 Granger 原因	15.530	0.001	拒绝原假设

二、IFDI 促进 OFDI 的作用机理

从两方面展开对 IFDI 与 OFDI 的作用机理分析，分别为 IFDI 对 OFDI 的影响机制和母国因素的调节作用。其中，前者又细分为 OFDI 的动机研究、IFDI 的影响研究以及双向投资问题研究，后者细分知识溢出效应与本国企业的模仿和吸收、竞争效应、先驱效应，旨在从理论上对作用机理进行较为深入、系统地梳理，进而提出供实证探究的研究假说。

1. IFDI 与 OFDI 关系的研究综述

（1）OFDI 快速扩张的动机研究。关于新兴和转型经济体企业进行海外投资的研究，不乏其数（Makino et al.，2002；Yamakawa et al.，2008），尤其是基于中国经验的分析（Buckley et al.，2007；Cheung & Qian，2009；Zhang & Daly，2011）。什么因素导致了中国 OFDI 的快速扩张？分析文献发现现有研究主要集中于三个方面：一是寻求动机视角；二是东道国和地区因素吸引视

角；三是母国发展特征助推企业对外投资视角。

首先，寻求动机的视角。联合国贸发会议《2006 年世界投资报告》中根据企业进行海外投资的动机，将 OFDI 分为四种类型：市场寻求型、效率寻求型、资源寻求型和战略资产寻求型。泰尼斯等（Tham et al.，2015）依据此结论，经实证分析认为马来西亚目前已经是一个净对外投资的国家，且主要进行的是以国有企业占绝对主导的市场寻求型海外直接投资。世界银行的外国投资指导性服务（Foreign Investment Advisory Service，2005）机构发起的调查问卷揭示了中国企业进行 OFDI 动机的五种常见原因：第一，国内需求不足和企业产能过剩，迫使企业“走出去”寻找新市场。此外，在东道国和地区直接投资建厂也是规避出口配额的有效方式之一；第二，大量的 IFDI 加剧了国内市场的竞争，迫使一些企业转向其他市场；第三，企业进行 OFDI 旨在更快地从发达国家学习先进的科研技术。一般认为在两国发展差距较大时，本国企业能从 IFDI 中获取较大的边际溢出促进本土企业技术的提升。而当发展差距日益缩小时，仅从 IFDI 中获取的技术溢出越来越小，此时大型企业就会选择在海外投资建立研发或生产中心，以进一步学习发达国家的核心技术；第四，母国炼油、天然气和矿产行业内的企业，通过向资源丰富国家进行 OFDI 来获取充足原材料；第五。政策原因，可能是东道国和地区的优惠政策吸引企业前往，也可能是母国的政策鼓励企业“走出去”。既有的一些实证研究也提示了，中国跨国企业进行海外投资主要是市场搜寻型和资产搜寻型。巴克利等（Buckley et al.，2007）研究发现 1984 ~ 2001 年中国的 OFDI 主要受东道国和地区市场规模和自然资源的吸引，这一结果也提示了中国的 OFDI 与东道国和地区的政治风险和文化相近性紧密相关。

其次，受东道国和地区经济、文化和制度环境等因素吸引的视角。此视角下的研究着眼于东道国和地区方面的吸引作用。如张宏和王建（2009）、蒋冠宏和蒋殿春（2012）考察东道国和地区区位因素对中国 OFDI 的影响，研究均认为东道国和地区制度质量、宗教多元化以及与母国的文化交流和贸易联系等因素会显著影响 OFDI。杨挺和卢进勇（2011）则细化考察两国政府间的一种作用力——政府促进，用“双向投资促进合作谅解备忘录”来刻画这一作用，分析发现投资促进的确会促进中国企业 OFDI 的发生。而马里姆和塞巴斯蒂安（Mariem B & Sébastien D，2016）则是采用对比的方法揭示东道国和地区中能吸引其他国家对其投资的因素，研究通过比较欧洲东西部吸引 OFDI 的差异现状后，总结得出东道国和地区的市场规模、开放度、工资体系、关税体系和教育水平等因素是吸引其他国家 OFDI 的关键因素。姚树洁和萨瑟兰（Yao & Sutherland，2009）指出，中国成为主要对外投资者之一的重要原因是“走出去”国家战略。一部分经挑选出来的国有企业被部署成为投资助推器，给予了他们十分宽松的财政和信贷政策以实现国家的海外投资需求，例如以合理的价格寻求长期稳定的自然资源。

最后，母国某些发展特征驱动或抑制本国企业 OFDI 的研究视角。从企业所处的商业环境来看，王成岐等（Wang et al.，2012）从公司资源、产业组织和制度理论三个视角（分别对应公司、行业和国家三个层面）切入，分析认为，中国企业走出去主要是为了克服由于技术差距和后进劣势所造成的发展障碍。公司特征对 OFDI 的影响尚不显著，但产业组织和国家制度的影响已经显著。从企业生产率来看，经典的邓宁国际折衷理论中所总结和强调的企业国际化所需具备的三个优势中，企业所有权优势强调的就是企业的生产率，赫尔普曼等（Helpman et al.，2004）基于企业异质性假设所构建的垄断竞争理论模型分析亦指出，生产率最高的企业会选择 OFDI，生产率次高的企业会选择出口贸易。但是这一结论用发展中国家的数据检验却尚未达成共识。田巍和余淼杰（2012）实证探究中国企业 OFDI 与生产率的关系，分析发现生产率越高的企业 OFDI 的概率越大，且所进行的 OFDI 数额也越大。生产率的提高又源于技术进步，李洪亚和宫汝凯（2016）便考察技术进步与 OFDI 促进和溢出的双重影响，不仅技术进步有利于 OFDI 的快速扩张，而且逐年扩张的 OFDI 通过逆向技术溢出也可以推动国内技术进步，更深层次地揭示了生产率与 OFDI 之间的双向关系。从母国资本市场发展来看，不论是 IFDI 还是 OFDI，其最根本的形式是在资本范畴之内，如卡尔和肯（Karl & Ken，2010）关注的是母国货币对 OFDI 的影响，分析认为母国货币升值促进 OFDI 的发生。斯托基和南希（Stokey & Nancy，2016）则发现税额变化对企业 OFDI 的冲击作用很大，税额变化会使企业暂时的中断 OFDI。

（2）IFDI 的影响研究。外商直接投资作为资本、技术等要素流动的重要载体，不仅是一种资本的转移，更重要的是其过程伴随着先进技术和先进管理经验方法的转移。因此，通过引进外商直接投资，东道国和地区除了可以增加资本存量、提高投资效率和提供就业机会外，更重要的是还能以较低成本、较快速度获得国外先进技术，促进本国的技术进步和经济增长。

首先，外商直接投资作为资本供给对东道国和地区经济发展有直接作用。早在20世纪60年代，钱纳里就提出了著名的“双缺口模型”，他认为东道国和地区经济发展会受国内资源不足的制约，因此，引进和利用外资有助于弥补储蓄和外汇缺口，进而推动东道国和地区的经济增长和结构转换。范洛（Van Loo，1977）较早考察IFDI对资本市场的影响发现，虽然IFDI对国内投资有直接促进作用，但却抑制了消费和净出口，进而降低了总支出，并对投资产生间接的负面影响。罗长远（2006）进一步细分考察东道国和地区资本类型，发现IFDI与国内私人资本之间存在竞争关系，那些实力弱小、资金分散的投资者会被IFDI通过直接或间接的方式挤出资本市场。

其次，外商直接投资的溢出效应，溢出内容具体包括知识、管理、公司体制、技术等。现代经济发展的核心问题就是知识技术的获取与运用，几乎所有积极引进FDI的国家，特别是发展中国家和转型经济体，都期望能通过积极引进外资来提高国内经济部门的生产率和竞争能力，即希望于外资的溢出效应能带动国内企业的技术进步和效率提高。布隆斯特罗姆和库科（Blomström & Kokko，1998）把FDI的溢出效应（Spillover）定义为，跨国公司在东道国和地区实施FDI引起当地技术或生产力的进步，而跨国公司无法获取其中全部收益的一种外部效应。何洁（2000）进一步把这种溢出效应定义为FDI对东道国和地区的经济效率和经济增长或发展能力发生无意识影响的间接作用。这种溢出效应既包括了技术上的溢出，也包括了管理上的溢出。现有的研究更多地关注于技术的溢出，但是在进行实证分析的时候却很难将技术的溢出单独提取出来，只是通过研究FDI数量与东道国和地区劳动生产率或者全要素生产率之间的关系来间接反映溢出效应的大小。

然而，越来越多的研究证实，来自发达国家FDI中所蕴含的知识或技术的溢出并不是自然而然的，母国能否有效的吸收还取决于一定的条件。如，袁诚和陆挺（2005）分析发现外资对中国企业家有一定的培训效果，但是效果并不显著。要获得更加显著的 FDI 正向溢出效应，政府应当着眼于制定政策来扶持本地企业，通过公平竞争缩小他们与先进企业的距离，促使 FDI 在激烈的市场竞争中带来真正先进的管理经验和知识。并且通过教育培训的投入，来提高本地企业和企业家对外来的先进管理方法的学习能力。IFDI 对东道国人力资本积累的影响，一些研究认为来自于发达国家的 FDI 具有培训和示范效应，有利于提升发展中国家的人力资本积累（Michie，2002；Trevino et al.，2002）。而另有一些学者认为，发展中国家吸收的 FDI，通常集中于劳动密集型行业，技术水平较低，锁定了大量低素质劳动力，不利于人力资本积累（Ruane & Sutherland，2005）。

总的来看，自 20 世纪 80 年代以来，国际直接投资进入了持续快速增长的历史时期，并逐渐成为国际投资的主要方式。发展至今，经济学界已经基本就“国际直接投资存在技术溢出效应”达成了共识。可是，技术溢出效应的发挥需要东道国和地区具备相应的条件，如果东道国和地区的经济发展水平及其决定的各种宏观经济指标能够吸收国际直接投资的技术溢出效应，外商直接投资就会促进本国的经济增长，反之如果各项经济指标的发展水平不足，将抑制对技术溢出效应的吸收能力，进而将无法达到外商直接投资促进经济增长的目的。

（3）双向投资问题研究。外商直接投资理论始于 20 世纪 60 年代，微观视角以海默（Hymer，1970）的垄断优势理论、巴克利和卡森（Buckley & Carson，1976）的内部化理论、邓宁（Dunnning，1980）的国际折衷理论为代表。宏观视角则以弗农（Vernon，1966）产品生命周期理论、小岛清（Kiyoshi Kojima，1975）比较优势投资理论、邓宁（Dunnning，1982）投资发展周期理论，进一步发展了这种理论，动态分析一国经济发展水平与该国直接投资流入和流出规模的关系。

现有关于 FDI 的研究文献集中于分别对 IFDI 和 OFDI 的考察，IFDI 与 OFDI 的关系研究十分有限，已有的研究仍是以描述性为主（Katherin & Cornelia，2007；Liu et al.，2005；Sauvant，2011；Sauvant et al.，2011）。投资发展路径理论认为，一国在发展之初只有 IFDI，OFDI 是在第二阶段才开始出现，在第三阶段随着市场搜寻和资源搜寻等动机而进一步发展增加。在发展的第四阶段，伴随着 R&D 能力的强化，OFDI 进一步增加。这一演化过程说明，OFDI 只有在国家发展到第三阶段的门槛值、本土企业具备进行 OFDI 的竞争优势时才会出现。发达国家的 IFDI 为新兴经济体的技术进步提供了可能，可能的渠道包括：第一，先进技术可以从母国企业通过合营的形式，以进口设备和人力培训等方式溢出到东道国和地区；第二，水平型溢出效应，通过技术演示和劳动力流动在同一行业的不同企业间产生正外部性；第三，垂直型的溢出效应，由供应商、分销商和消费者之间联系，在价值链内的传递；最后，市场竞争会倒逼企业进行创新以保持竞争力。

国际投资发展周期理论及 J 曲线关注和强调国际净投资与一国的经济发展相适应和匹配。双向投资发展的第一阶段，一国经济处于起步阶段，以依赖外资和吸引外资为主，为初级不平衡阶段。第二阶段，随着经济的发展，OFDI 与 IFDI 趋于相等，进入双向投资相结合的中级平衡阶段，如大多数新兴工业化国家。第三阶段，随着国内企业竞争力和国际经济实力的增强，OFDI 将大于 IFDI，处于较高层次的不平衡阶段，如德国和日本等部分发达国家。第四阶段，由于 OFDI 与 IFDI 彼此不断扩大的交叉投资，最终处于 OFDI 与 IFDI 相当的高级平衡阶段，如美国和英国。

如图 3－2 所示，J 曲线的两个坐标轴分别是 NFDI（净外商直接投资，对外直接投资减去吸引的外资流入，可以为正，也可以为负，反映了国内企业的国际化程度）和人均 GNP。OE 阶段，IFDI 远大于 OFDI，NFDI 为负值；E 点 IFDI 与 OFDI 相当，达到中级平衡阶段；EF 阶段，OFDI 大于 IFDI，NFDI 为正值；F 点为高级平衡阶段，双向投资相当。其中，图 3－2 中所示意的阶段 2，国家进入新兴国家行列，虽然 NFDI 仍为负值，但每年直接投资流出的增加值已经超过直接投资流入的增加值，结果就是 NFDI 由降转升。然而，新兴经济体的投资发展现状对传统的国际投资发展周期理论发出了巨大的挑战。

约翰逊和瓦恩（Johanson & Vahlne，1977）将 OFDI 视作一个母国跨国企业的学习过程，通过 OFDI 获得知识和经验，这一目的是企业开展 OFDI 的重要驱动力。这一模式强调国际化过程中逐渐学习的重要性，它的假设是在过程中能够获取必要的知识，但是却忽视了 IFDI 同时也会带来的“必要的知识”（Luo & Tung，2007）。库比特和霍利（Cubitt & Hollis，1991）较早关于

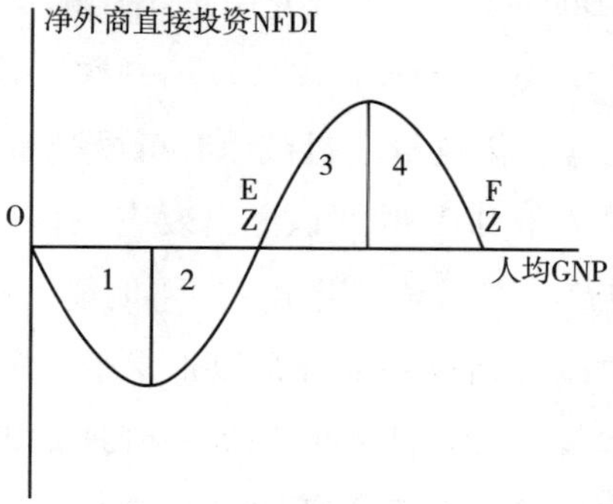

图 3－2　一国双向 FDI 发展的动态演变历程

双向投资问题进行了阐述，认为双向投资是一场“博弈的游戏”，一国须权衡 IFDI 和 OFDI 的量以使国际投资对母国的正向拉动效应最大化。顾倩和吕文珍（Gu & Lu，2011）探究了风险投资行业的 OFDI，探究行业发展水平对 IFDI 带动 OFDI 的调节影响，研究发现，母国的行业发展水平越高且东道国和地区的发展水平越低，IFDI 对 OFDI 的正向影响越强。姚树洁等（Yao et al.，2016）则讨论了 OFDI 与 IFDI 的动态关系，发现 OFDI 有自身正向调节作用且存在长期均衡值，动态调节趋于调节现期 OFDI 至长期均衡值，IFDI 正向影响 OFDI。

总的来看，围绕 IFDI 对 OFDI 的影响研究，尽管我们并不是第一个，但是我们发现在已有研究中关于这一议题尚未达成共识。威尔莫尔（Willmore，1992）的论证是以墨西哥艾特肯等（Aitken et al.，1997）、英国克内勒和比苏（Kneller & Pisu，2007）和中国孙思忠（Sun，2009）的样本数据实证为支撑，揭示了 IFDI 对 OFDI 的正向影响。而鲁安和萨瑟兰（Ruane & Sutherland，2005）发现一国的国际化程度与外国企业的进入呈负相关关系。这两种相反的研究结论其实是来自于两种不同的潜在逻辑，一个是基于 OFDI 的溢出效应，另一个则是基于 OFDI 的竞争效应。本书跳出 IFDI 对 OFDI 的直接影响分析，而是分析在怎样的条件下、受哪些因素的作用会呈现不同的 IFDI 的溢出效应和竞争效应的组合，系统探究 IFDI 对 OFDI 的影响及作用机制。

2. IFDI 对 OFDI 的作用机理

（1）知识溢出效应与本土企业的模仿和吸收。

溢出效应（spillover effect）是古典微观经济学中的经典内容，早在 1960

年，麦克杜格尔（MacDougall）就在研究中提出了跨国公司对东道国和地区的溢出效应的重要性。卡夫（Caves，1974）第一次比较全面地把跨国公司对东道国和地区的溢出效应分为竞争（打破原有市场垄断）、示范、本国企业的模仿三种类型。理论界关于 IFDI 的知识溢出效应一直存有争议。受引资结构和质量的影响，FDI 引致的国际知识溢出效应不明显，有几个可能的解释：第一，进入本地的三资企业有相当一部分是以追求低廉的劳动与资源成本为首要目的，这样的企业本身不太可能具有先进的管理知识与经验，或者只愿意将那些拥有先进知识和经验的管理人才派往东道国和地区。这使得知识溢出效应的产生失去了第一个首要前提。第二，本地管理者并没有太多的机会进入到高层和核心的管理阶层，这妨碍了他们对先进知识和经验的了解和获取。第三，有机会进入到高层和核心管理阶层的本地人才，由于不愿意流动到本地企业，同样也妨碍了管理知识的溢出。

理论上为提高 IFDI 对本土企业的知识溢出效应，可以从以下两个方面努力：①促进市场竞争。已有研究显示，母国及东道国和地区之间的知识技术差距越大，越不利于 FDI 溢出效应的产生（Wang & Blomstrom，1992；Blomstrom & Kokko，1995）。这意味着，要促进 IFDI 产生积极的知识溢出效应，政府在政策和财政上应大力扶持本地企业的发展，从而使外资企业处于更激烈的市场竞争中，进而为东道国和地区带来更多更好的技术和管理。②提高和增强本土企业的吸收能力（absorptive capability）。吸收能力的概念最早是由科恩和列文塔尔（Cohen & Levinthal，1989）在分析企业研发作用时提出的，他们认为企业研发投入对其技术进步的影响表现在两个方面，一是研发成果直接促进了技术进步，二是企业的研发投入增强了企业对外来技术的吸收、学习和模仿能力，使企业拥有更强的技术能力去吸收外部技术扩散。此后，达哈尔曼和尼尔森（Dahalman & Nelson，1995）又在科恩和列文塔尔（Cohen & Levinthal，1989）的基础上定义了国家的吸收能力，即“学习和使用发达国家已经存在的先进技术和有关实践的能力”。进一步的，在本土企业得到有效的外资企业知识溢出后，生产率得以快速提高，当资本积累到一定程度后，便会促进 OFDI 的发生。

新经济增长理论认为，一国的研究与开发（R&D）活动很大程度上决定了技术进步，R&D 积累不仅能直接促进新知识的产生，还增加了本国可用知识资本存量。在开放经济下，国际贸易和 IFDI 无疑是国与国之间 R&D 溢出效应的重要传导渠道，而知识资本存量的引申含义即获得新的技术、生产过程或组织方法、改良的产品或服务等的能力。阿布拉莫维茨（Abramovitz，1986）较早关注到了国内 R&D 存量即强度对创新的影响，分析认为 R&D 既能直接影响自身创新能力的提升，还会对吸收消化其他人的 R&D 成果产生重要影响。首次提出“吸收能力”这一概念的科恩和列文塔尔（Cohen & Levinthal，1989），在研究中还强调吸收 R&D 活动溢出效应的成本，即 R&D 的溢出效应并不是零成本的，竞争对手不能免费获取溢出，因为吸收能力并非从天而降。郑绪涛等（2011）进一步论述了“有成本的吸收能力”这一观点。黄先海和石东楠（2005）实证分析发现，国内 R&D 存量对外贸外资的技术溢出效应具有显著的正向影响。葛小寒和陈凌（2009）基于国别的面板数据考察发现，国际 R&D 溢出与吸收能力紧密相关，并且本国技术吸收能力是决定能否发挥“后发优势”的关键变量。据此，我们提出假说 1：母国 R&D 投入通过提高本土企业的吸收能力和竞争力，能有效增强 IFDI 的知识溢出，从而正向调节 IFDI 对 OFDI 的影响。

（2）竞争效应。

IFDI 进入某一国（地区）势必会打破原有的市场垄断，不可避免地会侵蚀本地企业原有的市场份额，导致本地企业丧失规模经济的效率，这种现象就是 IFDI 溢出中的竞争效应。因此，东道国和地区企业首先得到的可能不是 FDI 的知识溢出效应，而是如何在竞争中存活下来，否则溢出效应就是一句空话。IFDI 的竞争性表现为以下三种形式：①跨国企业凭借强大的资本、技术、管理等方面的优势，可能击垮或者并购东道国和地区原有的企业，控制绝大多数市场，甚至成为市场的寡头，限制当地企业的发展。跨国企业还可能制约东道国和地区企业的技术创新动力。②东道国和地区企业通过与跨国企业的合作获得技术，而跨国企业往往不与东道国和地区企业共同研发技术，只是向它们转移成熟技术或常规技术，这样就会使东道国和地区企业形成对跨国企业的技术依赖，丧失技术创新的动力，③企业技术研发的源泉是人力资源，跨国企业凭借优厚的福利待遇和先进的研发环境，吸引东道国和地区大批的高素质科技人才和管理人才，人才的流失也成为制约东道国和地区企业发展的瓶颈（樊少华，2013）。

尤其关注到 IFDI 通过“对外贸易”这一渠道对本土企业 OFDI 的影响（即 IFDI→对外贸易→OFDI），在已有研究中关于贸易与 OFDI 的关系已经有了较多的讨论，主要有互补论和替代论两种观点，具体又取决于企业进行海外投资的目的，日本学者小岛清将两种情形分别概括为“日本式对外投资”和“美国式对外投资”。如果 IFDI 是为了扩大出口而增加国内资本，并且对东道国和地区提供技术知识，推动新产品的转移，那么 IFDI 有助于东道国和地区的出口。反之，如果 IFDI 只实现了低水平的技术转移，则会导致出口的减少，因为如果 IFDI 是以占有东道国和地区市场为目的，就会通过竞争性的第一种形式抑制可能成为出口商的国内本土企业。

总的来看，一国引进外资（IFDI）和对外投资（OFDI）的影响是间接的，而贸易是传导机制中至关重要的一环。从时间的发展先后顺序来看，外资进入东道国和地区会同时产生管理知识和竞争等多重溢出效应，此时对本土企业而言是第一波冲击，在这波冲击下，有些企业因为得到有效的知识溢出效应大于竞争效应，不仅成功在市场中生存下来，而且生产率得到了显著提升。而另一些企业，因为竞争效应大于生产率的提高，则被挤出市场。紧接着，国际贸易则是 IFDI 带来的第二轮冲击。有了海外资本流入后，本土企业为了保证自身在市场中的竞争力，也会相应地通过技术进步提高自身的生产率或模仿外资企业的对外贸易而进行对外贸易。根据梅里兹（Melitz，2003）的论述，OFDI 的本质就是企业为追求自身利润最大化而做出的理性决策。因此，当企业在发展过程中逐渐权衡对外贸易和海外投资时，发现海外直接投资生产的收益大于贸易时，自然便会选择进行 OFDI。因此，可以认为对外贸易是母国企业 OFDI 的先导形式，通过量化贸易来调节作用大小，能侧面反映本土企业应对 IFDI 所带来的市场竞争能力和国际化发展意愿的大小。据此，我们提出假说 2：母国与东道国和地区之间的贸易往来会影响 OFDI，同时会对 IFDI 影响 OFDI 过程有显著的调节作用。

（3）先驱效应。

先驱效应也称示范效应，在 IFDI 进来之前，本地企业由于受成本、收益及国外市场等信息的限制，海外投资的风险很高，因此企业进行 OFDI 趋于谨慎。而 IFDI 的到来给本土企业提供了一个活生生的例子，当他们开始和已经存在的用户接触，技术创新的信息、新的管理方式及海外投资生产的模式开始传播后，本土企业对国外市场不确定性的感官认知开始下降，模仿的程度也随之提高（Blomstrom & Kokko，2003）。IFDI 溢出效应中的“本土企业模仿”，即跨国企业在东道国和地区进行产品生产和销售，当地企业可以通过研究跨国企业的产品，模仿其生产技术，生产类似的产品。另外，曾经在外资企业接受过技术培训或从事技术研发的员工也有可能进入当地企业或者自创企业，从而提高当地企业的技术研发水平，进一步提高产品质量和生产效率。在此基础之上，本书进一步的提出本土企业会模仿学习外资企业所带来的全新海外投资生产模式，且较早实践的那些本土企业又会对市场上“观望”的本土企业有先驱效应（先驱效应是在模仿行为基础上发生的），即前期 OFDI 对当期企业海外投资决策而言是正向激励。据此，我们提出假说 3：前期 OFDI 会显著影响当期 OFDI，且能显著地调节 IFDI 对 OFDI 的影响。

第三节　IFDI 对 OFDI 影响的实证分析

一、模型设定

为验证上述三个假说，借鉴顾倩和吕文珍（Gu Qian & Jane W Lu，2011）的模型设定，并根据上述分析来考察调节 IFDI 对 OFDI 影响的因素，具体设定模型如下：

$$Y_{it} = \alpha_0 + \alpha_1 X_{it} + \alpha_2 M_{it} + \alpha_3 (M_{it} \times X_{it}) + \alpha_4 Z_{it} + \alpha_5 \lambda_t + \varepsilon_{i,t} \xi_{it} \quad (3-1)$$

其中，i、t 分别为国家 i 和时间 t，Y 为被解释变量，X 为解释变量，M 为调节变量，Z 为控制变量，α_0 为常数项，ξ_{it}为模型误差项，设 E（ξ_{it}）=0。

被解释变量 Y 为 $OFDI_{it}$，即中国对国家 i 在 t 年所进行对外直接投资。

解释变量 X 为 $IFDI_{i(t-1)}$，即 i 国在 t－1 年对中国所进行对外直接投资的金额，IFDI 滞后一期的依据，（1）已有研究证实（Buckley et al.，2007），IFDI 滞后更有可能包含累积的知识，可以推知 IFDI 需要时间来产生外部性，具体包括，知识、经验、商业网络的建立和企业家才能的外化等，才进一步对 OFDI 产生影响。（2）已有研究证实，IFDI 滞后项能避免虚假回归，更好地描述其外部性。

调节变量 M_{it} 指母国（中国）t 年的发展特征中会对 OFDI 产生影响并能调节 IFDI 对 OFDI 的影响，具体在本书中指母国的发展特征，包括 R&D 经费投入或人员投入、母国与东道国和地区之间的贸易往来及前期 FDI。

控制变量 Z，包含了若干个可能影响 OFDI 的其他变量。其一，母国与东道国和地区分别的信息化程度，陈厚铭和陈泰杰（Chen & Chen，1998）实证验证了信息网络对 OFDI 的显著影响，母国与东道国和地区的信息化程度越高越有利于信息的交流，进而对国际投资产生促进作用。其二，东道国和地区的专利数，东道国和地区的专利数越多意味着其知识存量越大（Franck & Owen，2003），由此解释东道国和地区专利数越多越能吸引海外公司将其作为 OFDI 目的地的逻辑。其三，母国上市公司资本市场份额与国家和地区上市公司资本市场份额，市场资本总额（也称作市场价值）是股票价格乘以已发行股票的数量。国内上市公司是指截至年末在国内注册成立的公司在该国股票交易所挂牌的数量。斯托基和南希（Stokey & Nancy，2015）分析认为公司所占有的资源越多，创新和投资意向才会越强，这一结论对我们研究的启示是：首先对母国企业而言，享有的资源越多越能激励企业追求创新，也越能激励企业的投资，两方面都有促进企业“走出去”的效果。而对东道国和地区而言，若是企业所掌握的资源越多越能激励创新和投资，那么其对其他国家的吸引力也相应地大大增强。因此，用 WTO 数据库中各国上市公司的资本市场份额来表征这一指标。其四，东道国和地区与母国间的距离及是否相邻因素，卡斯泰拉尼等（Castellani et al.，2013）论证了国家间距离对企业 OFDI 决策影响，距离与 OFDI 呈负相关关系，在研究贸易的引力模型中有较多的涉及，联系距离对 OFDI 的影响，相邻性对 OFDI 应该呈正相关关系，因此也将这两个数据纳入模型作为控制变量之一。

二、数据与变量说明

自 1978 年实行改革开放以来，中国从全球吸引了大量的外商直接投资，已成为世界上吸引 FDI 最多的东道国和地区之一。而在过去的十几年里，又出现了一个新的趋势——中国的对外直接投资呈现了大幅增长，尤其是 1999 年国家启动“走出去”战略，鼓励支持国有企业“走出去”政策的实行后。伴随着中国经济的快速增长，中国企业 OFDI 也进入了快速发展时期，截至 2014 年底，中国 1.85 万家境内投资者设立了 2.97 万家对外直接投资企业，对外直接投资累计净额达到 8826.4 亿美元，投资分布于全球 186 个国家（地区）。据 UNCTAD 数据显示，截至 2014 年，中国已经成为最大的外商直接投资（流量）接受国，同时也是世界上第三大外商直接投资（流量）的来源国（仅次于美国和中国香港地区），因此成为探究双向投资问题的理想对象。

本书 OFDI 数据来自中国商务部，商务部自 2003 年来公布《中国对外直接投资报告》，报告中给出了较为详细的中国对世界主要国家（地区）的直接投资额（流量）。经过与 IFDI 及其他主要变量的匹配后，最终选取 2003 ~ 2014 年中国与 125 个国家或地区的数据。IFDI 则来自各年中国统计年鉴。母国调节因素。依据理论分析中对 IFDI 影响 OFDI 可能产生调节作用的母国因素，最终确定了 R&D 投入、前期 OFDI 与东道国和地区的贸易往来三个调节变量。

三、数据描述和分析

首先对中国的双向投资状况做一个简单分析，图 3 - 3 反映了中国 1995 ~ 2014 年的双向投资情况，左侧纵坐标读取存量数据，右侧纵坐标读取流量数据。从中可以发现，双向投资的发展势头足，尽管世界金融危机显著地减小了全球投资规模，但是中国的 OFDI 在 2009 ~ 2014 年间始终保持在 11.3% 的年均增长率。此外，还可在图 3 - 3 中观察到双向投资的显著相关性。

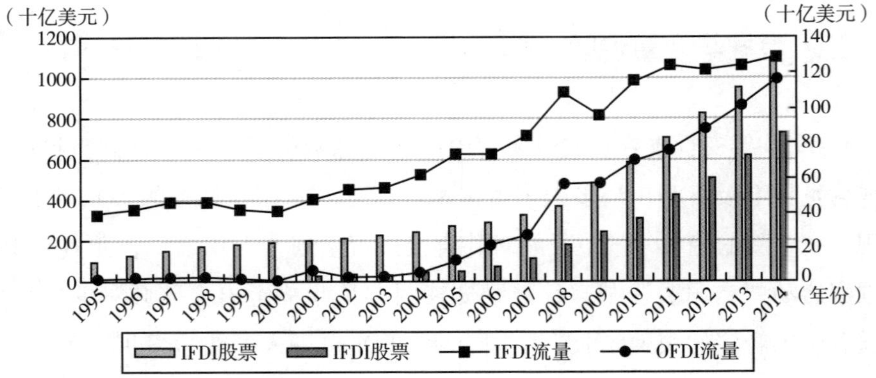

图3－3　中国OFDI存量和流量、IFDI存量和流量

资料来源：联合国贸发会议UNCTAD，http：//unctad.org/EN/。

从OFDI分布的地区情况来看，国家地区集中度较高，且发达经济体是投资热点。因前20位国家的OFDI数额大，相对而言能更好地反映问题，因此本书中，将以2014年中国OFDI前20位国家（地区）为对象进行稳健性检验（见表3－4）。

表3－4　　2014年中国OFDI流量前十位的国家或地区

序号	国家或地区	流量（亿美元）	比重（%）
1	中国香港地区	708.67	57.6
2	美国	75.96	6.2
3	卢森堡	45.78	3.7
4	维尔京群岛	45.7	3.7
5	开曼群岛	41.92	3.4
6	澳大利亚	40.49	3.3
7	新加坡	28.14	2.3
8	英国	14.99	1.2
9	德国	14.39	1.2
10	印度尼西亚	12.72	1.0

资料来源：中国商务部官方网站。

各变量的统计描述如表 3 - 5 所示。为了消除异方差，同时减少数据的波动，对变量 OFDI、OFDI 滞后一期、R&D 经费投入和人员投入等变量都进行了对数处理。

表 3 - 5　　主要变量的描述性统计

变量	观测数	均值	标准差	最小值	最大值	变量描述及来源
ln OFDI	1127	7.27	2.67	1.10	15.77	分别为 OFDI 和 OFDI 滞后项、FDI 滞后项，原数据单位：万美元，经对数处理，来自中国商务部网站
ln $OFDI_{t-1}$	1037	7.23	2.71	0	15.65	
ln FDI_{t-1}	1506	15.75	0.80	14.43	16.86	分别为母国 R&D 经费投入和人员投入、母国对东道国和地区的出口和进口。原数据单位：万美元，经对数处理，来自中国各年统计年鉴
ln RDF	12	15.75	0.83	14.44	16.86	
ln RDH	12	5.33	0.43	4.70	5.92	
ln ex	1064	7.01	3.10	0	15.81	
ln im	1506	13.09	2.90	0	19.55	
东道国和地区上市公司资本市场占有率	1512	0.51	0.28	0.18	1.27	上市公司资本市场份额（占 GDP 百分率），来自 WTO 统计数据库
母国上市公司资本市场占有率	12	0.43	0.16	0.17	0.71	
与东道国和地区之间的距离	1512	0.47	0.21	0.06	1.00	距离是人口加权后的国家或地区间距离，线性化处理后。是否相邻取 0~1 变量，相邻为 1，数据来自法国 CEPII 研究中心数据库
是否相邻	1512	0.08	0.27	0	1.00	
东道国和地区信息化水平	1494	0.35	0.29	0	1.00	每百人中国互联网用户数，对数据进行线性处理，来自 WTO 统计数据库
母国信息化水平	1506	0.54	0.32	0.14	0.99	
东道国和地区专利数	1506	0.43	0.28	0.11	1.00	发明专利受理总数，对数据进行线性处理，来自 WTO 统计数据库

表3-6是相关系数矩阵。各变量间相关系数均较小（最大为母国R&D经费投入与母国信息化程度之间的相关系数0.594，不超过0.8），即变量间不存在严重的多重共线性问题，所以估计结果受多重共线性的影响较小。

四、实证检验和结果分析

1. 基准回归结果

模型回归方式分别采用最小二乘法（OLS）、固定效应模型（FE）和随机效应模型（RE）。F检验在OLS和固定效应模型之间选择，豪斯曼（Hausman）检验在固定效应模型和随机效应模型之间选择，结果显示三种回归中“固定效应模型”最佳。为了降低内生性，对变量进行了滞后一期的处理。

控制变量的影响，由表3-7所呈现的结果可知：（1）母国信息化程度、母国上市公司对资源的占有（资本市场份额）、东道国和地区信息化程度均显著正向影响OFDI，即信息交流越便捷、母国企业所享有的资源越多越有利于企业的OFDI，且母国信息化的影响大于东道国和地区的信息化影响。（2）经过与人口数量加权后的两国间的距离负向影响OFDI，与已有研究和引力模型的分析结论相一致，相较而言，企业的OFDI决策倾向于距离较近的国家和地区。（3）东道国和地区上市公司的资源占有率对母国的OFDI呈显著负向影响，可能的解释在于当东道国和地区行业企业所享有的资源丰富、行业发展良好时，中国的OFDI在东道国和地区并不是实现自己的投机初衷，反映了我国OFDI中较大比重是市场寻求型。（4）是否与母国相邻和东道国和地区的专利数没有表现出显著的影响，相邻性的正向影响不显著可能的原因在于我国企业的OFDI会考虑距离但没有过分的强调一定在邻国投资，而东道国和地区知识存量的正向影响也并不显著，反映了我国现阶段的OFDI中技术寻求型的投资所占份额还不大。

表 3-6 主要变量相关系数矩阵

变量	OFDI	IFDI 滞后一期	OFDI 滞后一期	国家间距离	是否相邻	东道国和地区专利数	东道国和地区信息化	母国信息化	东道国和地区上市公司资本市场份额	母国上市公司资本市场份额	母国 R&D 经费投入	母国对东道国和地区的出口
OFDI	1.000											
IFDI 滞后一期	0.321	1.000										
OFDI 滞后一期	0.360	0.422	1.000									
国家间距离	-0.219	-0.229	-0.162	1.000								
是否相邻	0.262	-0.008	0.098	-0.451	1.000							
东道国和地区专利数	0.228	0.375	0.241	-0.125	-0.043	1.000						
母国信息化	0.289	0.422	0.213	-0.122	-0.190	0.264	1.000					
东道国和地区信息化	0.411	-0.048	0.094	0.037	-0.009	-0.011	0.360	1.000				
东道国和地区上市公司资本市场份额	0.427	0.325	0.228	-0.262	0.232	0.095	0.307	0.030	1.000			
母国上市公司资本市场份额	0.164	0	0.055	-0.131	0.004	-0.008	0.070	0.259	0.052	1.000		
母国 R&D 经费投入	0.416	0.047	0.097	0.036	-0.009	-0.010	0.363	0.594	0.033	0.262	1.000	
母国对东道国和地区的出口	0.529	0.539	0.381	-0.330	0.151	0.429	0.571	0.232	0.420	0.066	0.240	1.000

表 3－7　　母国因素对 IFDI 影响 OFDI 过程的调节作用

变量		模型 1	模型 2	模型 3	模型 4	模型 5	模型 6	模型 7
控制变量	母国信息化程度	4.174*** (17.19)	4.325*** (14.50)	3.752* (2.56)	2.723* (2.08)	4.583*** (14.29)	3.684*** (10.51)	4.108*** (11.96)
	母国上市公司资源的占有率	0.348* (2.27)	0.418* (2.58)	0.357* (2.24)	0.428** (2.69)	0.383* (2.22)	0.389* (2.41)	0.411* (2.53)
	是否与母国相邻（0－1）	0.324 (0.61)	1.067 (1.09)	1.042 (1.09)	1.057 (1.10)	0.855 (0.90)	1.414 (1.44)	1.096 (1.12)
	与东道国和地区间距离（人口加权）	－1.050* (－2.25)	－2.298*** (－3.60)	－2.246*** (－3.60)	－2.279*** (－3.65)	－2.144** (－3.29)	－2.230*** (－3.52)	－2.364*** (－3.70)
	东道国和地区专利数	0.373 (0.14)	1.167 (0.38)	1.877 (0.62)	1.901 (0.63)	0.694 (0.23)	1.236 (0.41)	1.288 (0.42)
	东道国和地区信息化程度	0.0379 (0.50)	0.137* (1.19)	0.111* (0.97)	0.121 (1.06)	0.191** (1.59)	0.128* (1.11)	0.151* (1.31)
	东道国和地区上市公司资源占有率	0.115* (0.18)	－1.131** (－1.43)	－1.564** (－2.01)	－1.634* (－2.10)	－1.752** (－2.07)	－1.367** (－1.73)	－1.187** (－1.50)
解释变量	IFDI 滞后项		0.397** (1.77)	0.494** (1.49)	0.326* (1.51)	0.817*** (2.32)	0.210** (0.49)	0.250** (0.21)
调节变量	母国 R&D 经费投入			3.703** (5.85)				
	母国 R&D 人员投入				6.230*** (5.74)			
	OFDI 滞后项					0.026* (1.52)		
	母国对东道国和地区的出口						0.548*** (5.09)	
	母国从东道国和地区的进口							0.121* (1.06)

续表

变量		模型 1	模型 2	模型 3	模型 4	模型 5	模型 6	模型 7
	IFDI 滞后 × 母国 R&D 投入			0.289 (1.38)				
	IFDI 滞后 × 母国 R&D 人员投入				0.544** (1.46)			
交叉项	IFDI 滞后 × OFDI 滞后					0.0592* (2.01)		
	IFDI 滞后 × 对东道国和地区的出口						0.0132** (1.17)	
	IFDI 滞后 × 从东道国和地区的进口							0.00993* (0.12)
常数项		4.636*** (29.32)	5.016*** (18.68)	-48.88*** (-5.30)	-24.28*** (-4.75)	5.310*** (17.76)	0.430 (0.22)	3.441* (2.26)
F 检验		0	0	0	0	0	0	0
Hausman 检验		0	0	0	0	0	0.001	0.001
回归方式		固定	固定	固定	固定	固定	固定	固定
观测值		1119	839	839	839	711	839	839
R^2		0.7114	0.7077	0.7300	0.7293	0.7275	0.7108	0.7088

注：*、** 和 *** 分别代表 5%、1% 和 1‰的显著水平。

首先，IFDI 对 OFDI 的影响，表 3－7 的模型 2 呈现了解释变量 IFDI 对 OFDI 具有显著的正向影响，效应值约为 39.7%，提示了中国目前的 IFDI 对 OFDI 所产生的知识溢出效应大于竞争效应。这一结论与尹应凯（2002）、姚等（Yao et al.，2016）的相一致，IFDI 是 OFDI 的基础，IFDI 的进入有利于促进 OFDI 的发生，当然这一结果的前提是 IFDI 有效地促进了本土企业生产效率提升。刘海云和龚梦琪（2019）进一步分析指出，IFDI 与 OFDI 相互促进的良性循环，即双向 FDI 的协调发展，有助于形成对外开放新格局，进而促进经济体跨越“中等收入陷阱”。

其次，母国发展特征的调节作用：（1）模型3和模型4呈现母国R&D经费投入或人员投入均会对IFDI影响OFDI有显著的正向调节作用（支持假说1），且人员投入的作用更大。可能的解释：R&D的调节作用主要源于促进IFDI知识溢出效应的增强，相较而言其中又以R&D人员投入增加所能带来的对IFDI中知识和经验的吸收理解能力提高更显著。（2）模型5，呈现前期OFDI的正向调节作用，支持假说3，且这一结果与姚等（Yao et al.，2016）的结论一致。（3）模型6和模型7，呈现中国与东道国和地区的进口和出口均对OFDI显著的正向促进影响且正向调节IFDI对OFDI的影响（与戴翔的结论一致），支持本研究假说2。这意味着，外贸确实能通过给母国带去东道国和地区的市场信息、消费信息和投资信息等方式产生知识溢出，促进IFDI对OFDI的正向影响。

2. 稳健性检验

为检验上述实证结果的稳健性，本书分别采用了分样本回归和系统GMM两种方法来减少模型的内生性。方法一，分样本进行回归。根据2014年中国对外直接投资报告中的数据，选取OFDI流量前20位目的国进行检验，主要考虑是因为中国对这20个国家有更大数额的OFDI，意味着双向投资的发展可能更成熟、数据也会更完整，一定程度上可以剔除因数据缺失或数额过小等原因对所研究问题产生结论偏差。但是整合数据过程中还是发现，其中维尔京群岛、开曼群岛、老挝和百慕大四个国家在《全球竞争力报告》中未涉及，因此实际实证仅16个国家（占全年OFDI比重81.8%），实证结果呈现如表3-8所示。经判断，拟合结果都是固定效应方式最优。可以发现，与假设相关的变量和交叉项的符号和显著性均未发生本质变化，在稳健性检验中多个自变量的作用大小和显著性进一步的显现，可以确认模型的正确性。方法二，系统GMM法。如表3-9所示，发现所有的模型回归结果良好，一阶扰动项自相关，二阶扰动项不相关，工具变量选择有效。

表 3－8　　模型稳健性检验（分样本）

变量		模型 1	模型 2	模型 3	模型 4	模型 5
解释变量	IFDI 滞后项	0. 468 ** (2. 73)	0. 398 * (0. 52)	0. 213 ** (0. 41)	1. 772 * (1. 62)	1. 100 ** (1. 37)
调节变量	OFDI 滞后项	0. 551 ** (0. 32)				
	母国 R&D 经费投入		1. 656 *** (3. 42)			
	母国 R&D 人员投入			0. 0576 ** (0. 69)		
	母国对东道国和地区的出口				0. 530 *** (0. 80)	
	母国从东道国和地区的进口					0. 326 * (0. 61)
交叉项	IFDI 滞后 × OFDI 滞后	0. 0433 *** (6. 60)				
	IFDI 滞后 × R&D 投入		0. 0313 * (0. 71)			
	IFDI 滞后 × R&D 人员投入			0. 931 ** (0. 47)		
	IFDI 滞后 × 对东道国和地区的出口				0. 123 ** (1. 89)	
	IFDI 滞后 × 从东道国和地区的进口					0. 0931 (1. 80)
常数项		7. 053 *** (4. 04)	－16. 55 * (－2. 05)	3. 116 (0. 32)	－4. 398 (－0. 40)	－3. 192 (－0. 40)
F 检验		0	0	0	0	0
Hausman 检验		0. 001	0. 001	0. 001	0	0
观测值		171	178	177	178	178
R^2		0. 7952	0. 8096	0. 7104	0. 7764	0. 7585

注：*、** 和 *** 分别代表 5%、1% 和 1‰的显著水平。

表3-9　模型稳健性检验（系统GMM）

变量		模型1	模型2	模型3	模型4	模型5
解释变量	IFDI滞后项	0.220*** (3.33)	0.385* (2.18)	0.151** (0.50)	0.0762* (1.16)	0.0319* (0.26)
调节变量	OFDI滞后项	0.240*** (3.51)				
	母国R&D经费投入		2.377** (2.70)			
	母国R&D人员投入			3.904** (2.62)		
	母国对东道国和地区的出口				0.388*** (4.14)	
	母国从东道国和地区的进口					0.337*** (5.21)
交叉项	IFDI滞后×OFDI滞后	0.0128* (1.70)				
	IFDI滞后×母国R&D投入		0.00254* (0.09)			
	IFDI滞后×R&D人员投入			0.00652* (0.12)		
	IFDI滞后×对东道国和地区的出口				0.0317** (2.76)	
	IFDI滞后×从东道国和地区的进口					0.0103* (1.25)
常数项		3.324* (2.29)	-1.151 (-0.62)	-12.75 (-1.77)	2.281 (1.16)	-0.730 (-0.50)
观测值		711	839	839	839	839

续表

变量	模型 1	模型 2	模型 3	模型 4	模型 5
AR（1）	0.017	0.024	0.023	0.029	0.030
AR（2）	0.173	0.168	0.219	0.308	0.291
Sargan 检验	0.385	0.388	0.388	0.386	0.235

注：（1）同表 3-8。（2）AR（1）和 AR（2）是对扰动项差分一阶自相关和二阶自相关的检验，GMM 一致性估计要求扰动项不存在自相关，但一阶、二阶及以上差分不相关，原假设"扰动项查分不存在自相关"；（3）Sargan 检验的原假设为"所有工具变量都有效"，如果 P 值大于 10%，表明在 10% 的显著性水平上接受原假设，则工具变量选择合理。

第四节　结论与浙江启示

发展中国家的对外投资现状使传统的对外直接投资理论解释力度下降，因此本书系统研究发展中国家母国因素 IFDI 对 OFDI 影响的调节作用，旨在用发展中国家的现实和数据完善双向投资中 IFDI 与 OFDI 的相互作用机理。首先，通过文献回顾和理论分析，从理论层面提炼母国因素中可能会对 IFDI 影响 OFDI 产生调节作用的变量，提出假说。其次，以中国为研究对象，中国 2003～2014 年与 125 个国家间的投资数据为实证检验做支撑。结果表明：（1）现阶段中国 IFDI 对 OFDI 的影响总体呈正向，即 IFDI 在中国所产生的知识溢出效应大于竞争效应，知识溢出效应对母国企业的生产率提高至关重要，会促进企业的发展进而促进投资；（2）IFDI 的竞争效应会挤出市场中的一部分母国本土企业，而减少母国的对外投资，但实证显示贸易往来对 IFDI 影响 OFDI 呈正向调节；（3）母国发展特征中 R&D 投入、前期 OFDI 及与东道国和地区的贸易往来均正向影响 OFDI，且均对 IFDI 影响 OFDI 有显著的正向调节作用。

基于上述研究结论，有如下几条启示：（1）因 IFDI 对 OFDI 呈现显著正向影响，说明尽管 IFDI 大量涌入中国及浙江省已三十余年，但是企业从中能够获取的知识溢出仍然存在，因此在下阶段的发展中，政府层仍需重视对 IF-DI 来源国的甄选和把控，尽量吸引和选择知识存量高、技术水平领先的外资，以更好地获取知识溢出促使本国企业生产率的提升及产业优化升级等。（2）基于母国因素中 R&D 投入对 IFDI 知识溢出效应的正向调节作用，为更好地促进 IFDI 对 OFDI 的带动作用并帮助企业成功国际化，浙江省应继续加强 R&D 投入，尤其是 R&D 人员的投入，以提高本土企业对其他国家先进技术或生产经验的吸收能力。（3）贸易往来与 OFDI 呈互补关系，且贸易往来正向调节 IFDI 对 OFDI 的影响，据此可以发现，浙江省企业有一定应对 IFDI 竞争效应的能力且国际化意愿较强，OFDI 的类型中以“日本式对外投资”为主，贸易并不会挤出 OFDI。

第四章　IFDI 如何促进 OFDI：竞争与合作视角

第一节　引　言

充分利用国内、国外两个市场两种资源是我国改革开放初期就已经提出的重要命题，引进外资成为我国施行对外开放，发展外向经济的三大支柱之一。与此同时，持续不断的市场制度变革吸引了外资的进入，也促进了本土企业生产效率的提高。通过市场化改革释放经济活力，已经成为我国外向型经济发展的重要推动力量。2002 年党的十六大明确指出要“引进来”与“走出去”相结合，我国在持续吸引高水平外商投资（IFDI）的同时对外投资（OFDI）的步伐也不断加快，中国已成为发展中国家中最大的对外投资国（UNCTAD，2013）。2015 年我国对外投资规模超过同期外商投资规模，达 1456.7 亿美元，我国首次成为投资净流出国。2017 年，党的十九大报告中也明确提出了“坚持‘引进来’和‘走出去’并重的发展方向”，在这个背景下，研究引进外资和对外投资关系，探究市场制度改革对于双向直接投资（以下简称双向 FDI）的影响已经成为一个亟待解决的问题。

经典的国际投资领域研究以边际产业转移理论（K. Kiyoshi，1977）和投资发展路径理论（Dunning，1982）为代表。小岛清（Kiyoshi，1997）认为，一个经济体的对外直接投资应该从本国处于比较劣势的产业（边际产业）开始依次进行。在产业选择上，应选择在本国处于比较劣势而东道国和地区处于比较优势的产业；在区位选择上，应该从国际分工中较高阶梯国家向较低阶梯国家投资。邓宁认为一个经济体外资的流入与流出依赖于经济发展阶段，随着其经济发展水平和比较优势改变呈阶段性变化。但随着新兴经济体参与国际投资活动的不断增加，新兴经济体的国际投资行为展现出了新的特点。以中国为例，其数据显示；双向 FDI 的流量和存量均呈协同增长态势（见图 4－1），而并非净投资额阶段性变化；中国企业的对外直接投资集中于资源、基础设施建设以及高科技行业，而非在国内处于比较劣势的产业；中国的市场环境变化和双向 FDI 发展很大程度上受到制度变革的影响。这些现象对于传统的以发达国家企业为研究对象的国际投资理论提出了挑战。遗憾的是，中国学者对于外商投资和对外投资的机制研究并不深入，也没有将制度因素纳入其中考量，因此迫切需要新的理论来填补该领域的空白。

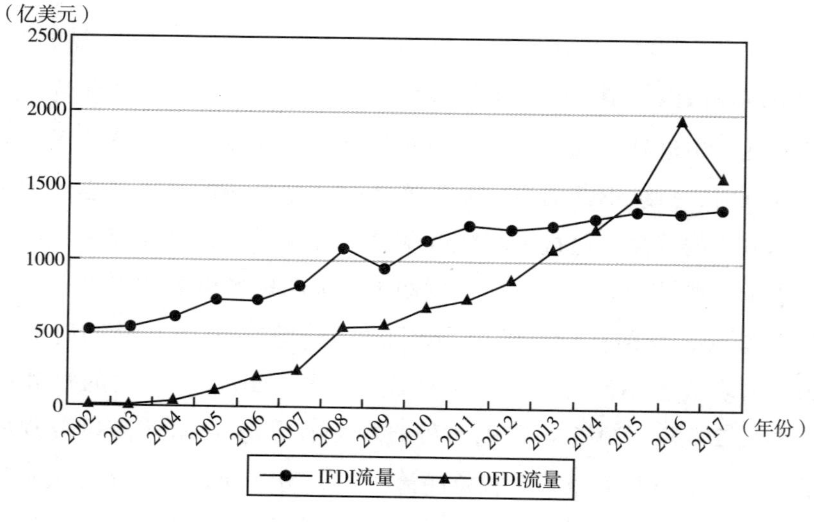

图 4－1　中国双向 FDI 流量变化

本书通过构建中国工业企业对外投资数据库，考察外商投资与我国企业对外投资的关系，并探究其作用机理，丰富了国际投资理论中双向 FDI 关系的研究领域，为如何通过“引进来”更好地带动“走出去”这一难题提供了政策思路。研究结论证实了外商投资对我国企业对外投资确实有显著的促进作用。进一步研究其作用机理发现：（1）通过促进企业间竞争强度的提升和合作水平的提高，外商投资起到了推动我国企业对外投资的作用。（2）市场制度发展水平可以正向调节外商投资和本土企业对外投资之间的关系。制度发展水平较高时，外商投资对于内资企业国际化促进作用越强。

第二节　竞争与合作视角下 IFDI 促进 OFDI 的作用机理

一、引进外资与对外投资的关系

外资的进入对新兴经济体宏观经济发展有诸多影响：外商投资弥补了新兴经济体资本不足的劣势，带动了新兴经济体生产和消费的增加；外商投资又不同于国内投资，本身包含着东道国和地区没有的专有技术，这些先进技术提高了东道国和地区的生产力，带来了更多的产出，是国内生产前沿的移动器（姚树洁等，2006），外商投资带动了技术进步（田毕飞等，2018），促进了东道国和地区的经济发展（Dunning，1982）。经济发展水平的提高改善了东道国和地区企业面临的经济环境，增强东道国和地区企业对外投资的信心，刺激东道国和地区企业对外投资的增长（潘文卿等，2015）。

除了经济总量的提升，外资的进入同时促进了新兴经济体经济结构的内在变化。外商直接投资通过资本供给、技术溢出、外贸增强、市场结构优化等渠道使东道国和地区产业结构发生改变（刘宇，2007）。外资进入对东道国和地区产业的塑造作用，促进了东道国和地区产业结构升级。产业升级使东道国和地区在国际竞争中具备比较优势，提高了一国在价值链中的分工地位（刘海云和董志刚，2018）。一国在全球价值链中地位的提高意味着对全球价值链有着更强的控制力，便于在全球配置生产经营活动，有利于对外直接投资的产生。由此可见，一国的对外投资和外商投资密切相关。

假设 1：引进外资推动了本土企业开展对外投资活动。

二、“竞争效应”的中介作用

外商投资带来的经济增长从而引起的内资企业的进步并不足以完全解释

新兴经济体企业的国际化行为，外商投资引起的市场环境的变化也对内资企业的国际化行为产生了重要影响。以投资发展路径理论为代表的宏观经济理论提出了外资流入对东道国和地区对外投资有积极作用，但没有分析其内部机理。对外商投资引起的合作效应（Blomstrom & Kokko，2001；Aitken et. al，1997）和竞争效应（Luo & Tung，2007）的分析视角则从微观层面分析了其作用机制。

根据联合国贸易和发展会议（1997 年）的统计，有 80 多个新兴经济体转变发展策略，从内向型、进口型国家向外向型经济转变。由于市场自由化和经济改革，很多国家放开管制，很多跨国公司进入国际市场，这些跨国公司可以获得一般意义上的区位优势（Narula & Dunning，2000）。这种改变导致了新兴市场国家市场的行业竞争愈发激烈。新兴市场国家市场竞争会帮助加强内资企业的竞争优势（Yiu，Lau & Bruton，2007）。新兴市场国家市场行业竞争的加剧，促使内资企业做出改变，更加积极地获取知识、技术，提升管理能力，通过“看中学”，加快产品、技术的创新以及运营模式和组织管理经验的学习，用最佳的管理方式提高效率和生产力（Blomstrom & Kokko，1998；姚树洁等，2006），从而缩小和外资企业之间的差距。这种竞争力的提高使内资企业在国际竞争中更具优势，加快了它们的国际化进程。

另外，来自外资的竞争造成的挤出效应可能使部分企业退出市场，这也是引进外资对于对外投资有负向作用的主要原因。但在新兴市场国家，行业竞争水平的提高给内资企业带来了生存压力，内资企业被迫选择国际化（Wu & Pangarkar，2006），探索新的市场。以中国为例，许多中国公司寻求对外直接投资，以避免因仅在国内市场经营而产生的一些竞争劣势（Child & Rodrigues，2005）。新兴市场国家竞争越激烈，越驱动公司去了解自己的策略缺陷，寻求通过国际化满足这些策略需求。总的来讲，外商投资的进入会加剧新兴经济体市场竞争，从而促使公司去海外寻求机会，加快国际化进程。因此，外商投资的进入使新兴市场国家企业间竞争程度提升，竞争程度的提高会促进东道国和地区本土企业对外投资。

假设 2a：企业间的竞争效应是引进外资推动本土企业对外投资的重要渠道。

三、“合作效应”的中介作用

新兴经济体国家经济自由化通常会吸引更多的跨国公司，这些来自发达市场的外商投资也会给国内公司提供更多与之合作的机会。（Wu & Pangarkar，2006）。合作效应通过行业内和行业间两个途径促进本土企业的对外投资。

行业间的合作效应是指外商投资企业在国际市场通过与东道国和地区本土企业的联动效应带来正外部性。本土企业通过参与跨国公司的全球价值链，扩大生产规模，学习先进的管理方法，改善自身技术，从而提升对外投资能力（Aitken & Harrison，1999；刘海云和董志刚，2018）。此外，本土公司还会与发达经济体跨国公司进行合资经营或战略联盟等形式的合作，这种合作带来的结果被称为行业内的合作效应。外商投资企业相比东道国和地区本土企业往往更具优势，这种优势一般体现在先进的技术和管理方面的知识和经验。外商投资知识和技术的溢出一方面通过合资、战略联盟的技术合作或中间品等载体传递到国内企业（张宇，2009），另一方面则体现为人力资本的流动。知识和经验以人为载体，跨国公司通过对员工的培训来获得技术熟练或管理经验丰富的员工，当这些员工从跨国公司进入东道国和地区本土公司时，他们拥有的技能、经验也随之转移到本土企业（田毕飞等，2018）。跨国公司较之本土企业往往拥有更加丰富的跨国经营经验和信息（Blonigen et al.，2005），与跨国公司的合作也会给当地公司提供机会去理解国外的传统和规范，减少对于不同文化的不熟悉，并且学会如何经营全球市场（Wu & Chen，2014）。因此，存在这类合作的国内公司能够积累国际竞争的知识和经验，在未来能更好地为海外扩张做好准备。综上而言，引进外资推动了新兴市场国家企业间合作水平的提高，企业间合作水平提高会促使内资企业对外投资。

假设 2b：企业间合作效应是外商投资推动本土企业对外投资的重要渠道。

第三节 竞争与合作视角下 IFDI 对 OFDI 影响的实证分析

一、模型设定

为了研究外商投资对中国企业对外直接投资的影响，我们参考以往的文献，并结合样本数据的实际信息含义，构造了回归方程：

$$Ofdi_{i,j,s,t} = c_{10} + \alpha_{11} Ifdi_{j,s,t} + \alpha_{12} X_{i,t} + \varepsilon_{1i,t} \quad (4-1)$$

根据理论分析和假设，竞争和合作效应会在引进外资和对外投资之间发挥渠道作用，本书结合姚咏仪（2007）等人、温忠麟和叶宝娟（2014）的研究模型，验证企业间合作和竞争效应的作用，建立如下中介效应模型（方程（4－2）～方程（4－4））：

$$Comp_{j,t} = c_{20} + \alpha_{21} Ifdi_{j,s,t} + \alpha_{22} X_{i,t} + \varepsilon_{2i,t} \quad (4-2)$$

$$Coop_{j,t} = c_{30} + \alpha_{31} Ifdi_{j,s,t} + \alpha_{32} X_{i,t} + \varepsilon_{3i,t} \quad (4-3)$$

$$Ofdi_{i,t} = c + \alpha_{1} Comp_{j,t} + \alpha_{2} Coop_{j,t} + \alpha_{3} X_{i,t} + \varepsilon_{4i,t} \quad (4-4)$$

其中，下标 i 表示企业，s 表示省份，j 表示行业，t 表示年份，下同。

本书的被解释变量为 Ofdi，代表本土企业对外投资行为，解释变量 Ifdi 为行业外商投资水平，X 代表控制变量组，ε 是误差项。

为检验市场制度发展水平的调节作用，在中介模型的基础上加入解释变量（Ifdi）和调节变量（Market）的交互项（M_I）进行回归，建立如下模型：

$$Comp_{j,t} = c_{50} + \alpha_{51} Ifdi_{j,s,t} + \alpha_{52} Market_{s,t} + \alpha_{53} M\_I_{j,s,t} + \alpha_{54} X_{i,t} + \varepsilon_{5i,t} \quad (4-5)$$

$$Corp_{j,t} = c_{60} + \alpha_{61} Ifdi_{j,s,t} + \alpha_{62} Market_{s,t} + \alpha_{63} M\_I_{j,s,t} + \alpha_{62} X_{i,t} + \varepsilon_{6i,t} \quad (4-6)$$

二、数据与变量说明

本书研究数据来自三方面：企业层面的数据来自《中国工业企业数据库》

（以下简称《工企库》），该数据库包括全部国有企业以及主营业务收入超过500 万元以上的非国有企业，对外投资数据来源于商务部的《境外投资企业（机构）名录》（以下简称《对外投资名录》），该数据库提供了企业在商务部备案的对外投资基本信息；行业层面的数据来源于国家统计局编制的《投入产出表》。基于钟昌标等（2015）以及李磊等（2018）的做法，本文首先将《对外投资名录》与《工企库》根据企业和年份进行匹配，剔除工业增加值、资产合计、工业总产值、固定资产合计、员工、实收资本和主营业务收入等于0 的样本。样本时间跨度为 1999 ~2009 年，共有企业 1203383 家，样本观察值为 2024965。

1. 被解释变量与解释变量

本书的被解释变量为 Ofdi，代表本土企业对外投资行为，选用企业对外直接投资的次数表示。解释变量 Ifdi 为行业外商投资水平，用行业中外资资本占比来表示。

2. 中介变量

中介变量 Comp 和 Coop 分别代表竞争效应和合作效应。本书将之区分行业内的合作效应（Coop_in）、与上游企业的合作效应（Coop_up）以及与下游企业的合作效应（Coop_down）。

参考切尔奇和弗里斯特（Cherchye & Verriest，2016）的方法，本书采用行业的赫芬达尔指数来测度竞争效应（Comp）的大小。具体由某特定行业中前 50 家企业（如果少于 50 家即所有企业）每家企业市场占有率的平方之和，计算方式为：$HHI = \sum \left(\frac{x_i}{X}\right)^2$，其中为$x_i$特定行业中第 i 个企业的年度销售额，X 为行业内所有企业的年销售额总和，HHI 指数越小，竞争程度越激烈。企业年销售额数据来自中国工业企业数据库。

为更好地测度合作效应（Coop），本书将之区分为行业内的合作效应和行业间合作效应。在同一行业中，外商投资企业相比东道国和地区本土企业往往更具优势，这种优势一般体现在先进的技术和管理方面的知识和经验，本土公司通过与发达经济体跨国公司进行合资经营等形式进行合作，外商投资知识和技术的溢出通过合资、战略联盟，以技术合作、人员流动等方式传递到国内企业，合资企业越多，合作效应就越强。因此我们用行业内外商参与投资的企业数量占比来表示行业内合作效应（Coop_in）。

在行业间，本土企业则通过参与跨国公司的价值链，通过中间品买卖的方式与外商投资进行合作，行业间合作效应则又分为与上游企业的合作效应（Coop_up）和与下游企业的合作效应（Coop_down）。借鉴李磊等（2018）的做法，与企业上游合作效应构建方法如下：

$$Coop\_up_{j,t} = \sum_{k \neq j} Up_{j,k,t} \times Coop\_in_{k,t} \tag{4-7}$$

其中，$Up_{j,k,t}$代表 j 行业向上游行业购买的中间投入品中来自 k 行业的比重，其数据来源于国家统计局编制的《投入产出表》；Up 计算方法如下：

$$up_{j,k,t} = x_{j,k,t} / \sum x_{j,k,t} \tag{4-8}$$

式（4-8）中，$x_{j,k,t}$是投入产出表中 j 行业向上游的 k 行业在 t 年度购买的中间产出品，$\sum x_{j,k,t}$ 则是投入产出表中 j 行业向上游所有行业购买产品的总值。

企业下游合作水平构建方法与企业上游合作水平类似，此处不重复介绍。

$$Coop\_down_{j,t} = \sum_{k \neq j} Down_{j,k,t} \times Coop\_in_{k,t} \tag{4-9}$$

需要注意的是，本书在计算企业行业间合作效应（Coop_up，Coop_down）时使用到了国家统计局发布的 2002 年和 2007 年《投入产出表》。其中在计算 1998 ~2003 年间的行业合作水平时使用了 2002 年的《投入产出表》，计算 2004 ~2009 年行业间合作水平时使用了 2007 年的《投入产出表》。

3. 控制变量

企业特征会显著影响企业决策（Yiu et al.，2007），因此本书使用了人均工资（Wage）、企业生产率（Tfp）、海外投资经验（Exp）、出口经验（Export1）和出口程度（Export2）作为控制变量，企业生产率使用工业销售产值与年末从业人数之比计算，并参考钟昌标等（2015）的做法，对其进行对数化处理。出口程度（Export1）用企业出口交货值与销售额之比表示，海外投资经验（Expe）用当期年份与首次对外投资年份表示。本书还加入了虚拟变量出口经验（Export2），有出口为 1，无出口为 0。

表 4－1 展示了各变量描述性统计的结果。根据表 4－1 显示，解释变量方差膨胀因子最大 3.1，均值 1.75，因此回归模型不会出现严重的多重共线性问题。

表 4－1　　　　主要变量描述性统计

变量名	观察值数量	平均值	标准差	方差膨胀因子
Ofdi	2003592	0.001	0.035	/
Ifdi	2003592	0.172	0.097	2.400
Comp	2003592	0.003	0.005	1.040
Coop_in	2003592	0.075	0.057	2.500
Coop_up	2003592	0.095	0.052	1.130
Coop_down	2003592	0.085	0.060	1.110
Wage	2003592	2.407	0.737	1.250
Tfp	2003592	4.999	1.234	1.050
Expe	2003592	0.002	0.087	1.000
Export2	2003592	0.134	0.311	3.100
Export1	2003592	0.213	0.409	3.040

三、实证检验和结果分析

被解释变量为东道国和地区企业对外投资行为，用当年对外投资次数表示，对外投资次数并非连续变量，因此考虑使用计数模型进行回归（李磊等，2018），根据表 4－1，被解释变量的方差明显大于期望，存在“过度分散”，因此对变量 Ofdi 选择负二项回归模型进行估计。

为验证竞争效应和合作效应的中介作用并同时确保回归结果的稳健性，本书在控制变量回归基础上逐步加入解释变量和中介变量，并参考温忠麟、叶宝娟（2014）对于单步多重中介模型的检验方法，结果如下。

首先检验解释变量与被解释变量之间的关系，表 4－2 模型（2）的解释变量系数显著，且为正值，结果显示外商投资（Ifdi）的确能有利于东道国和

表 4－2　竞争效应与合作效应的中介作用

变量	模型（1） Ofdi	模型（2） Ofdi	模型（3） Comp	模型（4） Coop_in	模型（5） Coop_up	模型（6） Coop_down	模型（7） Ofdi	模型（8） Ofdi
Wage	0.437 *** (8.92)	0.383 *** (7.66)	−0.0000460 *** (−9.92)	−0.00320 *** (−90.67)	−0.00290 *** (−56.70)	−0.000182 *** (−3.48)	0.418 *** (8.45)	0.411 *** (8.23)
Tfp	0.458 *** (14.04)	0.467 *** (14.10)	0.0000112 *** (3.10)	−0.00194 *** (−73.73)	0.000564 *** (14.78)	−0.000281 *** (−6.89)	0.492 *** (14.77)	0.491 *** (14.67)
Expe	0.197 *** (4.06)	0.152 *** (3.15)	−0.0000974 ** (−2.40)	−0.00249 *** (−8.05)	−0.00449 *** (−10.05)	−0.00334 *** (−7.31)	0.178 *** (3.66)	0.173 *** (3.55)
Export1	0.000929 (0.01)	−0.0401 (−0.40)	−0.0000323 *** (−2.68)	0.00160 *** (17.22)	0.000377 *** (2.82)	0.00175 *** (12.86)	−0.176 * (−1.73)	−0.168 * (−1.65)
Export2	1.923 *** (22.01)	1.872 *** (21.26)	−0.000379 *** (−21.76)	0.0115 *** (87.63)	−0.00184 *** (−9.73)	−0.00564 *** (−28.81)	1.849 *** (21.03)	1.848 *** (21.00)
Ifdi		2.503 *** (7.73)	−0.00340 *** (−70.72)	0.471 *** (1393.39)	0.0218 *** (44.35)	0.0644 *** (118.46)		0.516 (0.99)
Comp							−34.30 *** (−3.35)	−35.14 *** (−3.37)
Coop_in							5.531 *** (10.15)	4.956 *** (6.21)

续表

变量	模型（1） Ofdi	模型（2） Ofdi	模型（3） Comp	模型（4） Coop_in	模型（5） Coop_up	模型（6） Coop_down	模型（7） Ofdi	模型（8） Ofdi
Coop_up							1.829*** (2.72)	1.864*** (2.77)
Coop_down							-0.617 (-1.01)	-0.668 (-1.09)
_cons	-7.671*** (-33.40)	-7.981*** (-34.15)	0.00396*** (205.66)	0.0179*** (130.16)	0.101*** (503.52)	0.0790*** (362.94)	-8.273*** (-33.33)	-8.285*** (-33.33)
ln_r_cons	1.558*** (18.60)	1.556*** (18.37)					1.570*** (18.29)	1.569*** (18.28)
ln_s_cons	-2.956*** (-21.19)	-3.046*** (-21.91)					-3.019*** (-21.95)	-3.028*** (-21.95)
N	2023961	2023961	2023961	2023961	2003592	2003592	2003592	2003592

注：***、** 和 * 分别表示结果在 1%、5% 和 10% 的水平上显著。

地区企业的对外投资行为（$P<0.01$），与本书理论分析相符，该结果也说明本书假设1成立。其次对中介变量和解释变量回归系数进行检验，因为中介变量均为连续数据，因此本书选择随机效应模型考察外商投资对于竞争效应和合作效应的作用。根据模型（4）~模型（6）的回归结果，外商投资对合作效应的提高产生了显著作用，外商资本的进入不同程度上提高了企业在行业内和上下游行业间的合作水平（$P<0.01$）；值得注意的是，竞争效应用赫芬达尔指数测度，数值越小，行业竞争程度越激烈，模型（3）回归系数为负，说明外商投资促进了行业竞争水平的提高（$P<0.01$），与理论分析相符。最后将全部中介变量加入负二项回归模型，对被解释变量进行回归分析，竞争效应、行业内合作效应以及企业与上游企业的合作效应系数均显著（模型7），说明外资引起的竞争效应、行业内合作和企业与上游行业进行合作均会促进东道国和地区本土企业的对外投资活动（$P<0.01$）。表4-2模型（8）将解释变量Ifdi加入模型与中介变量共同回归。全模型回归中，在控制了竞争效应和合作效应后，相较模型（2）列举的外商投资系数不再显著，说明直接效应不显著，只存在中介效应（温忠麟和叶宝娟，2014），即竞争效应和合作效应发挥了完全的中介作用，外商投资对于东道国和地区本土企业对外投资的促进作用是通过竞争效应和合作效应产生的。假设2a成立，假设2b部分成立。

由模型（7）中可知，与下游企业的合作效应系数并不显著，即企业与下游企业合作水平的提升并不会对企业的对外投资行为产生影响。猜测其原因是因为上游与下游外资企业的合作为内资企业的经营提供了指导和帮助，企业能够从后向关联效应中获利，同时稳定的合作关系使得企业更倾向于在国内市场中为下游外资企业提供中间产品，既可以避免在国外投资的风险以及不确定性，又为外资企业稳定且大量的订单带来了充足的利润，故此种情况下企业对外投资的可能性不大。

由于经济系统内变量与残差项之间可能存在相关性，而随机解释变量的回归容易产生内生性，需要利用稳健型检验来验证回归结果的可靠性。本书通过更换中介变量测算方法进行稳健型检验。

使用外商参与投资的企业工业总产值在行业中的占比（Coop_in2）和外商参与投资的企业员工数量在行业中的占比（Coop_in3）来计算行业内的合

作水平。在计算行业间合作水平时也采用外商参与投资的企业工业总产值在行业中的占比进行测算，记为 Coop_up2 和 Coop_down2。

将不同测度方式计算的中介变量组合，代入模型中进行回归，结果如表4－3 所示。可以发现使用不同测度方式的变量进行替换后，回归出现相同的结果，即除企业与下游行业合作（Coop_down/Coop_down2）系数始终不显著，其他系数均显著。说明企业与下游行业合作水平的提升并不会对企业的对外投资行为产生影响，而行业竞争程度、行业内合作和企业与上游行业进行合作均会促进东道国和地区本土企业的对外投资活动（$P<0.01$）。

第四节　结论与浙江启示

本书利用 1999～2009 年中国工业企业数据库和商务部的《境外投资企业（机构）名录》构建的中国工业企业对外投资数据库，从微观层面研究了外商投资对我国本土企业对外投资的影响。与过去文献的不同之处在于，本书在验证 IFDI 对 OFDI 作用的基础上，从竞争效应和合作效应角度对 IFDI 对于 OFDI 的作用机理做了详细阐释。经验研究结果表明：（1）IFDI 对于 OFDI 存在显著的正向影响；（2）IFDI 显著提高了东道国和地区行业竞争程度和企业间合作水平；（3）东道国和地区行业竞争程度、行业内企业合作水平和企业与行业上游合作水平的提高促进了 OFDI 的产生，即竞争效应和合作效应在 IFDI 和 OFDI 关系中发挥了中介作用。

上述结论对于全国以及浙江省探索“引进来”与“走出去”并重的开放模式，实现双向 FDI 协调发展，促进开放模式升级有一定的借鉴意义。首先，由于外资的进入促进了浙江省经济的飞速发展，提高了资源配置效率，应继续引进外资，通过对外开放促进浙江省市场和产业机制的进一步完善；其次，外资的进入发挥了对对外投资的推动作用，这种作用通过竞争与合作产生，因此应完善市场机制，塑造有利于充分竞争的环境，创造合作机会；最后，浙江省应完善外商投资法规，规范外商投资行为，结合浙江诉求和经验协助国家相关部门参与规则制定塑造负责任的大国形象。

表 4 – 3　　不同变量测度方法检验中介作用稳健性

变量	模型（1） Coop2	模型（2） Coop3	模型（3） Coop_up2	模型（4） Coop_down2	模型（5） ofdi_year_t	模型（6） ofdi_year_t	模型（7） ofdi_year_t
Wage	-0.0130*** (-254.04)	-0.00121*** (-36.99)	-0.00290*** (-56.70)	-0.000182*** (-3.48)	0.434*** (8.78)	0.394*** (7.83)	0.403*** (8.10)
Tfp	-0.00597*** (-148.46)	-0.00145*** (-55.42)	0.000564*** (14.78)	-0.000281*** (-6.89)	0.463*** (14.04)	0.468*** (14.04)	0.482*** (14.51)
Expe	-0.0123*** (-27.48)	-0.00136*** (-4.79)	-0.00449*** (-10.05)	-0.00334*** (-7.31)	0.194*** (3.98)	0.151*** (3.10)	0.163*** (3.38)
Export1	0.00470*** (24.37)	0.00865*** (70.02)	-0.00184*** (-9.73)	-0.00564*** (-28.81)	-0.0353 (-0.35)	-0.156 (-1.54)	-0.160 (-1.58)
Export2	0.00267*** (20.10)	0.00132*** (15.60)	0.000377*** (2.82)	0.00175*** (12.86)	1.866*** (21.20)	1.874*** (21.28)	1.861*** (21.19)
Ifdi	0.961*** (1785.79)	0.762*** (2151.40)	0.0218*** (44.35)	0.0644*** (118.46)			
Comp					-29.61*** (-2.86)	-34.49*** (-3.21)	-38.62*** (-3.57)
Coop_in2					1.305*** (4.83)		
Coop_in3						3.362*** (9.47)	3.382*** (9.44)

续表

变量	模型（1）Coop2	模型（2）Coop3	模型（3）Coop_up2	模型（4）Coop_down2	模型（5）ofdi_year_t	模型（6）ofdi_year_t	模型（7）ofdi_year_t
Coop_up					1.528 ** （2.25）		1.977 *** （2.94）
Coop_down					-0.0687 （-0.12）		-0.370 （-0.60）
Coop_up2						5.914 *** （7.07）	
Coop_down2						1.043 （1.24）	
_cons	0.0796 *** （370.20）	0.000391 *** （2.76）	0.101 *** （503.52）	0.0790 *** （362.94）	-7.983 *** （-32.56）	-8.382 *** （-34.46）	-8.178 *** （-33.13）
ln_r_cons					1.559 *** （18.50）	1.572 *** （18.25）	1.562 *** （18.37）
ln_s_cons					-2.974 *** （-21.39）	-3.047 *** （-21.81）	-3.005 *** （-21.60）
N	2003592	2003592	2003592	2003592	2003592	2003592	2003592

注：***、** 和 * 分别表示结果在 1%、5% 和 10% 的水平上显著。

第五章　浙江省双向 FDI 发展关系及成因分析*

第一节　浙江省双向 FDI 发展现状①

自 20 世纪 80 年代以来，得益于改革开放带来的政策优势和一大批在港浙商的帮助，浙江省引进外资规模不断扩大，外商直接投资已经成为浙江经济发展的重要推动力量。通过表 5-1 我们可以发现，2004~2017 年流入浙江的外商直接投资一直保持着稳定地增长态势。从 2004 年的 66.81 亿美元增长到 2017 年的 179.02 亿美元，外商直接投资流量十余年间增长约 112 亿美元，年均增长率 7%，利用外商直接投资规模稳居全国前列。2008 年受金融危机影响，外商直接投资流量增长放缓，自 2010 年开始又恢复快速增长状态。外商直接投资给浙江带来了丰裕的资本，推动了浙江经济迅速发展的同时，也促进了居民收入的提高。2004~2017 年，浙江省生产总值翻了两番，2017 年浙江省人均可支配收入是十年前的 2.5 倍。

2004~2017 年，浙江省的对外直接投资也取得了巨大发展，对外直接投资流量从 2004 年的不足 1 亿美元增长至 106 亿美元，14 年间对外直接投资流量年增长率高达 42.9%。2010 年，浙江省对外直接投资流量达到第一个顶峰，为 26.79 亿美元，对外投资流量排名全国第一，较 2009 年增幅高达 280%。

---

* 本章主要成果已发表：匡莹，朱顺林．中国 OFDI 和 IFDI 协调关系的影响分析［J］．科技与经济，2018，31（5）：101-105.

① 本章数据来源于浙江省统计年鉴。

表 5-1　　浙江省双向 FDI 情况（2004～2017 年）

年份	IFDI 流量（亿美元）	IFDI 流量排名	OFDI 流量（亿美元）	OFDI 流量排名	生产总值（亿元）	城镇居民人均可支配收入（元）
2004	66.81	4	0.72	5	11648.7	14546
2005	77.23	4	1.58	5	13417.68	16294
2006	88.89	4	2.15	4	15718.47	18265
2007	99.40	4	4.03	4	18753.73	20574
2008	100.73	4	3.88	5	21462.69	22727
2009	103.66	5	7.02	7	22990.35	24611
2010	110.02	5	26.79	1	27722.31	27359
2011	116.66	5	18.53	4	32318.85	30971
2012	130.69	6	23.60	6	34665.33	34550
2013	141.59	6	25.53	6	37756.58	37080
2014	157.97	6	38.62	7	40173.03	40393
2015	169.60	5	71.08	6	42886.49	43714
2016	175.77	4	123.14	6	47251.36	47237
2017	179.02	4	106.60	2	51768.26	51261

2011 年下滑至约 18.53 亿美元，此后继续保持增长，2014～2016 年增长较快，年增长率高达 178%，2016 年全年对外直接投资 123.14 亿美元，达到历史最高水平。2017 年受国家对于非理性对外投资的管控，浙江省对外直接投资流量下滑至 106.6 亿美元，同期排名仍居全国第二。

由表 5-1 可知，2004～2017 年，浙江省吸引外商直接投资与对外直接投资均呈逐年增长态势，其中，对外直接投资增速远高于吸引外商投资增速，在 2017 年之前，浙江省对外直接投资与吸引外商直接投资之间的差距在逐步缩小。从浙江省双向直接投资全国排名来看（图 5-1），浙江省的双向直接投资一直稳居全国前列。浙江省早期的双向直接投资发展情况与邓宁的投资发展周期理论相契合，2008 年前引进外商直接投资规模和增速均远超对外直接投资。随着经济发展水平的不断提高，引进外资和对外投资情况进入邓宁理论描述的第二阶段，对外投资规模不断扩大，增速超过引进外资速度，对外直接投资与外商直接投资之间的差距不断缩小，2017 年，浙江省对外直接投资规模名列全国第二。

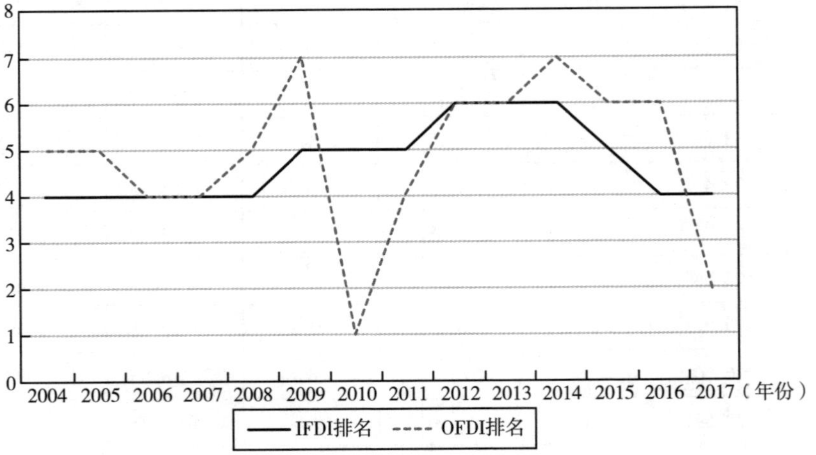

图 5－1　浙江省双向直接投资全国排名（2004～2017 年）

第二节　浙江省双向 FDI 互动关系及成因

一、双向投资的关系验证

为探究浙江省双向 FDI 的协调关系，本节首先要解决双向投资是否存在相互发展的关系？

借鉴黄凌云教授（2018）对双向投资协调发展的测评方法，运用面板向量自回归（Panel Vector Autoregression，PVAR）模型验证 IFDI 与 OFDI 之间的关系。先要进行 PVAR，运用面板单位根进行变量平稳性检验，由表 5－2 可知，三类检验方法均显著拒绝原假设，故各序列都是平稳序列。

接下来用脉冲响应函数考察双向投资之间的相互发展的关系，因为脉冲响应函数描述的是一个经济变量受到外生冲击后对另一个变量产生的动态影响。首先，根据 MAIC、MBIC 和 MQIC 选择滞后阶数，根据表 5－3 可知，最优滞后阶数为滞后 1 期。

表 5－2　　　　平稳性检验

检验方法	检验结果对应的指标	ΔlnIFDI	ΔlnOFDI
LLC 检验	Unadjusted t，t 统计量	－15.0713***	－20.4378***
	Adjusted t*，t 统计量	－7.7259***	－10.6977***
IPS 检验	Z-t-tilde-bar，z 统计量	－5.9675***	－10.6028***
费雪式检验	Inverse normal z，z 统计量的值	－5.3019***	－10.5609***

注：***、** 和 * 分别表示结果在 1%、5% 和 10% 的水平上显著。

表 5－3　　　　滞后阶数选择结果

LAG	MAIC	MBIC	MQIC
1	－2.5708**	－44.7319**	－19.5432**
2	－2.9377	－31.0451	－14.2526
3	0.7398*	－13.3139*	－4.9177*

注：***、** 和 * 分别表示结果在 1%、5% 和 10% 的水平上显著。

其次，采用 GMM 进行估计，解决变量的内生性、个体效应和时间效应问题。通过蒙特卡罗模拟 200 次，得到 IFDI 和 OFDI 的脉冲响应函数图。图 5－2 的纵轴为脉冲响应强度，横轴为滞后期数，中间实线为脉冲响应函数程度，两侧虚线为 95% 置信区间。由图 5－2 右上可知，在一个标准差的外生冲击下，IFDI 的变动会激发 OFDI 在第 1 期表现出显著的正向变动，第 2 期之后这一正向脉冲响应逐渐收敛于零刻度线；由图 5－2 左下可知，来自 OFDI 一个标准差的外生冲击下，OFDI 变动会引发 IFDI 在第 1 期有一个显著的正向变动，到第 2 期转变为显著的下降趋势，曲线逐步趋于平稳。综上可知，IFDI 能够促进 OFDI，同时 OFDI 也有利于 IFDI 的增加，两者存在相互发展的关系。

最后，通过判断 IFDI 和 OFDI 是否存在格兰杰因果关系，来验证双向投资是否存在相互发展的关系。由表 5－4 可知，IFDI 和 OFDI 之间互为格兰杰因果关系，进一步说明两者之间存在明显的动态相互发展关系。

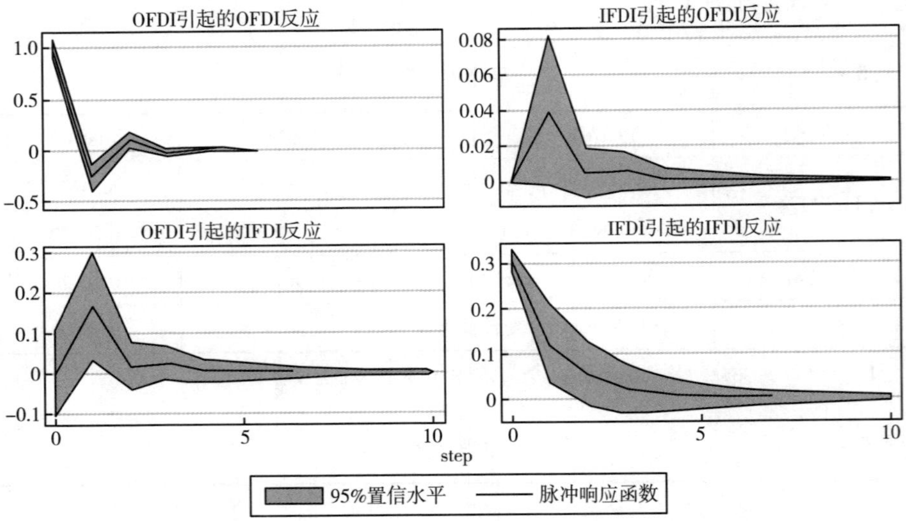

图 5－2　脉冲响应函数结果

表 5－4　　格兰杰因果检验

方程	因果关系	卡方统计量	自由度	P 值
ΔlnIFDI	ΔlnOFDI 不是格兰杰原因	3. 325	1	0. 06
ΔlnOFDI	ΔlnIFDI 不是格兰杰原因	6. 209	1	0. 01

二、双向 FDI 互动关系测度

协调度是测度系统之间或系统里面各元素之间协调状况好坏的定量指标，本书用协调度衡量 IFDI 与 OFDI 的互动关系。系统协调度在物理学科方面称为耦合度，之前很多文章的协调度模型大多应用于环境与经济方面。本节借鉴汪波和方丽（2004）、申金（2000）的协调度理论模型，将黄凌云教授（2018）测量双向投资的耦合协调度模型进一步改进来解决上述问题。考虑到到本书使用的参数同样性较小，且不同项目的变化区域也有异，故用几何平均值可以较好地呈现数据特点。

$$CV=\frac{S}{\frac{1}{2}[OFDI_{it}+IFDI_{it}]}=2\sqrt{1-\frac{OFDI_{it}\times IFDI_{it}}{\frac{1}{2}[OFDI_{it}+IFDI_{it}]}}\qquad(5-1)$$

式（5－1）中：CV 为离差系数，S 为标准差。考虑到离差系数越小越好，已知 $\sqrt{OFDI_{it}\times IFDI_{it}}\leqslant\frac{OFDI_{it}+IFDI_{it}}{2}$，则 CV 要越小，$OFDI_{it}\times IFDI_{it}$ 与 $\left(\frac{OFDI_{it}+IFDI_{it}}{2}\right)^2$ 必须越接近。

$$Cd=\frac{\sqrt{OFDI_{it}\times IFDI_{it}}}{\frac{1}{2}[OFDI_{it}+IFDI_{it}]}\qquad(5-2)$$

式（5－2）中：Cd（Coordination degree）表示为协调度，$Cd\in[0,1]$。也就是说协调度的值越接近于 1，表明 IFDI 和 OFDI 之间相互促进发展的能力越强。本书的协调度模型解决了黄凌云（2018）教授协调度模型中存在的单位问题。

我们对全国 34 个省级行政单位的双向 FDI 协调度进行了测算，结果如表 5－5 所示。

三、双向 FDI 互动关系分析

由表 5－5 可知，中国各省份双向投资的协调发展水平从区域分布和发展趋势两个方面来看，不同省份之间存在明显差异。具体分析如下：

上海市较为特殊，是唯一一个协调度在 2003～2016 年存在下降现象的省级行政单位。协调度由 2003 年的 0.55 下降到 2016 年的 0.06，且上海地区在 2003～2016 年的协调度远远低于其他三个直辖市。原因是上海本身的地理位置优势和所处的经济地位极高，使得其吸引外资的能力远远高于其对外投资的能力，导致其双向投资不能相互协调发展。以北京、重庆为代表的部分地区，双向 FDI 协调度呈现出先减少后增加的趋势，而以吉林省为代表的部分地区双向 FDI 协调度呈现先剧烈上涨后逐年下降的情况。

表 5-5　我国各省份双向投资的协调度

地区	2003年	2004年	2005年	2006年	2007年	2008年	2009年	2010年	2011年	2012年	2013年	2014年	2015年	2016年
北京	0.66	0.43	0.35	0.22	0.34	0.52	0.51	0.62	0.70	0.76	0.94	0.99	1.00	1.00
天津	0.12	0.17	0.15	0.16	0.24	0.21	0.30	0.34	0.34	0.41	0.48	0.77	0.62	0.96
河北	0.06	0.18	0.40	0.30	0.29	0.25	0.47	0.65	0.57	0.57	0.66	0.73	0.68	0.91
山西	0.75	0.41	0.28	0.38	0.47	0.32	0.98	0.60	0.55	0.63	0.75	0.58	0.48	0.79
内蒙古	0.15	0.20	0.27	0.24	0.28	0.30	0.43	0.30	0.35	0.64	0.55	0.83	0.62	0.95
辽宁	0.08	0.17	0.18	0.25	0.23	0.19	0.42	0.56	0.41	0.58	0.40	0.44	0.91	0.97
吉林	0.14	0.47	0.25	0.38	0.56	0.59	0.81	0.70	0.65	0.72	0.91	0.70	0.85	0.55
黑龙江	0.15	0.38	0.60	0.63	0.53	0.54	0.43	0.55	0.50	0.73	0.70	0.64	0.51	0.75
上海	0.55	0.31	0.19	0.24	0.24	0.31	0.18	0.16	0.16	0.13	0.15	0.12	0.06	0.06
江苏	0.08	0.14	0.18	0.17	0.30	0.28	0.35	0.42	0.49	0.54	0.55	0.66	0.84	0.94
浙江	0.16	0.21	0.28	0.30	0.38	0.38	0.50	0.79	0.69	0.72	0.72	0.79	0.91	0.98
安徽	0.14	0.21	0.32	0.31	0.26	0.26	0.24	0.69	0.52	0.53	0.54	0.34	0.68	0.49
福建	0.22	0.11	0.16	0.23	0.41	0.25	0.47	0.56	0.54	0.65	0.66	0.67	0.88	0.94
江西	0.09	0.04	0.10	0.03	0.14	0.17	0.15	0.27	0.34	0.44	0.43	0.54	0.59	0.56
山东	0.22	0.18	0.26	0.22	0.26	0.45	0.55	0.75	0.77	0.83	0.85	0.81	0.92	0.99
河南	0.21	0.15	0.49	0.13	0.30	0.35	0.31	0.27	0.33	0.33	0.40	0.37	0.53	0.79
湖北	0.07	0.05	0.09	0.07	0.11	0.07	0.21	0.28	0.68	0.54	0.51	0.54	0.50	0.64
湖南	0.08	0.09	0.24	0.30	0.40	0.47	0.77	0.44	0.73	0.65	0.48	0.51	0.57	0.69
广东	0.16	0.23	0.25	0.40	0.48	0.48	0.42	0.52	0.70	0.77	0.79	0.91	0.93	1.00
广西	0.14	0.24	0.18	0.19	0.38	0.38	0.52	0.75	0.70	0.88	0.61	0.78	0.81	0.97

续表

地区	2003年	2004年	2005年	2006年	2007年	2008年	2009年	2010年	2011年	2012年	2013年	2014年	2015年	2016年
海南	0.04	0.09	0.02	0.13	0.07	0.05	0.48	0.67	0.99	0.74	0.93	0.93	0.97	0.77
重庆	0.33	0.30	0.21	0.30	0.54	0.40	0.23	0.62	0.49	0.67	0.53	0.72	0.90	0.98
四川	0.10	0.17	0.34	0.30	0.74	0.32	0.34	0.61	0.46	0.46	0.45	0.65	0.61	0.70
贵州	0.07	0.08	0.08	0.10	0.11	0.08	0.33	0.18	0.33	0.27	0.64	0.40	0.31	0.30
云南	0.24	0.36	0.62	0.57	0.87	0.89	0.84	0.90	0.66	0.93	0.86	0.93	0.85	0.96
西藏	0.09	0.04	0.06	0.05	0.04	0.04	0.03	0.22	0.35	0.02	0.09	0.30	0.79	0.88
陕西	0.04	0.13	0.14	0.07	0.26	0.58	0.67	0.66	0.73	0.75	0.53	0.57	0.65	0.69
甘肃	0.29	0.55	0.95	0.99	0.99	0.88	0.65	0.99	0.59	0.40	0.70	0.89	1.00	0.67
青海	0.16	0.14	0.12	0.11	0.12	0.19	0.20	0.16	0.20	0.47	0.90	0.86	0.98	0.72
宁夏	0.25	0.21	0.17	0.64	0.35	0.39	0.59	0.55	0.48	0.84	0.96	0.82	0.71	0.92
新疆	0.17	0.42	0.72	0.25	0.98	0.89	1.00	0.75	1.00	1.00	0.98	0.99	0.99	0.87

除以上几类地区外，以浙江省为代表的大部分省份双向 FDI 协调度在 2003 ~ 2016 年均呈现上升趋势，只是上升的波动幅度不一致。其原因主要在于双向 FDI 发展趋势较为同步，且没有明显波动。自 2014 年开始，浙江省双向 FDI 协调度出现大幅增长，2016 年双向 FDI 协调度达 0.98。直接原因在于浙江省近几年的对外投资规模实现了快速增长，“一带一路”倡议的提出促进了浙江企业的出海投资。2016 年，浙江省境外投资企业数达 803 家，相较 2015 年增长了 30%，从而带动了双向 FDI 协调度的快速提高，其根本原因在于经济贸易发展情况、生态环境、生产要素、自主创新能力等各个方面的改善和提高。在下一节中，我们将对于多元因素如何影响双向 FDI 协调关系进行研究。

第三节　影响双向 FDI 互动关系的因素分析

本书根据朱玮玮（2017）等众多学者提出的双向投资发展的条件因素是多元化的，比如技术、资本及人力资本等，进行变量的选取，并将选取的变量分为五组，[①] 如表 5 – 6 所示：

表 5 – 6　　变量分类

类别	变量	变量解释
经济类	gdp，cpu	gdp 为国内生产总值，cpu 为城镇居民人均可支配收入
外贸类	ex，im	ex、im 分别表示出口、进口总额
生产要素类	k，l	k 表示全社会固定资产投资额，l 表示全国就业劳动力
科学文化类	ed，sdi，rd	ed 表示人力资本，sdi 表示自主创新力，rd 表示研发经费
生态环境类	taa，tww	taa 表示造林总面积，tww 表示废水排放总量

本书通过我国的“五位一体”总布局，即政治建设、经济建设、社会建设、文化建设、生态文明建设，来考察我国经济社会对双向投资协调发展的

① 由于时间序列在验证双向投资影响因素时可能受到时间冲击和个体差异影响以及样本数的限制，故实证部分并未选择以浙江省为样本，而是省际面板数据。

影响。根据总结历年文献中影响双向投资发展的因素和实际可以获取到的数据，本书将各因素分为经济类、外贸类、生产要素类（即社会动力类）、科学文化类以及生态环境类，具体研究这五个方面对我国双向投资协调发展的影响。

一、经济社会五个方面对双向投资的影响

针对中国经济社会的五个方面，分别单独分析它们对双向投资的影响，由表 5 –7 可知，经济类的两个变量与双向投资协调发展呈现正相关关系，且 CPU 的估计结果更为显著。贸易类的两个变量对双向投资协调发展的影响是不一致的，所得估计系数较小，其中出口对双向投资协调发展的影响是显著为负的，而进口则是显著为正，表明出口对我国双向投资的协调发展起到抑制作用而进口则是促进作用。生产要素类的两个变量对双向投资协调发展的影响也是不一致的，所得系数均较大，其中固定资产投资（资本）对双向投资协调发展的影响显著为正，而就业人口（劳动力）则是显著为负。生态环境类的两个变量与双向投资协调发展呈现显著正相关关系，所估计的系数均较小。科学文化类的三个变量对双向投资协调发展的影响不一致，自主创新力（专利授权能力）和研发经费的投入对我国双向投资协调发展呈现显著正相关关系，而人力资本存量（国民受教育的水平）对我国双向投资协调发展呈现显著负相关关系，表明我国自主创新和研发能力对我国双向投资的协调发展起到促进作用而人力资本存量则起抑制作用。具体分析人力资本存量对中国双向投资协调发展的影响不显著的原因可能在于“人才红利”存在瓶颈效应。

二、加入控制变量后估计结果及分析

本书主要关注生态类、生产要素类以及科学文化类的估计系数在存在控制变量的情况下的显著性和正负性。在假设扰动项为独立同分布的情况下，如表 5 –8 的模型（1） ~模型（6），在模型（1）中，在只有控制变量的情况

表 5－7 分类模型估计结果

经济类		贸易类		生产要素类		生态环境类		科学文化类	
lngdp	0.0021 (0.17)	lnex	－0.0655** (－3.18)	lnk	0.221*** (13.64)	lntaa	0.0456*** (4.77)	lned	－0.0593** (－2.83)
Lncpu	0.324*** (10.9)	lnim	0.0927*** (4.83)	lnl	－0.168*** (－7.98)	lntww	0.0359** (2.89)	lnsdi	0.0970** (2.73)
								lnrd	0.08*** (7.16)
_cons	－2.684*** (－11.65)		0.307*** (6.03)		－0.293*** (－3.45)		0.177** (3.31)		0.669*** (5.59)
F 值	104.42***		18.38***		108.11***		16.91***		23.92***
R^2	0.3264		0.0786		0.3341		0.0728		0.1433
Root MSE	0.2322		0.2716		0.2309		0.2724		0.2617
N	434		434		434		434		434

注：***、** 和 * 分别表示结果在 1%、5% 和 10% 的水平上显著。

下，也就是只考察经济类变量和贸易类变量对双向投资协调发展的影响的情况下，估计系数的显著性和正负性和表 5 - 7 结论一致，表明经济实力越强，竞争力和对外投资能力越强，双向投资协调发展水平越高。在模型（2）~模型（4）中，可以发现模型结果与表 5 - 7 不一致。具体分析如下：

在模型（2）中，我们考察生态环境类的变量对双向投资发展的影响，其中造林总面积（对生态有利的事件）对双向投资发展的影响显著为正，而废水排放总量（对生态不利的事件）对双向投资发展的影响则是负相关，表明做对生态有利的事件会对双向投资发展起到促进作用而做对生态不利的事件则是抑制作用。符号有变化的是废水排放量，在限制了其他的变量之后，可以发现废水排放量的增多不利于双向投资的协调发展。在模型（3）中，我们考察生产要素类的变量对双向投资发展的影响，所涉及的两个因素与双向投资协调发展呈现显著正相关关系，且系数较大，表明生产要素类的两个因素对双向投资的协调发展起到促进作用；物质资本的积累能够提升双向投资协调发展水平，有助于中国充分发挥双向投资的（逆向）技术溢出效应；在限制了其他的变量之后，符号有变化的是劳动力，可以发现劳动力的积累有助于双向投资的协调发展。在模型（4）中，我们考察科学文化类的变量对双向投资发展的影响，其中自主创新力（专利授权能力）和人力资本存量（国民受教育的水平）对双向投资协调发展呈现显著正相关关系，而研发经费的投入对双向投资协调发展呈现显著负相关关系。模型（5）考察的是生态环境类和科学文化类共同对双向投资协调发展的影响，模型（6）考察的是生态环境类和生产要素类共同对双向投资协调发展的影响，结论和上述一致。

表 5 - 8　　含控制变量的模型结果

变量	模型（1）	模型（2）	模型（3）	模型（4）	模型（5）	模型（6）
lncpu	0.321 *** （11.59）	0.415 *** （9.99）	0.284 *** （7.54）	0.448 *** （7.60）	0.501 *** （8.72）	0.391 *** （8.72）
lngdp	0.0911 *** （4.52）	-0.0761 （-1.80）	-0.302 *** （-3.98）	0.0396 （0.62）	-0.125 （-1.91）	-0.306 *** （-4.04）

续表

变量	模型（1）	模型（2）	模型（3）	模型（4）	模型（5）	模型（6）
lnex	-0.124*** (-7.14)	-0.0824*** (-4.96)	-0.114*** (-6.50)	-0.115*** (-6.70)	-0.0782*** (-4.68)	-0.0843*** (-4.96)
lnim	0.0529** (3.28)	0.120*** (7.21)	0.0969*** (5.58)	0.0758*** (4.37)	0.134*** (7.55)	0.140*** (8.07)
lntww		-0.0218 (-0.69)			-0.0485 (-1.45)	-0.0255 (-0.77)
lntaa		0.0979*** (8.80)			0.0903*** (7.79)	0.0859*** (7.47)
lnk			0.253*** (5.75)			0.152*** (3.49)
lnl			0.105* (2.39)			0.0890* (2.03)
lnsdi				0.0656* (2.24)	0.0305 (1.10)	
lnrd				-0.0659** (-3.07)	-0.0312 (-1.52)	
lned				0.0991* (2.15)	0.100* (2.18)	
_cons	-2.989*** (-13.40)	-3.496*** (-15.26)	-2.287*** (-7.11)	-4.264*** (-8.98)	-4.426*** (-9.93)	-3.117*** (-9.68)
F 值	74.89***	72.22***	59.13***	46.35***	48.90***	41.51***
R^2	0.4112	0.5037	0.4538	0.4329	0.5099	0.4690
Root MSE	0.2176	0.2002	0.2100	0.2139	0.1994	0.2076
N	434	434	434	433	433	433

注：***、**和*分别表示结果在1%、5%和10%的水平上显著。

第四节　结论与浙江启示

本书在考察浙江省双向 FDI 发展及互动关系基础上，考察了经济社会的五个方面对双向投资发展的影响。研究发现：（1）浙江省双向 FDI 协调性仍处于上升阶段。（2）经济类和贸易类的四个变量与双向投资发展之间的关系如下：出口和城镇居民人均可支配收入对双向投资发展的影响是显著为负的，而进口和地区生产总值对双向投资协调发展的影响显著为正，表明出口和城镇居民收入对浙江省双向投资的协调发展起到抑制作用，进口和 GDP 对双向投资协调发展的影响则起到促进作用。（3）科学文化类的三个因素即自主创新力（专利授权能力）和研发经费的投入对双向投资协调发展呈现显著正相关关系，而人力资本存量（国民受教育的水平）对双向投资协调发展呈现显著负相关关系，表明自主创新和研发能力对双向投资的协调发展起到促进作用而人力资本则起抑制作用。（4）生态环境类的两个变量即造林总面积（对生态有利的事件）对双向投资发展的影响显著为正，而废水排放总量（对生态不利的事件）对双向投资发展的影响则是负相关，表明做对生态有利的事件才对双向投资的发展起到促进作用而做对生态不利的事件则是抑制作用。（5）生产要素类的两个变量与双向投资发展呈现显著正相关关系，表明生产要素类的两个因素对双向投资的协调发展起到促进作用。

基于上述研究结论，可知本书考察的经济社会的五个层面对双向投资协调发展的影响存在多元性、复杂性以及差异性。在限定相关因素后，经济社会的五个层面与双向投资发展水平之间虽然仍存在地域异质性，但会由于生态环境的改善、生产要素的变化和科学技术的进步而改变影响的效果。因此，为促进双向投资发展，转换增长动力，各方面的发展都应兼顾“引进来”和“走出去”战略，明确浙江省投资现状，重视生态环境、生产要素、科学技术的变化发展，合理控制和进行双向投资决策。

第六章　IFDI 与 OFDI 互动对生产率的影响研究

第一节　引　言

从“引进来”到“走出去”战略，再到“引进来与走出去相结合”的战略转变与中国经济发展的时代背景相契合，不同发展阶段对外商直接投资的需求存在差异。改革开放以来，通过鼓励跨国公司对华直接投资，利用其资本和技术等优势，大力发展劳动密集型产业嵌入全球价值链促进经济发展。经济发展水平提高引致需求的变化推动企业通过对外投资获取自然资源以及市场等以弥补国内发展不足而产生的短缺和短板。随着国内外经济环境的变化以及改革开放的进一步深化，单一的“引进外资”或“对外投资”显然难以解决转型升级以及提升全球价值链地位等问题，反而可能陷入“低端锁定”的状态，这也是现阶段提出“引进来”和“走出去”相结合的出发点之一。“引进来”与“走出去”相结合不仅体现了“引进外资”与“对外投资”在规模上的关联及其变化趋势，更需要解释其对于经济发展的作用效果如何，或者说动因是什么？

虽然“引进外资”与“对外投资”关系的研究取得了较为丰富的研究成果（Lee & Plummer，1992；Yao et al.，2016），但两者的关系究竟如何尚未有定论。学者们的研究表明，“引进外资”与“对外投资”存在三种关系：一是互动关系，二是 IFDI 对 OFDI 的作用，三是 OFDI 对 IFDI 的影响。经典理论认为 IFDI 与 OFDI 存在路径依赖（Dunning，1982），而陈涛涛等

(2011) 认为中国的现实并不符合“四阶段”以及后续拓展的“五阶段”理论解释，原因在于 IFDI 和 OFDI 存在互动作用（黄凌云等，2018），两者是互相促进的关系（Apergis，2009；刘海云和龚梦琪，2018）。毋庸置疑的是 IFDI 的先导作用被实践和理论所证明，因而已有文献更为关注 IFDI 对 OFDI 的作用效果（王增涛等，2009）。该领域研究的主要观点是“引进外资”有利于“对外投资”的扩张（Buckley et al.，2016），卡尔森等（Karlsen et al.，2003）指出有效利用具有知识溢出的外资企业有助于内资企业开展对外商业活动，包括水平溢出效应和垂直溢出效应的作用（李磊等，2018；田素华和王璇，2017）。然而，也有学者的研究表明 IFDI 所产生的知识溢出会降低以寻求知识为目的的新兴经济体企业海外投资的可能性（Li et al.，2012），将海外投资行为进一步细化为国际化投资动机、程度和速度后，发现确实存在显著的负向关系（Ma et al.，2015）。也有可能是负向竞争效应的存在（Gu & Lu，2011），这一作用与东道国和地区的经济发展水平有关（聂飞等，2016）。针对争议，后续的研究重在阐述 IFDI 对 OFDI 的作用机制。如，赫滕斯坦等（Hertenstein et al.，2017）认为前期外资构建的商业网络对新兴经济体跨国公司对外投资有重要意义，也有的研究认为价值链分工地位（刘海云和董志刚，2018）、吸收能力和市场规模（潘文卿等，2015）等均会左右 IFDI 的作用，而聂飞和刘海云（2019）则认为 OFDI 通过汇率传导机制和产业结构传导机制影响 IFDI，这也是少数研究 OFDI 对 IFDI 作用的文献之一。

相对于 IFDI 与 OFDI 两者较为丰富的研究成果而言，关于 IFDI 与 OFDI 相结合作用的文献并不多，可能的原因有二：一是 IFDI 与 OFDI 相结合是具有特定时代背景和区域特征的，无论是投资发展周期理论（Dunning，1982）还是渐进式对外投资（Johanson & Vahlne，1977）的观点，都强调对外投资是周期性逐步的，他们的结论是以传统跨国公司为研究对象得出的。而以中国为代表的新兴经济体，在大量引进外资的同时对外投资迅速扩张，现有研究并未深刻阐述这一现实；二是主流研究忽视 IFDI 与 OFDI 共同作用这一问题，传统发达国家的对外投资模式是利用其所有权优势及东道国和地区优势进行跨国经营，其技术等优势要素的流向是自上而下的（Awate et al.，2015），其研发等核心部门依旧在本国，并不会显著改变其经济发展模式和进程。而来自其他国家或地区的外资更多的是学习和吸收其技术和知识等，更多地是依附于东道国和地区的经济发展。而新兴经济体通过大量引进外资发展本地经济，同时通过对外投资获取本国稀缺的技术等要素，内外联动以推动经济社会发展，显然需要对这一新现象作出阐述。

洪俊杰等（2016）认为 IFDI 和 OFDI 分别承担着促进国内经济发展、产业结构升级和全面提高我国开放型经济的功能，二者之间是相互联系、相互作用的。关于这一内容的研究主要将 IFDI 与 OFDI 置于统一框架内进行分析，可分为两类情况：一是仍以各自的作用为主线进行论述，二是考察 IFDI 与 OFDI 的共同作用。第一类研究主要考察 IFDI 与 OFDI 各自对生产率、技术进步、创新和产业结构转型升级的影响，如汪丽娟等（2019）的研究表明两者均有利于生产率的提高，但也有学者只支持一部分观点（Driffield et al.，2009），他们的研究认为 OFDI 的作用并不显著。考虑到对技术的进步和创新，邵玉君（2017）发现，IFDI 有利于技术进步，而 OFDI 对技术进步的影响较弱，这与李梅（2012）考察引进外资和对外投资中 R&D 作用的结果相吻合。涉及对创新的影响是，只有 IFDI 对促进作用得以证明，而 OFDI 则会抑制创新绩效的提高（Filippetti et al.，2017）。另外，贾妮莎等（2014）证实了长期内两者对产业结构升级均存在显著的促进作用。这类研究虽然同时考察了两者的作用，但事实上并没有共同作用之意，更多的是侧重于各自的作用机理和实证分析，这与单独考察 IFDI 或 OFDI 的作用并无区别。

对于第二类的研究也集中于对生产率以及产业结构作用上，现有研究在考察 IFDI 与 OFDI 各自对生产率基础上，考察两者对生产率或产业结构的共同作用。不同行业部门中，IFDI 与 OFDI 各自对生产率的作用截然相反，如王恕立和王许亮（2016）表明制造业中 IFDI 显著抑制生产率的提高，但服务业中却有利于生产率的提高（王恕立和胡宗彪，2013），在归结为两者共同作用时结果保持一致，认为 IFDI 与 OFDI 共同作用下正向影响生产率的提高。然而，对两者与产业结构关系的研究表明，IFDI 与 OFDI 的共同作用并非是一致的，如张林（2016）认为 IFDI 与 OFDI 的共同作用下不利于产业结构优化，但两者的共同作用促进产业结构转型升级（凌丹等，2018）。也有学者关注环境问题，证明了在双向 FDI 共同作用下显著降低污染排放（龚梦琪和刘海云，2018），但可能显著加剧碳排放（刘海云和龚梦琪，2018）。另外，刘海云和龚梦琪（2019）分析“中等收入陷阱”问题时指出，IFDI 与 OFDI 的交互有助于实现经济增长。上述的研究虽然验证了双向 FDI 对经济发展的可能作用，但忽视了两者作用的前提条件的重要性。已有文献基于外资溢出效应和逆向溢出效应必然发生的假设考虑两者的作用，引进外资通过溢出效应提升一国或地区的竞争力推动企业对外投资，对外投资则通过逆向溢出效应促进经济发展，事实上对于外资溢出效应的作用效果存在争议（黄远浙等，2014），难以推导出两者是否对经济发展存在共同作用及作用效果。需要指出的是，诚如上文所述对于 IFDI 与 OFDI 共同作用的研究已取得了一定的成果，但是对两者如何共同作用影响经济发展的研究不足，尚没有文献探讨 IFDI 与 OFDI 对经济发展的作用机制和渠道。

现有论证 IFDI 与 OFDI 对经济发展共同作用的文献中重点以生产率为视角展开，可能的原因是在国内外环境变化激烈的当前，中国经济发展进入新常态，提升生产率是突破“中等收入”和提升全球价值链中地位以及实现产业“高端化”的重要路径。生产率的提高不仅能够促进创新，亦能够推动产业转型升级，是促进经济发展的重要保障。本书首次从理论和实证两个维度阐述 IFDI 与 OFDI 共同影响下对生产率的作用效果，通过将外商溢出效应和逆向溢出效应实现的条件纳入分析框架中，结合以中国为代表的新兴经济体的对外投资实践，构建了 IFDI 与 OFDI 共同作用机制的框架，进一步完善外商直接投资理论的研究与应用。同时，文章重点探究 IFDI 与 OFDI 共同对生产率的作用机制，包括技术水平的直接作用以及融资约束、市场集中程度和吸收能力的间接作用，从理论和实证上论述 IFDI 与 OFDI 影响生产率的实现机制，深入剖析 IFDI 与 OFDI 共同作用机制的根源。另外，与已有文献基于宏观层面分析不同的是，本书通过以微观企业为研究视角，不仅能够克服宏观叠加所产生的衡量偏误，更能准确把握 IFDI 与 OFDI 共同作用的实现机制以及作用效果。

第二节 IFDI 与 OFDI 互动对生产率的作用机理

IFDI 对东道国和地区企业生产率的作用途径主要依赖于溢出效应的产生，OFDI 的影响则是通过逆向溢出效应的产生，然而溢出效应和逆向溢出效应的产生并非是自发的，很大程度上取决于跨国公司的投资动机和经营能力等。溢出效应起作用的前提是企业能够获得产品、技术和知识等的学习机会（Kafouros & Buckley，2008），这也是“以市场换技术”的初衷，资本和技术等要素依托于跨国公司嵌入到东道国和地区市场，为内资企业提供了模仿和消化的空间。然而，跨国公司在新兴经济体国家的投资更多的是利用当地生产的低成本和市场等优势，具有吸引力的资源被国外市场的企业所控制（Buckley et al.，2016），更不愿意通过合资等方式将先进技术转移到子公司。外资企业倾向于保护自身知识与技术以免遭内资企业模仿，从而抑制外资溢出效应的产生（Feinberg & Gupta，2009）。跨国企业与东道国和地区的关联是具有严格组织架构的，母公司将先进的知识和技术通过官方渠道转移或无意识的溢出机制转移至子公司时，往往受制于其在技术和研发等较大的决策权，使得干中学的实践并没有实现有效溢出（Perri et al.，2017）。知识具有特定环境并于特定国家特征共存，新兴经济体基础性知识并不完备、先进技术缺乏以及知识体系不够完善等制约了知识的发展，加之期望引进外资提高技术和认知能力的愿景无法实现，外资企业的存在使得企业依赖于知识等的输入，进一步压制了新知识等的创造，致使产业发展陷入“低端锁定”状态（Hayek，1945）。知识的粘性和隐性特点限制了通过商品交换实现知识转移的可能，在不同国家或地区以及文化传递特定知识时存在困难（Park & Ungson，1997）。对外投资无疑是解决这一问题的重要手段，通过嵌入东道国和地区的生产和供应网络，供应商、消费者、合作伙伴以及研发机构提供了各类知识，尤其是较母国更为完善的知识网络和制度体系，从而有助于企业汲取和消化各类知识，最终反哺母公司。内资企业通过这一途径获得的多种知识来源和技术机会有利于引进新的或改良的产品、程序和组织创新，从而提高生产率

(Castellani et al. , 2017)。

需要指出的是，这与邓宁的所有权优势理论相违背，只有从引进外资中获利提高企业竞争力才有可能跨国投资。事实上溢出效应作用机制堵塞在一定程度上会加速对外投资的步伐，马修斯（Mathews，2006）的 3L 理论认为新兴经济体企业国际化的目的在于寻求外部资源，但其并未回答寻求哪些外部资源及为何寻求此类资源的原因。跨国企业在东道国和地区的经营为当地企业对外投资提供了有效目标和创造了有利条件，内资企业可以获取外资企业的产品、市场和供应商网络，通过与外资企业的竞争与合作（上下游关系）认知到自身的不足以及努力的方向，难以从溢出效应中获取相关知识和资源激励企业去他处寻求以增加竞争力，对外投资无疑是重要途径。与此同时，通过观摩外资企业的经营方式以及与外资的合作能够帮助企业认知跨国企业的经营模式和理念，尤其是在跨国公司母国进行经营时，有助于避免或降低“外来者劣势”。跨国公司往往具有丰富的国际化经验以及较强的网络，帮助内资企业更好地融入全球化网络，有效降低不同国家合作伙伴的文化差距(Pittaway et al. , 2004)，从而提升在全球价值链中的地位。

综上所述，引进外资为内资企业对外投资“资源需求”明晰了方向，也帮助后者更好地融入东道国和地区市场，从而获取其所需的知识和资源。知识和资源的获取无疑有助于新技术和新资源的投入和利用，尤其是来自对现实的需求以及之前未曾拥有的资源，提高企业的生产率。虽然溢出效应难以直接提高生产率，但是在 IFDI 与 OFDI 的共同作用下依然能够提高生产率。另外，内资企业亦能从外资企业的管理中提高生产效率，将之更好地融入到跨国经营中，进而推动生产率的提高和竞争力的增强。据此提出以下假设 1。

假设 1：IFDI 与 OFDI 共同作用下有助于生产率的提高。

诚如本书提到的外资溢出效应渠道的堵塞使得企业转向通过对外投资弥补。跨国公司经营为企业如何与投资市场中的企业建立合作关系以及学习和模仿提供了经验和应对方法，有助于内资企业能够更好地嵌入到东道国和地区市场，从与各方的合作或交流中获取知识等资源，尤其是利用当地的人力等优势资源，从而提高子公司与母公司的研发能力。内资企业在不同制度环境中经营时，能够充分利用东道国和地区市场中存在的创新制度以及融资环境等（Konara & Shirodkar，2018），摆脱已有的研发路径，从而实现创新。需要指出的是，由于受跨国企业的作用母公司推动对外投资，意味着母公司与子公司的互动更为紧密，“委托代理”问题的负向影响会弱化。内资企业技术水平的提高迫使跨国公司改变“技术封锁”的策略，通过利用更为先进的知识或开放合作，外资溢出效应的渠道被打通，内资企业可从中学习和模仿先进的知识和技术。另外，技术水平的提高包括技术进步和技术效率的提高，外资溢出效应的产生受制于跨国公司对知识和技术的利用和控制，但内资企业可从管理和经营模式等方式学习如何更高效地经营企业，同时通过与外资企业的合作实现规模效应。进一步而言，生产效率的提高也会使得内资企业在海外经营时更加得心应手，尤其是在跨国公司母国经营时，经营模式的一致性有助于企业更好地利用各类资源。技术作为推动生产率提高的作用因素，尤其是对全要素生产率的贡献已被理论和现实所证明，因而引进外资与对外投资共同作用下推动技术水平的提高，后者直接促进生产率的增长。据此提出假设2。

假设2：IFDI与OFDI共同作用下促进企业技术水平的提高，技术水平的提高促进生产率的增长。

跨国公司以资本为载体在东道国和地区市场经营，在某种程度上促使东道国和地区放松金融管制，外资企业的进入容易获得银行的信贷支持（苏冬蔚和毛建辉，2019），进一步推动东道国和地区金融市场的开放。而母公司与子公司的资本流动以及子公司与东道国和地区企业的合作优化了企业融资环境，降低了融资成本。跨国公司在海外经营存在的风险以及不可控性使得企业对外投资时倾向于增加自身的经营决策，通过独资或者以技术等优势影响经营决策。需要指出的是，国有企业虽然拥有融资优势但外资企业与其合作的难度较大，受制于国有企业政策限制较多以及透明度较低等特点（才国伟和杨豪，2019），外资企业更有可能与并不具备融资约束的民营企业合作，不仅有助于其发挥自身优势亦能保障自身利益，同时也释放了部分民营企业融资约束压力。罗长远和陈琳（2011）的研究也表明凭借与外资合作的企业往往被银行视作“优质”客户，所在行业受到银行偏爱，受到融资约束相对较轻。已有研究表明宽松的融资约束有助于企业对外投资（王碧珺等，2015），且更倾向于持续开展海外投资以及投资市场的多元化（李磊和包群，2015），原因在于宽松的融资约束使得企业更有可能有较低的成本或更容易获得的信贷支持。无论在同一市场持续投资还是在多个市场投资，都为企业提供了知识等资源，前者通过嵌入到东道国和地区网络更有效地消化、吸收和转移资源（Kafouros et al.，2012），后者则提供了多元化的知识（Lai et al.，2010），弥补自身在技术和知识等的不足，实现企业生产率的提高。另外，企业对外投资过程中存在的各种不确定性也会因宽松的融资约束而得以从容应对，企业通过再投资或做出退出等选择进行战略调整，使得跨国经营活动更符合预期目标。据此提出假设 3。

假设 3：IFDI 有助于宽松融资约束，OFDI 在融资约束的作用下促进生产率的提高。

外资溢出效应难以产生的原因是存在负向竞争效应（Aitken & Harrison，1999），跨国企业挤压了内资企业的市场空间，挤占了后者的市场份额，抑制内资企业生产率的提高（沈坤荣和孙文杰，2009）。虽然市场竞争能够激励企业提高竞争力，这取决于竞争程度大小，布雷斯纳汉和瑞斯（Bresnahan & Reiss，1991）认为少量竞争者的存在能够刺激行业内企业提高资源效率，来自跨国企业的竞争程度超过一定程度时将抑制溢出效应的产生（钟昌标等，2013）。来自市场份额丧失甚至挤出市场的风险，迫使企业对外投资以提升竞争力。内资企业难以在本地与跨国公司相竞争的重要原因在于没有技术等优势以及生产和经营网络不完善，受限于资源和制度等制约，在本地难以提升竞争力。通过对外投资在海外市场新建企业或兼并已有企业，抑或进一步在投资市场投资和投资于不同市场，融入全球化生产体系和经营网络，有助于企业提升自身在全球价值链中的地位。这一过程势必为企业带来各类资源以及学习和合作的机会，相对于在国内的竞争而言，企业摆脱了制度和资源的束缚，在全球市场具有充分竞争且有助于充分激发自身的活力，从而提高竞争力和生产率。另外，内资企业竞争力的提高促进其在国内市场与跨国公司的竞争，进一步优化其资源配置效率。据此提出假设 4。

假设 4：IFDI 提高了市场集中程度，OFDI 在外资竞争的作用下促进生产率的提高。

已有文献表明外资溢出效应与内资企业面对的技术机会密切相关（Kafouros & Buckley，2008），技术差距的存在使得企业有较强的动机并从外资企业中学习先进的知识、技术和管理水平等（Hitt et al.，2005），从而产生溢出效应（Finday，1978）。正如上文所述，外资企业并不愿意将技术等优势转移或溢出，从而加大对技术等资源的管控，增加了内资企业的模仿壁垒（Meyer & Sinani，2009），深层次的原因在于外资企业较高的无形资产程度使得内资企业难以熟知外企的行为与成果（Zhang et al.，2014）。有学者发现外资溢出效应不明显的一个重要原因就是内资企业吸收能力不足（Desmet et al.，2008），由于模仿壁垒的存在，内资企业难以消化和吸收外资企业的技术等，赖明勇等（2015）证实吸收能力对技术外溢效果的决定作用，即使在外资动态进入过程中，吸收能力亦能发挥作用（钟昌标等，2015）。吉尔玛（Girma，2005）认为吸收能力反映了企业与行业尖端技术的差距，与行业尖端技术的差距越小意味着企业的吸收能力越大。吸收能力的提高取决于企业技术以及学习能力等的提高，然而在国内无法获取足够知识等资源的情况下，显然不利于吸收能力的提高。已有的研究侧重于在吸收能力作用下 FDI 溢出效应的产生，鲜有考察企业国际化活动对吸收能力的影响。吉尔玛等（Girma et al.，2008）的研究表明以出口为导向的东道国和地区企业较以市场为导向的东道国和地区企业有更强的吸收能力，为此前者更可能吸收溢出效应。企业通过国际化经营，能够全方位更深层次地与自身所处的产业接触，通过系统学习产业链中的每一环节，更为清楚地意识到自身存在的差距并通过合作与交流弥补其劣势，从而实现吸收能力的提高，尤其是对外投资活动，嵌入到当地的生产和经营网络更有助于企业学习和模仿能力的提高。据此提出假设 5。

假设 5：OFDI 有助于提高吸收能力，IFDI 在吸收能力的作用下促进生产率的提高。

第三节　IFDI 与 OFDI 互动对生产率影响的实证分析

本书所用数据通过 1998 ~ 2013 年中国工业企业数据库（以下简称“工企

数据库”)、境外投资企业（机构）名录（以下简称“投资目录”)、企业专利数据库（以下简称“专利数据库”）以及 2002 年、2007 年和 2012 年的投入产出表等多个数据库匹配而得。其中，工企数据库中记录企业实收资本以及包括国有和外资等不同来源的资本和各类财务信息，有助于测度引进外资以及刻画生产率和利润等变量；投资目录记录了企业每笔对外投资的信息，用于度量对外投资水平；专利数据库涵盖了企业专利申请量和授权量等信息，本书利用专利数刻画技术水平；投入产出表用于测度前后向关联系数。借鉴钟昌标等（2015）和李磊等（2018）的处理方法，对工企数据库作如下处理：(1）剔除工业总产值、固定资产、流动资产和实收资本缺失或小于 0 的样本；(2）剔除从业人数小于 8 的样本；(3）剔除总资产小于流动资产或总固定资产的样本；(4）删除企业年龄小于 0 的企业样本。

投资目录中记录了企业每笔投资的时间和目的地信息，本书仅考察对外投资总体情况，因而不需要单独考察投资市场等情况，按照企业和年度统计企业当年对外投资次数。在此基础上与工业企业数据库根据企业名称和年份进行匹配，将企业对外投资数据和财务指标匹配在一起。继而将专利数据库按照企业名称和年份以及投入产出表按照行业代码匹配至工企和对外投资数据中，需要指出的是所有行业代码均统一为 2002 年的二位行业代码，最终保留了 28412 个观测值。

一、模型设定和变量说明

已有研究重点考察 IFDI 与 OFDI 各自对生产率的影响，少数文献基于 IF-DI 与 OFDI 的交叉项考察了 IFDI 与 OFDI 的共同作用，本书在汪思齐和王恕立（2017)、郑强和冉光和（2018）的基础上进一步拓展，将作用渠道纳入至模型中。

$$TFP_{i,j,t} = \alpha_0 + \alpha_1 IFDI_{j,t} + \alpha_2 OFDI_{i,t} + \alpha_3 IFDI_{j,t} \times OFDI_{i,t} + X + D + \varepsilon_{i,t} \tag{6-1}$$

$$Tech_{i,j,t} = \alpha_0 + \alpha_1 IFDI_{j,t} + \alpha_2 OFDI_{i,t} + \alpha_3 IFDI_{j,t} \times OFDI_{i,t} + X + D + \varepsilon_{i,t} \tag{6-2}$$

$$TFP_{i,j,t} = \alpha_0 + \alpha_1 IFDI_{j,t} + \alpha_2 OFDI_{i,t} + \alpha_3 IFDI_{j,t} \times OFDI_{i,t} + \alpha_4 Tech_{i,j,t} + X + D + \varepsilon_{i,t} \qquad (6-3)$$

$$Finance_{i,j,t} = \alpha_0 + \alpha_1 IFDI_{j,t} + X + D + \varepsilon_{i,t} \qquad (6-4)$$

$$TFP_{i,j,t} = \alpha_0 + \alpha_1 IFDI_{j,t} + \alpha_2 OFDI_{i,t} + \alpha_3 OFDI_{i,t} \times Finance_{i,j,t} + \alpha_4 Finance_{i,j,t} + X + D + \varepsilon_{i,t} \qquad (6-5)$$

$$HHI_{j,t} = \alpha_0 + \alpha_1 IFDI_{j,t} + X + D + \varepsilon_{i,t} \qquad (6-6)$$

$$TFP_{i,j,t} = \alpha_0 + \alpha_1 IFDI_{j,t} + \alpha_2 OFDI_{i,t} + \alpha_3 OFDI_{i,t} \times HHI_{j,t} + \alpha_4 HHI_{j,t} + X + D + \varepsilon_{i,t} \qquad (6-7)$$

$$absorb_{i,j,t} = \alpha_0 + \alpha_1 OFDI_{i,t} + X + D + \varepsilon_{i,t} \qquad (6-8)$$

$$TFP_{i,j,t} = \alpha_0 + \alpha_1 IFDI_{j,t} + \alpha_2 OFDI_{i,t} + \alpha_3 IFDI_{j,t} \times absorb_{j,t} + \alpha_4 absorb_{i,j,t} + X + D + \varepsilon_{i,t} \qquad (6-9)$$

式（6－1）重点考察 IFDI 与 OFDI 共同作用下（IFDI 与 OFDI 交叉项）对企业生产率的影响；式（6－2）和式（6－3）考察了 IFDI 与 OFDI 对生产率的直接作用渠道，即 IFDI 与 OFDI 共同作用下促进技术进步，技术进步推动生产率的提高；式（6－4）和式（6－5）考察了 IFDI 对企业融资约束的影响，进而论证在融资约束作用下 OFDI 与生产率的关系；式（6－6）和式（6－7）考察了 IFDI 对市场集中程度（竞争）的影响，进而论证在市场集中作用下 OFDI 与生产率的关系；式（6－8）和式（6－9）考察了 OFDI 对企业吸收能力的影响，进而论证在吸收能力作用下 IFDI 与生产率的关系。其中，i、j 和 t 分别代表对内资企业、所处行业和年份，j 代表二位行业代码。

（1）被解释变量。TFP 代表生产率，借鉴李磊等（2018）的测度方法，利用固定效应测度全要素生产率①，工业产值用工业品出厂价格指数平减，固定资产用固定资产投资价格指数平减。

（2）主要解释变量，包括 IFDI、OFDI、技术水平、融资约束、市场集中

① 目前微观层面测度全要素生产率的主流方法有 LP 和 ACF 等，但受制于中间品投入等指标在 2008 年后并未统计，故并未用上述两种方法。出于稳健性考虑，本书利用 1998～2007 年的样本和 LP 方法度量生产率，结果基本保持一致。

程度和吸收能力。其中，$IFDI_{j,t} = \frac{\sum_i Output_{i,j,t}}{Output_{j,t}}$，IFDI 代表行业内外资水平，用行业内外资企业工业产值之和与总产值之比表示，Output 为工业产值。为解释行业 IFDI 的作用，文章同时考察了上游外资和下游外资的作用，参照黄远浙等（2014）上游外资（$IFDI\_up_{j,t} = \sum_{k \neq j} \frac{I\_up_{j,k,t}}{I\_up_{j,t}} \times IFDI_{j,t}$），下游外资（$IFDI\_down_{j,t} = \sum_{k \neq j} \frac{I\_down_{j,t,t}}{I\_down_{j,t}} \times IFDI_{j,t}$），$I_up_{j,k,t}$和$I_down_{j,k,t}$分别代表 j 行业向上游和下游行业购买的中间投入品支出，$I_up_{j,t}$和 $I_down_{j,t}$分别代表 j 行业向上游和下游行业购买的中间投入品总支出。OFDI 用企业对外投资次数的存量表示。另外，技术水平（tech）用实收资本与企业员工数之比（Shi & Wu，2017），融资约束（finance）用利息支出占固定资产之比（毛其淋和许家云，2014），市场集中程度（HHI）用赫芬达尔指数表示，吸收能力（absorb）用企业生产率与行业内最高生产率之比表示（Girma，2005）。

（3）控制变量。X 是影响企业创新绩效的一系列控制变量，包括企业规模、资本密集度、利润、出口程度、企业年龄和所有权结构等，参照毛其淋和许家云（2014）和徐嘉文等（Hsu et al.，2015）的方法，企业规模（size）用工业销售产值取对数表示；资本密集度（cap）用固定资产与从业人员数之比表示；利润（profit）用营业利润与企业销售额之比表示；出口程度（export）用出口交货值与销售额之比表示；企业年龄（age）用当年观测值减去开业年份表示，开业当年记为1；所有权结构（ownership）用0 表示国有企业和含有国有成分的企业，1 为其他企业。D 为虚拟变量，包括年份、省份和行业的虚拟变量以控制时间、地区行业特征对回归结果的影响。表 6－1 为主要变量的描述性统计和相关系数矩阵，所有两两变量相关系数均小于 0.8，总体来说相关系数较低，且单个变量方差膨胀因子均小于 2，平均方差膨胀因子为 1.2，因而模型不存在严重的多重共线性问题。

二、实证检验和结果分析

本书对式（6－1）～式（6－9）利用混合回归、固定效应和随机效应进行

表 6－1　描述性统计结果和相关系数

变量	均值	标准差	TFP	IFDI	IFDI_up	IFDI_down	OFDI	tech	finance	HHI	absorb	size	cap	profit	export	age
TFP	7. 21	1. 07	1. 00													
IFDI	0. 37	0. 16	－0. 07	1. 00												
IFDI_up	0. 14	0. 07	－0. 10	0. 27	1. 00											
IFDI_down	0. 13	0. 07	－0. 06	－0. 23	0. 13	1. 00										
OFDI	0. 69	1. 72	0. 18	0. 03	－0. 01	－0. 05	1. 00									
tech	271. 74	3762. 09	0. 11	0	－0. 01	－0. 02	0. 04	1. 00								
finance	0. 12	2. 36	0. 03	0	0	－0. 01	0. 01	0. 01	1. 00							
HHI	0	0. 01	0. 12	0. 16	0. 02	－0. 05	0. 04	0. 04	0	1. 00						
absorb	0. 66	0. 10	0. 74	－0. 21	－0. 04	0. 06	0. 03	0. 06	0. 02	0. 02	1. 00					
size	11. 79	1. 75	0. 88	－0. 05	－0. 09	－0. 08	0. 21	0. 05	0	0. 13	0. 63	1. 00				
cap	395. 77	9619. 44	0. 11	－0. 01	－0. 01	0	0. 05	0. 49	0	0. 06	0. 07	0. 07	1. 00			
profit	0. 08	1. 93	－0. 04	0. 02	－0. 01	－0. 01	0. 01	0. 01	0	0. 01	－0. 04	－0. 03	0	1. 00		
export	0. 37	0. 44	－0. 16	0. 11	0. 05	0. 04	0. 01	－0. 02	－0. 01	－0. 06	－0. 10	－0. 13	－0. 02	0	1. 00	
age	12. 29	29. 54	0. 07	－0. 04	－0. 02	－0. 02	0. 02	0. 01	0	0. 01	0. 05	0. 11	0. 01	0	－0. 03	1. 00
ownership	0. 98	0. 16	－0. 06	0. 06	0. 03	0. 04	0. 02	－0. 03	0	－0. 07	－0. 08	－0. 16	－0. 02	0. 01	0. 09	－0. 09

估计，在此基础上利用 Hausman 检验等筛选出合适的估计方法，最终所有模型均采用固定效应模型。另外，考虑到生产率与 IFDI 或 OFDI 之间可能存在的互为因果关系并因此产生内生性问题，IFDI 和 OFDI 均采用滞后一期处理。当然，这并不能完全排除文章没有内生性问题，下面进一步运用倍差法处理。

1. 基准回归

表6－2 中模型（3）～模型（4）考察了 IFDI 对生产率的作用，模型（5）～模型（6）考察了 OFDI 对生产率的作用，模型（7）～模型（8）同时将 IFDI 与 OFDI 纳入考察 IFDI 和 OFDI 各自对生产率的影响，本书重点考察模型（9）～模型（10）中 IFDI 与 OFDI 交叉项的作用。为避免时间、行业和地区等特征对企业生产率的影响以及验证模型估计的有效性，同时考察了没有和有时间、行业以及地区控制变量的情况，无论是解释变量还是控制变量的结果基本保持一致。从模型（7）和模型（8）中可知，IFDI 与 OFDI 均不利于生产率的提高，前者可能的原因在于溢出效应并未发生以及负向竞争效应的存在（钟昌标等，2013），后者主要原因是在海外经营存在包括代理成本、组织成本以及社会和文化制度成本等负向作用于生产率（Castellani et al.，2017）。由模型（9）～模型（10）发现，IFDI 与 OFDI 的交叉项显著为正，与假设 1 相符。意味着即使溢出效应和逆向溢出效应的作用并不显著，但是在两者共同作用下依然能够使企业从中获利。

另外，本书也考察了包括企业规模、资本密集度、利润、出口程度、企业年龄和所有权结构等在内的控制变量的影响。从表6－2 的模型（1）～模型（10）中可知，上述控制变量各自对生产率的作用在所有模型中的结果基本保持一致，在一定程度上也说明模型是稳健的。实证结果证实了企业规模（陈德湖和马平平，2013）、利润（宋跃刚和吴耀国，2016）和资本密集度（严兵等，2016）的作用显著为正；较之国有企业而言，非国有企业对生产率的促进作用更为显著，袁东等（2015）证实了国有企业不利于生产率的提高；另外，文章也发现企业年龄与生产率的作用显著为负（钟昌标等，2015），出口不利于生产率的提高（黄远浙等，2014），可能是出口导致企业长期从事劳动密集型产业的生产，短期内可能有助于企业生产效率的提高，但长期反而使得企业陷入“路径依赖”以及“低端锁定”状态。

表 6 – 2　　基准回归结果

类别	模型（1）	模型（2）	模型（3）	模型（4）	模型（5）	模型（6）	模型（7）	模型（8）	模型（9）	模型（10）
规模	0.587*** (241.20)	0.593*** (240.80)	0.617*** (190.21)	0.622*** (190.56)	0.621*** (188.12)	0.626*** (188.67)	0.622*** (187.75)	0.626*** (188.29)	0.625*** (186.50)	0.629*** (187.15)
资本密集度	0.00000578*** (24.15)	0.00000577*** (24.25)	0.00000517*** (20.19)	0.00000514*** (20.21)	0.00000525*** (20.50)	0.00000522*** (20.50)	0.00000526*** (20.53)	0.00000522*** (20.50)	0.00000525*** (20.54)	0.00000521*** (20.51)
利润	0.0659*** (9.73)	0.0674*** (9.97)	0.0621*** (8.33)	0.0638*** (8.59)	0.0619*** (8.31)	0.0634*** (8.54)	0.0616*** (8.26)	0.0634*** (8.54)	0.0614*** (8.25)	0.0632*** (8.53)
出口	−0.0709*** (−10.10)	−0.0694*** (−9.93)	−0.0669*** (−7.55)	−0.0661*** (−7.51)	−0.0672*** (−7.60)	−0.0660*** (−7.50)	−0.0667*** (−7.54)	−0.0659*** (−7.50)	−0.0683*** (−7.72)	−0.0675*** (−7.67)
企业年龄	−0.000176*** (−2.59)	−0.000166** (−2.46)	−0.00908*** (−20.93)	−0.00868*** (−19.98)	−0.00858*** (−19.59)	−0.00830*** (−18.95)	−0.00862*** (−19.66)	−0.00831*** (−18.92)	−0.00837*** (−19.02)	−0.00806*** (−18.31)
所有制	0.180*** (7.32)	0.186*** (7.63)	0.154*** (5.35)	0.157*** (5.49)	0.153*** (5.33)	0.158*** (5.54)	0.155*** (5.42)	0.158*** (5.54)	0.156*** (5.46)	0.159*** (5.59)
引进外资			−0.0455 (−1.56)	−0.000514 (−0.02)			−0.0503* (−1.72)	−0.00754 (−0.24)	−0.0767*** (−2.60)	−0.0330 (−1.06)
对外投资					−0.0144*** (−6.64)	−0.0126*** (−5.81)	−0.0145*** (−6.68)	−0.0126*** (−5.81)	−0.0421*** (−8.16)	−0.0395*** (−7.66)
引进外资 × 对外投资									0.0473*** (5.90)	0.0460*** (5.75)

续表

类别	模型（1）	模型（2）	模型（3）	模型（4）	模型（5）	模型（6）	模型（7）	模型（8）	模型（9）	模型（10）
常数项	0.138***	0.900***	−0.0869*	−0.0224	−0.151***	−0.0675	−0.139***	−0.0662	−0.165***	−0.0921
	(3.82)	(2.70)	(−1.90)	(−0.06)	(−3.30)	(−0.17)	(−3.00)	(−0.17)	(−3.56)	(−0.24)
观测值	28142	28142	20543	20543	20543	20543	20543	20543	20543	20543
时间	否	是	否	是	否	是	否	是	否	是
行业	否	是	否	是	否	是	否	是	否	是
省份	否	是	否	是	否	是	否	是	否	是

注：***、** 和 * 分别表示结果在 1%、5% 和 10% 的水平上显著。

2. 内生性问题

虽然对 IFDI 与 OFDI 采用滞后的方法以规避因互为因果而导致的内生性问题，但依旧难以排除内生性问题的存在。本书关注 IFDI 与 OFDI 的共同作用，因而需要考察两个维度下的内生性问题。本书利用 PSM-DID 和 DID 方法分别以 OFDI 和 IFDI 为视角进行检验，结果如表 6－3 所示。以 OFDI 为视角进行内生性检验时，首先利用 PSM 方法匹配未进行对外投资的企业，需要说明的是由于不同匹配方法可能存在不同结果，文章分别利用最近邻匹配［模型（1）和模型（2）］、卡尺近邻匹配［模型（3）和模型（4）］以及马氏匹配［模型（5）和模型（6）］，在匹配基础上利用 DID 进行回归。结果表明 OFDI 的作用为正但较弱，这与基准回归结果相矛盾，可能的问题是无法避免内生性问题。然而，对于本书重点关注的 IFDI 与 OFDI 交叉项显著为正［模型（2）、模型（4）和模型（6）］，3 种不同匹配方法支持了基准回归结果，进一步证明结果是可信的。另外，对于 IFDI 以及控制变量的作用与基准回归基本一致，也说明基准回归结果的可靠性。以 IFDI 为视角进行内生性检验时，利用《外商投资产业指导目录》（以下简称“产业指导目录”）设定引进外资的政策冲击时间，目前商务部合计公布了 7 次产业指导目录，现有文献大都集中以 2002 年为时间节点进行分析。再通过对 1997 年、2002 年、2004 年、2007 年和 2011 年等对比时发现，2002 年和 2007 年对鼓励类、限制类和禁止类变化较大，为避免因此产生的估计偏误问题，本书同时以 2002 年和 2007 年为时间节点进行分析。由模型（7）和模型（8）可知，IFDI 与 OFDI 交叉项显著为正，进一步说明 IFDI 与 OFDI 共同作用下促进生产率，且不受产业指导目录变化的影响。

3. 作用机制

虽然本书已经证明 IFDI 与 OFDI 共同作用下对生产率的作用，但无法说明具体的作用渠道，表 6－4 考察了两者对生产率的作用机制，所有模型均纳入了时间、行业和地区等维度的控制变量。从模型（1）和模型（2）中可知，IFDI 与 OFDI 共同作用下促进技术水平的提高，而技术水平的提高又促进生产率，假设 2 成立，即 IFDI 与 OFDI 通过直接作用于技术水平而提高生产率。从模型（3）和模型（4）可知，IFDI 对融资约束的作用较弱，可能的原因是企业融资渠道较为单一，尤其是民营企业，从而弱化了外资对融资约束的

表6-3 内生性问题处理结果

类别	最近邻模型（1）	最近邻模型（2）	卡尺匹配模型（3）	卡尺匹配模型（4）	马氏匹配模型（5）	马氏匹配模型（6）	2002年模型（7）	2007年模型（8）
规模	0.557*** (615.45)	0.557*** (615.26)	0.557*** (614.92)	0.557*** (614.75)	0.554*** (508.27)	0.554*** (508.32)	0.536*** (277.24)	0.557*** (253.53)
资本密集度	0.00000469*** (30.75)	0.00000469*** (30.75)	0.00000469*** (30.75)	0.00000469*** (30.74)	0.00000767*** (28.34)	0.00000767*** (28.36)	0.00000587*** (18.89)	0.00000583*** (18.85)
利润	0.000554*** (14.63)	0.000554*** (14.63)	0.000554*** (14.64)	0.000554*** (14.63)	0.00112*** (14.18)	0.00112*** (14.17)	-0.0109*** (-7.09)	-0.0107*** (-6.99)
出口	-0.170*** (-55.51)	-0.169*** (-55.46)	-0.175*** (-56.29)	-0.174*** (-56.24)	-0.161*** (-43.85)	-0.161*** (-43.73)	-0.116*** (-16.61)	-0.122*** (-16.21)
企业年龄	0.000524*** (-16.00)	0.000525*** (-16.01)	0.000524*** (-16.01)	0.000525*** (-16.02)	0.000936*** (-16.09)	0.000936*** (-16.09)	0.000770*** (-7.57)	-0.00965*** (-23.82)
所有制	0.535*** (60.96)	0.535*** (60.97)	0.535*** (61.00)	0.535*** (61.01)	0.539*** (47.13)	0.539*** (47.12)	0.529*** (26.43)	0.308*** (10.93)
du	-0.120*** (-25.75)	-0.124*** (-28.39)	-0.120*** (-25.74)	-0.124*** (-28.37)	-0.117*** (-23.53)	-0.116*** (-25.06)	-0.0192** (-2.71)	-0.00592 (-0.78)
dt	-0.126 (-0.71)	-0.127 (-0.72)	-0.126 (-0.71)	-0.127 (-0.72)	0.368 (0.60)	0.368 (0.60)	0.283*** (7.30)	-0.0443** (-2.53)

续表

类别	最近邻 模型（1）	最近邻 模型（2）	卡尺匹配 模型（3）	卡尺匹配 模型（4）	马氏匹配 模型（5）	马氏匹配 模型（6）	2002 年 模型（7）	2007 年 模型（8）
du × dt	0.00330 (0.49)		0.00372 (0.56)		0.0380*** (5.38)			
引进外资	-0.100*** (-3.56)	-0.102*** (-3.63)	-0.101*** (-3.60)	-0.103*** (-3.67)	-0.0732** (-2.14)	-0.0832** (-2.42)		
对外投资							-0.0198*** (-4.41)	-0.0153*** (-4.35)
引进外资 × 对外投资		0.0315** (2.00)		0.0325** (2.06)		0.103*** (6.14)	0.0195*** (4.16)	0.0146*** (3.71)
常数	-0.247*** (-5.07)	-0.247*** (-5.07)	-0.248*** (-5.10)	-0.249*** (-5.10)	-1.073** (-2.16)	-1.074** (-2.16)	0.273*** (5.86)	0.501*** (12.45)
观测值	152257	152257	152220	152220	111888	111888	28142	23279
时间	是	是	是	是	是	是	是	是
行业	是	是	是	是	是	是	是	是
省份	是	是	是	是	是	是	是	是

注：***、** 和 * 分别表示结果在 1%、5% 和 10% 的水平上显著。

表6-4 引进外资与对外投资对生产率影响的作用渠道

类别	技术水平 模型（1）	生产率 模型（2）	融资约束 模型（3）	生产率 模型（4）	市场集中程度 模型（5）	生产率 模型（6）	吸收能力 模型（7）	生产率 模型（8）
规模	12.83 （1.18）	0.628*** （189.70）	0.0153** （2.59）	0.626*** （189.59）	0.0000168 （0.70）	0.630*** （188.95）	0.0362*** （58.30）	0.512*** （165.61）
资本密集度	0.124*** （150.19）	−0.00000129*** （−3.32）	−4.64e−08 （−0.10）	0.00000522*** （20.68）	1.01e−08*** （5.39）	0.00000518*** （20.42）	0.000000152** （3.19）	0.00000471*** （22.34）
利润	20.80 （0.87）	0.0621*** （8.50）	−0.0516*** （−3.85）	0.0654*** （8.89）	0.0000508 （0.93）	0.0627*** （8.48）	0.0105*** （7.58）	0.0323*** （5.25）
出口	−29.58 （−1.04）	−0.0659*** （−7.61）	−0.00862 （−0.54）	−0.0655*** （−7.50）	−0.000158** （−2.44）	−0.0678*** （−7.73）	−0.00603*** （−3.67）	−0.0509*** （−6.98）
企业年龄	0.511 （0.36）	−0.00809*** （−18.64）	0.00214** （2.73）	−0.00840*** （−19.29）	0.0000395*** （12.34）	−0.00785*** （−17.82）	−0.00225*** （−27.49）	−0.00130*** （−3.49）
所有制	492.5*** （5.33）	0.133*** （4.75）	0.0225 （0.44）	0.157*** （5.55）	0.000271 （1.29）	0.161*** （5.66）	−0.0182*** （−3.43）	0.203*** （8.59）
引进外资	492.5*** （4.87）	−0.0589* （−1.91）	−0.0182 （−0.33）	−0.00543 （−0.18）	0.00170*** （7.46）	−0.0324 （−1.04）		−0.152** （−2.86）
对外投资	5.694 （0.34）	−0.0398*** （−7.84）		−0.0129*** （−5.99）		−0.0400*** （−11.79）	−0.00790*** （−19.53）	0.0117*** （6.45）
引进外资×对外投资	74.64** （2.88）	0.0421*** （5.34）						
技术水平		0.0000525*** （21.90）						

续表

类别	技术水平 模型（1）	生产率 模型（2）	融资约束 模型（3）	生产率 模型（4）	市场集中程度 模型（5）	生产率 模型（6）	吸收能力 模型（7）	生产率 模型（8）
融资约束				0.0343 *** (7.89)				
对外投资× 融资约束				-0.00197 * (-1.79)				
市场集中程度						-1.502 (-1.40)		
对外投资× 市场集中程度						2.932 *** (10.59)		
吸收能力								2.934 *** (80.65)
引进外资× 吸收能力								0.560 *** (7.40)
常数项	-708.5 (-0.57)	-0.0548 (-0.14)	-0.120 (-0.17)	-0.0714 (-0.19)	0.118 *** (41.33)	0.0803 (0.20)	0.0416 (0.58)	-0.143 (-0.45)
观测值	20543	20543	20523	20506	20543	20543	20543	20543
时间	是	是	是	是	是	是	是	是
行业	是	是	是	是	是	是	是	是
省份	是	是	是	是	是	是	是	是

注：***、** 和 * 分别表示结果在 1%、5% 和 10% 的水平上显著。

作用，但在宽松的融资约束下对外投资有助于生产率的提高，虽然很难说明假设3 的成立，但是作用方向与预期一致，在一定程度上说明了这一作用机制的可能性。从模型（5）和模型（6）可知，IFDI 加剧了市场集中程度，在市场集中程度的作用下对外投资有助于生产率的提高，假设 4 成立。但需要说明的是，并不能说明来自外资的竞争有助于所有内资企业生产率的提高，而是通过影响 OFDI 的作用这一机制才可能实现。从模型（7）和模型（8）可知，OFDI 不利于吸收能力的提高，虽然在吸收能力和对外投资的作用下有助于生产率的提高，但并未证明假设 5。可能的原因是内资企业在对外投资过程中面对外来者的劣势，难以较好地嵌入到东道国和地区的市场网络以及制度中，抑制有效知识的寻求、整合和转移（Castellani et al.，2013）。另外，内资企业通过海外市场提高竞争力的同时也对外资企业带来了压力，迫使其采用更为先进的技术等，其他内资企业通过走出去企业的溢出效应提高生产率，从而推动行业内生产率的进步，使得走出去企业相对生产率降低。需要指出的是，本书也证明了吸收能力的作用。表 6 – 5 考察了行业间外资水平与对外投资的作用，结果表明无论是上游外资还是下游外资与 OFDI 的共同作用均有助于生产率的提高，说明无论是行业内还是行业间外资和对外投资的共同作用均有正向促进作用。另外，模型（1）~模型（8）的结果也表明上游关联效应并不显著（Javorcik，2004），也印证了吉尔玛和龚云顿（Girma & Gong，2008）认为前项关联效应为负的观点。

4. 稳健性检验

出于模型是否稳健以及结论可靠性考虑，本书通过变量指标替换和改变样本区间等方法验证模型的稳健性问题。首先，对 IFDI 变量采用替代指标进行衡量，用行业内外资企业销售额占比、行业内外资企业数量占比以及行业内外资企业员工数占比代表 IFDI，验证了基准回归（见表 6 – 6 和表 6 – 7）和作用机制（包括关联效应，见表 6 – 8 至表 6 – 13）结果是否稳健；其次，文章对 tech（技术水平）变量用专利流量和专利存量替代验证 IFDI 与 OFDI 的直接作用渠道（表 6 – 14）。最后，通过调整样本区间验证模型的稳健性（表 6 – 13）。

表 6-5　　引进外资与对外投资对生产率影响的作用渠道（关联效应）

类别	模型（1）	模型（2）	模型（3）	模型（4）	模型（5）	模型（6）	模型（7）	模型（8）
规模	0.616*** (189.55)	0.621*** (189.48)	0.621*** (188.12)	0.626*** (188.67)	0.620*** (186.95)	0.625*** (187.12)	0.624*** (185.96)	0.629*** (186.30)
资本密集度	0.00000516*** (20.17)	0.00000513*** (20.20)	0.00000525*** (20.50)	0.00000522*** (20.50)	0.00000524*** (20.50)	0.00000521*** (20.48)	0.00000516*** (20.16)	0.00000511*** (20.11)
利润	0.0623*** (8.36)	0.0642*** (8.64)	0.0619*** (8.31)	0.0634*** (8.54)	0.0617*** (8.29)	0.0637*** (8.58)	0.0613*** (8.26)	0.0634*** (8.57)
出口	-0.0667*** (-7.54)	-0.0662*** (-7.52)	-0.0672*** (-7.60)	-0.0660*** (-7.50)	-0.0665*** (-7.52)	-0.0660*** (-7.51)	-0.0687*** (-7.78)	-0.0682*** (-7.78)
企业年龄	-0.00898*** (-20.70)	-0.00863*** (-19.87)	-0.00858*** (-19.59)	-0.00830*** (-18.95)	-0.00854*** (-19.48)	-0.00826*** (-18.84)	-0.00828*** (-18.86)	-0.00799*** (-18.19)
所有制	0.150*** (5.22)	0.154*** (5.40)	0.153*** (5.33)	0.158*** (5.54)	0.152*** (5.29)	0.155*** (5.45)	0.157*** (5.48)	0.161*** (5.66)
引进外资	-0.0336 (-1.13)	-0.000333 (-0.01)			-0.0379 (-1.28)	-0.00659 (-0.21)	-0.0536* (-1.79)	-0.0180 (-0.57)
上游外资	-0.0788 (-1.28)	-0.0307 (-0.47)			-0.0861 (-1.40)	-0.0386 (-0.60)	-0.182*** (-2.89)	-0.143** (-2.16)
下游外资	0.362*** (5.88)	0.273*** (4.11)			0.350*** (5.69)	0.265*** (4.00)	0.267*** (4.15)	0.167** (2.41)

续表

类别	模型（1）	模型（2）	模型（3）	模型（4）	模型（5）	模型（6）	模型（7）	模型（8）
对外投资			-0.0144*** (-6.64)	-0.0126*** (-5.81)	-0.0140*** (-6.46)	-0.0123*** (-5.69)	-0.0786*** (-10.14)	-0.0804*** (-10.41)
引进外资×对外投资							0.0675*** (7.62)	0.0693*** (7.85)
上游外资×对外投资							0.0945*** (3.65)	0.0961*** (3.72)
下游外资×对外投资							0.126*** (3.03)	0.148*** (3.55)
常数项	-0.113** (-2.47)	-0.0369 (-0.10)	-0.151*** (-3.30)	-0.0675 (-0.17)	-0.162*** (-3.48)	-0.0786 (-0.20)	-0.183*** (-3.94)	-0.102 (-0.26)
观测值	20543	20543	20543	20543	20543	20543	20543	20543
时间	否	是	否	是	否	是	否	是
行业	否	是	否	是	否	是	否	是
省份	否	是	否	是	否	是	否	是

注：***、** 和 * 分别表示结果在 1%、5% 和 10% 的水平上显著。

表 6-6　　稳健性检验结果 1（行业内外资销售额占比表示引进外资）

类别	模型（1）	模型（2）	模型（3）	模型（4）	模型（5）	模型（6）	模型（7）	模型（8）
规模	0.617*** (190.22)	0.622*** (190.57)	0.621*** (188.12)	0.626*** (188.67)	0.621*** (187.76)	0.626*** (188.30)	0.625*** (186.53)	0.629*** (187.17)
资本密集度	0.00000517*** (20.19)	0.00000514*** (20.20)	0.00000525*** (20.50)	0.00000522*** (20.50)	0.00000526*** (20.53)	0.00000522*** (20.50)	0.00000525*** (20.54)	0.00000521*** (20.51)
利润	0.0621*** (8.33)	0.0638*** (8.59)	0.0619*** (8.31)	0.0634*** (8.54)	0.0616*** (8.27)	0.0634*** (8.54)	0.0614*** (8.25)	0.0632*** (8.53)
出口	-0.0669*** (-7.55)	-0.0661*** (-7.51)	-0.0672*** (-7.60)	-0.0660*** (-7.50)	-0.0667*** (-7.54)	-0.0660*** (-7.50)	-0.0683*** (-7.73)	-0.0675*** (-7.68)
企业年龄	-0.00908*** (-20.93)	-0.00868*** (-19.97)	-0.00858*** (-19.59)	-0.00830*** (-18.95)	-0.00862*** (-19.66)	-0.00830*** (-18.92)	-0.00837*** (-19.01)	-0.00806*** (-18.30)
所有制	0.153*** (5.35)	0.157*** (5.49)	0.153*** (5.33)	0.158*** (5.54)	0.155*** (5.41)	0.158*** (5.54)	0.156*** (5.46)	0.159*** (5.59)
引进外资	-0.0434 (-1.49)	0.00230 (0.07)			-0.0483* (-1.66)	-0.00479 (-0.16)	-0.0750** (-2.55)	-0.0305 (-0.98)
对外投资			-0.0144*** (-6.64)	-0.0126*** (-5.81)	-0.0145*** (-6.68)	-0.0126*** (-5.81)	-0.0424*** (-8.21)	-0.0398*** (-7.72)
引进外资×对外投资							0.0476*** (5.96)	0.0464*** (5.82)

续表

类别	模型（1）	模型（2）	模型（3）	模型（4）	模型（5）	模型（6）	模型（7）	模型（8）
常数项	-0.0873* （-1.91）	-0.0229 （-0.06）	-0.151*** （-3.30）	-0.0675 （-0.17）	-0.139*** （-3.01）	-0.0667 （-0.17）	-0.166*** （-3.57）	-0.0929 （-0.24）
观测值	20543	20543	20543	20543	20543	20543	20543	20543
时间	否	是	否	是	否	是	否	是
行业	否	是	否	是	否	是	否	是
省份	否	是	否	是	否	是	否	是

注：***、** 和 * 分别表示结果在 1%、5% 和 10% 的水平上显著。

表 6-7　稳健性检验结果 3（行业内外资企业员工数占比表示引进外资）

类别	模型（1）	模型（2）	模型（3）	模型（4）	模型（5）	模型（6）	模型（7）	模型（8）
规模	0.627*** （186.76）	0.631*** （186.92）	0.621*** （188.12）	0.626*** （188.67）	0.630*** （185.02）	0.634*** （185.30）	0.634*** （183.89）	0.638*** （184.30）
资本密集度	0.00000519*** （20.34）	0.00000517*** （20.38）	0.00000525*** （20.50）	0.00000522*** （20.50）	0.00000526*** （20.63）	0.00000524*** （20.64）	0.00000526*** （20.65）	0.00000523*** （20.66）
利润	0.0582*** （7.82）	0.0604*** （8.15）	0.0619*** （8.31）	0.0634*** （8.54）	0.0579*** （7.79）	0.0601*** （8.12）	0.0578*** （7.79）	0.0601*** （8.13）
出口	-0.0628*** （-7.11）	-0.0625*** （-7.12）	-0.0672*** （-7.60）	-0.0660*** （-7.50）	-0.0628*** （-7.12）	-0.0626*** （-7.13）	-0.0646*** （-7.32）	-0.0642*** （-7.33）

续表

类别	模型（1）	模型（2）	模型（3）	模型（4）	模型（5）	模型（6）	模型（7）	模型（8）
企业年龄	-0.00860*** (-19.86)	-0.00829*** (-19.12)	-0.00858*** (-19.59)	-0.00830*** (-18.95)	-0.00822*** (-18.78)	-0.00796*** (-18.18)	-0.00792*** (-18.01)	-0.00767*** (-17.43)
所有制	0.168*** (5.89)	0.172*** (6.04)	0.153*** (5.33)	0.158*** (5.54)	0.169*** (5.91)	0.172*** (6.06)	0.170*** (5.96)	0.173*** (6.11)
引进外资	-0.312*** (-10.93)	-0.305*** (-9.96)			-0.299*** (-10.45)	-0.295*** (-9.61)	-0.312*** (-10.89)	-0.307*** (-9.99)
对外投资			-0.0144*** (-6.64)	-0.0126*** (-5.81)	-0.0126*** (-5.82)	-0.0112*** (-5.19)	-0.0434*** (-8.46)	-0.0422*** (-8.21)
引进外资×对外投资							0.0536*** (6.62)	0.0537*** (6.64)
常数项	-0.136*** (-3.02)	-0.0719 (-0.19)	-0.151*** (-3.30)	-0.0675 (-0.17)	-0.181*** (-3.95)	-0.111 (-0.29)	-0.219*** (-4.77)	-0.148 (-0.38)
观测值	20543	20543	20543	20543	20543	20543	20543	20543
时间	否	是	否	是	否	是	否	是
行业	否	是	否	是	否	是	否	是
省份	否	是	否	是	否	是	否	是

注：***、**和*分别表示结果在1%、5%和10%的水平上显著。

表 6-8 稳健性检验结果 4（行业内外资销售额占比表示引进外资）

类别	技术水平 模型（1）	生产率 模型（2）	融资约束 模型（3）	生产率 模型（4）	市场集中程度 模型（5）	生产率 模型（6）	吸收能力 模型（7）	生产率 模型（8）
规模	12.90 (1.18)	0.628*** (189.72)	0.0153** (2.59)	0.626*** (189.60)	0.0000170 (0.71)	0.630*** (188.96)	0.0362*** (58.30)	0.512*** (165.65)
资本密集度	0.124*** (150.19)	-0.00000129*** (-3.32)	-4.62e-08 (-0.10)	0.00000522*** (20.68)	1.01e-08*** (5.39)	0.00000518*** (20.42)	0.000000152** (3.19)	0.00000470*** (22.33)
利润	20.83 (0.87)	0.0621*** (8.51)	-0.0516*** (-3.85)	0.0655*** (8.89)	0.0000508 (0.93)	0.0627*** (8.48)	0.0105*** (7.58)	0.0323*** (5.25)
出口	-29.70 (-1.04)	-0.0660*** (-7.61)	-0.00862 (-0.54)	-0.0655*** (-7.50)	-0.000158** (-2.44)	-0.0678*** (-7.73)	-0.00603*** (-3.67)	-0.0509*** (-6.99)
企业年龄	0.529 (0.37)	-0.00809*** (-18.63)	0.00214** (2.73)	-0.00840*** (-19.28)	0.0000395*** (12.35)	-0.00785*** (-17.82)	-0.00225*** (-27.49)	-0.00129*** (-3.47)
所有制	491.9*** (5.33)	0.133*** (4.74)	0.0225 (0.44)	0.157*** (5.54)	0.000270 (1.28)	0.161*** (5.66)	-0.0182*** (-3.43)	0.202*** (8.58)
引进外资	500.0*** (4.96)	-0.0568* (-1.85)	-0.0190 (-0.34)	-0.00259 (-0.08)	0.00171*** (7.55)	-0.0300 (-0.97)		-0.150** (-2.84)
对外投资	5.255 (0.31)	-0.0401*** (-7.89)		-0.0129*** (-5.98)		-0.0400*** (-11.78)	-0.00790*** (-19.53)	0.0117*** (6.46)
引进外资×对外投资	75.21** (2.91)	0.0425*** (5.40)						
技术水平		0.0000525*** (21.89)						

续表

类别	技术水平 模型（1）	生产率 模型（2）	融资约束 模型（3）	生产率 模型（4）	市场集中程度 模型（5）	生产率 模型（6）	吸收能力 模型（7）	生产率 模型（8）
融资约束				0.0343*** (7.89)				
对外投资× 融资约束				-0.00197* (-1.79)				
市场集中程度						-1.506 (-1.41)		
对外投资× 市场集中程度						2.931*** (10.59)		
吸收能力								2.934*** (80.66)
引进外资× 吸收能力								0.561*** (7.45)
常数项	-712.6 (-0.57)	-0.0554 (-0.15)	-0.120 (-0.17)	-0.0719 (-0.19)	0.118*** (41.33)	0.0805 (0.20)	0.0416 (0.58)	-0.144 (-0.45)
观测值	20543	20543	20523	20506	20543	20543	20543	20543
时间	是	是	是	是	是	是	是	是
行业	是	是	是	是	是	是	是	是
省份	是	是	是	是	是	是	是	是

注：***、**和*分别表示结果在1%、5%和10%的水平上显著。

表6-9　稳健性检验结果5（行业内外资企业数占比表示引进外资）

类别	技术水平 模型（1）	生产率 模型（2）	融资约束 模型（3）	生产率 模型（4）	市场集中程度 模型（5）	生产率 模型（6）	吸收能力 模型（7）	生产率 模型（8）
规模	10.38 (0.95)	0.630*** (189.67)	0.0150** (2.52)	0.628*** (189.30)	0.0000119 (0.49)	0.632*** (188.71)	0.0362*** (58.30)	0.507*** (162.39)
资本密集度	0.124*** (150.32)	-0.00000134*** (-3.45)	-5.09e-08 (-0.11)	0.00000524*** (20.79)	1.02e-08*** (5.44)	0.00000520*** (20.51)	0.000000152** (3.19)	0.00000469*** (22.32)
利润	23.06 (0.96)	0.0609*** (8.34)	-0.0514*** (-3.83)	0.0643*** (8.73)	0.0000509 (0.93)	0.0616*** (8.33)	0.0105*** (7.58)	0.0329*** (5.36)
出口	-32.28 (-1.13)	-0.0642*** (-7.41)	-0.00883 (-0.56)	-0.0643*** (-7.36)	-0.000156** (-2.40)	-0.0667*** (-7.61)	-0.00603*** (-3.67)	-0.0519*** (-7.14)
企业年龄	0.243 (0.17)	-0.00813*** (-18.80)	0.00216** (2.76)	-0.00840*** (-19.33)	0.0000378*** (11.84)	-0.00783*** (-17.82)	-0.00225*** (-27.49)	-0.00131*** (-3.55)
所有制	488.3*** (5.29)	0.140*** (4.98)	0.0211 (0.41)	0.164*** (5.80)	0.000297 (1.41)	0.167*** (5.88)	-0.0182*** (-3.43)	0.200*** (8.51)
引进外资	853.8*** (5.83)	-0.303*** (-6.81)	0.0176 (0.22)	-0.230*** (-5.16)	0.00161*** (4.87)	-0.244*** (-5.45)		-0.175** (-2.21)
对外投资	-20.55 (-1.32)	-0.0330*** (-6.97)		-0.0127*** (-5.89)		-0.0400*** (-11.84)	-0.00790*** (-19.53)	0.0111*** (6.16)
引进外资×对外投资	170.8*** (4.85)	0.0459*** (4.28)						

续表

类别	技术水平模型（1）	生产率模型（2）	融资约束模型（3）	生产率模型（4）	市场集中程度模型（5）	生产率模型（6）	吸收能力模型（7）	生产率模型（8）
技术水平		0.0000531*** (22.13)						
融资约束				0.0343*** (7.91)				
对外投资×融资约束				-0.00193* (-1.75)				
市场集中程度						-1.357 (-1.27)		
对外投资×市场集中程度						2.958*** (10.73)		
吸收能力								2.983*** (81.12)
引进外资×吸收能力								0.952*** (8.80)
常数项	-722.0 (-0.58)	-0.0283 (-0.07)	-0.125 (-0.18)	-0.0506 (-0.13)	0.118*** (41.35)	0.0798 (0.20)	0.0416 (0.58)	-0.139 (-0.43)
观测值	20543	20543	20523	20506	20543	20543	20543	20543
时间	是	是	是	是	是	是	是	是
行业	是	是	是	是	是	是	是	是
省份	是	是	是	是	是	是	是	是

注：***、** 和 * 分别表示结果在 1%、5% 和 10% 的水平上显著。

表 6-10 稳健性检验结果 6（行业内外资企业员工数占比表示引进外资）

类别	技术水平 模型（1）	生产率 模型（2）	融资约束 模型（3）	生产率 模型（4）	市场集中程度 模型（5）	生产率 模型（6）	吸收能力 模型（7）	生产率 模型（8）
规模	2.925 (0.26)	0.638*** (187.09)	0.0152** (2.49)	0.634*** (186.55)	-0.0000457* (-1.83)	0.638*** (185.98)	0.0362*** (58.30)	0.510*** (157.81)
资本密集度	0.124*** (150.35)	-0.00000138*** (-3.56)	-4.88e-08 (-0.11)	0.00000524*** (20.82)	1.01e-08*** (5.42)	0.00000519*** (20.51)	0.000000152** (3.19)	0.00000474*** (22.46)
利润	24.67 (1.03)	0.0588*** (8.07)	-0.0515*** (-3.84)	0.0622*** (8.46)	0.0000696 (1.27)	0.0596*** (8.07)	0.0105*** (7.58)	0.0324*** (5.26)
出口	-33.87 (-1.19)	-0.0624*** (-7.23)	-0.00870 (-0.55)	-0.0621*** (-7.12)	-0.000175** (-2.71)	-0.0645*** (-7.37)	-0.00603*** (-3.67)	-0.0509*** (-6.97)
企业年龄	-0.367 (-0.26)	-0.00765*** (-17.65)	0.00216** (2.76)	-0.00806*** (-18.54)	0.0000348*** (10.86)	-0.00752*** (-17.10)	-0.00225*** (-27.49)	-0.00161*** (-4.33)
所有制	488.9*** (5.30)	0.147*** (5.26)	0.0218 (0.42)	0.171*** (6.07)	0.000227 (1.08)	0.174*** (6.12)	-0.0182*** (-3.43)	0.207*** (8.77)
引进外资	548.2*** (5.49)	-0.336*** (-11.10)	-0.00343 (-0.06)	-0.294*** (-9.64)	0.00243*** (10.74)	-0.293*** (-9.55)		-0.265*** (-4.61)
对外投资	-20.47 (-1.23)	-0.0411*** (-8.12)		-0.0115*** (-5.37)		-0.0385*** (-11.41)	-0.00790*** (-19.53)	0.0104*** (5.72)
引进外资×对外投资	114.1*** (4.34)	0.0476*** (5.97)						

续表

类别	技术水平 模型（1）	生产率 模型（2）	融资约束 模型（3）	生产率 模型（4）	市场集中程度 模型（5）	生产率 模型（6）	吸收能力 模型（7）	生产率 模型（8）
技术水平		0.0000534 *** （22.33）						
融资约束				0.0342 *** （7.90）				
对外投资 × 融资约束				−0.00184 * （−1.67）				
市场集中程度						−0.759 （−0.71）		
对外投资 × 市场集中程度						2.908 *** （10.57）		
吸收能力								2.942 *** （80.06）
引进外资 × 吸收能力								0.585 *** （7.36）
常数项	−565.1 （−0.45）	−0.118 （−0.31）	−0.124 （−0.18）	−0.115 （−0.30）	0.119 *** （41.66）	−0.0563 （−0.14）	0.0416 （0.58）	−0.0914 （−0.29）
观测值	20543	20543	20523	20506	20543	20543	20543	20543
时间	是	是	是	是	是	是	是	是
行业	是	是	是	是	是	是	是	是
省份	是	是	是	是	是	是	是	是

注：***、** 和 * 分别表示结果在 1%、5% 和 10% 的水平上显著。

表 6-11 稳健性检验结果 7（行业内外资企业销售额占比表示引进外资）

类别	模型（1）	模型（2）	模型（3）	模型（4）	模型（5）	模型（6）	模型（7）	模型（8）
规模	0.616*** (189.57)	0.621*** (189.50)	0.621*** (188.12)	0.626*** (188.67)	0.620*** (186.96)	0.625*** (187.13)	0.624*** (185.98)	0.629*** (186.32)
资本密集度	0.00000516*** (20.16)	0.00000513*** (20.19)	0.00000525*** (20.50)	0.00000522*** (20.50)	0.00000524*** (20.49)	0.00000521*** (20.48)	0.00000515*** (20.16)	0.00000511*** (20.10)
利润	0.0623*** (8.36)	0.0642*** (8.64)	0.0619*** (8.31)	0.0634*** (8.54)	0.0617*** (8.29)	0.0637*** (8.59)	0.0614*** (8.27)	0.0634*** (8.57)
出口	-0.0667*** (-7.54)	-0.0662*** (-7.52)	-0.0672*** (-7.60)	-0.0660*** (-7.50)	-0.0665*** (-7.52)	-0.0660*** (-7.51)	-0.0687*** (-7.79)	-0.0683*** (-7.78)
企业年龄	-0.00897*** (-20.70)	-0.00863*** (-19.86)	-0.00858*** (-19.59)	-0.00830*** (-18.95)	-0.00854*** (-19.47)	-0.00826*** (-18.83)	-0.00828*** (-18.85)	-0.00799*** (-18.18)
所有制	0.150*** (5.22)	0.154*** (5.39)	0.153*** (5.33)	0.158*** (5.54)	0.152*** (5.29)	0.155*** (5.44)	0.157*** (5.48)	0.161*** (5.66)
引进外资	-0.0308 (-1.04)	0.00297 (0.10)			-0.0352 (-1.19)	-0.00337 (-0.11)	-0.0513* (-1.72)	-0.0151 (-0.48)
上游外资	-0.0815 (-1.33)	-0.0332 (-0.51)			-0.0886 (-1.45)	-0.0410 (-0.64)	-0.184*** (-2.92)	-0.145** (-2.18)
下游外资	0.363*** (5.92)	0.275*** (4.15)			0.350*** (5.72)	0.267*** (4.04)	0.267*** (4.17)	0.168** (2.43)

续表

类别	模型（1）	模型（2）	模型（3）	模型（4）	模型（5）	模型（6）	模型（7）	模型（8）
对外投资			−0.0144*** （−6.64）	−0.0126*** （−5.81）	−0.0140*** （−6.46）	−0.0123*** （−5.68）	−0.0785*** （−10.18）	−0.0803*** （−10.45）
引进外资×对外投资							0.0672*** （7.63）	0.0690*** （7.86）
上游外资×对外投资							0.0923*** （3.58）	0.0938*** （3.65）
下游外资×对外投资							0.127*** （3.07）	0.149*** （3.59）
常数项	−0.114** （−2.48）	−0.0376 （−0.10）	−0.151*** （−3.30）	−0.0675 （−0.17）	−0.162*** （−3.49）	−0.0792 （−0.20）	−0.184*** （−3.95）	−0.102 （−0.27）
观测值	20543	20543	20543	20543	20543	20543	20543	20543
时间	否	是	否	是	否	是	否	是
行业	否	是	否	是	否	是	否	是
省份	否	是	否	是	否	是	否	是

注：***、**和*分别表示结果在1%、5%和10%的水平上显著。

表6-12 稳健性检验结果8（行业内外资企业数占比表示引进外资）

类别	模型（1）	模型（2）	模型（3）	模型（4）	模型（5）	模型（6）	模型（7）	模型（8）
规模	0.620*** (187.74)	0.624*** (187.82)	0.621*** (188.12)	0.626*** (188.67)	0.624*** (185.65)	0.628*** (185.88)	0.629*** (185.34)	0.633*** (185.71)
资本密集度	0.00000518*** (20.26)	0.00000515*** (20.27)	0.00000525*** (20.50)	0.00000522*** (20.50)	0.00000526*** (20.57)	0.00000523*** (20.56)	0.00000514*** (20.13)	0.00000509*** (20.08)
利润	0.0602*** (8.08)	0.0627*** (8.44)	0.0619*** (8.31)	0.0634*** (8.54)	0.0598*** (8.03)	0.0623*** (8.40)	0.0596*** (8.04)	0.0622*** (8.42)
出口	-0.0644*** (-7.28)	-0.0643*** (-7.31)	-0.0672*** (-7.60)	-0.0660*** (-7.50)	-0.0643*** (-7.28)	-0.0643*** (-7.31)	-0.0664*** (-7.53)	-0.0663*** (-7.57)
企业年龄	-0.00897*** (-20.74)	-0.00866*** (-19.97)	-0.00858*** (-19.59)	-0.00830*** (-18.95)	-0.00853*** (-19.51)	-0.00828*** (-18.91)	-0.00826*** (-18.87)	-0.00798*** (-18.23)
所有制	0.161*** (5.62)	0.163*** (5.73)	0.153*** (5.33)	0.158*** (5.54)	0.162*** (5.66)	0.164*** (5.76)	0.168*** (5.89)	0.170*** (6.00)
引进外资	-0.270*** (-6.26)	-0.207*** (-4.49)			-0.259*** (-6.01)	-0.203*** (-4.39)	-0.275*** (-6.34)	-0.213*** (-4.58)
上游外资	-0.280*** (-3.26)	-0.230** (-2.53)			-0.278*** (-3.23)	-0.229** (-2.52)	-0.439*** (-4.94)	-0.397*** (-4.23)
下游外资	0.201** (2.33)	0.150 (1.62)			0.207** (2.39)	0.156* (1.69)	0.0642 (0.70)	-0.00230 (-0.02)
对外投资			-0.0144*** (-6.64)	-0.0126*** (-5.81)	-0.0137*** (-6.35)	-0.0124*** (-5.72)	-0.0857*** (-11.53)	-0.0872*** (-11.77)

续表

类别	模型（1）	模型（2）	模型（3）	模型（4）	模型（5）	模型（6）	模型（7）	模型（8）
引进外资×对外投资							0.106*** （8.54）	0.109*** （8.80）
上游外资×对外投资							0.164*** （4.76）	0.165*** （4.82）
下游外资×对外投资							0.204*** （3.89）	0.225*** （4.29）
常数项	-0.0750* （-1.66）	0.00513 （0.01）	-0.151*** （-3.30）	-0.0675 （-0.17）	-0.126*** （-2.76）	-0.0398 （-0.10）	-0.154*** （-3.35）	-0.0680 （-0.18）
观测值	20543	20543	20543	20543	20543	20543	20543	20543
时间	否	是	否	是	否	是	否	是
行业	否	是	否	是	否	是	否	是
省份	否	是	否	是	否	是	否	是

注：***、**和*分别表示结果在1%、5%和10%的水平上显著。

表6-13　稳健性检验结果9（行业内外资企业员工数占比表示引进外资）

类别	模型（1）	模型（2）	模型（3）	模型（4）	模型（5）	模型（6）	模型（7）	模型（8）
规模	0.627*** （182.97）	0.632*** （183.00）	0.621*** （188.12）	0.626*** （188.67）	0.630*** （181.50）	0.635*** （181.65）	0.636*** （181.03）	0.640*** （181.31）
资本密集度	0.00000517*** （20.28）	0.00000515*** （20.33）	0.00000525*** （20.50）	0.00000522*** （20.50）	0.00000525*** （20.57）	0.00000522*** （20.58）	0.00000515*** （20.22）	0.00000511*** （20.19）

续表

类别	模型（1）	模型（2）	模型（3）	模型（4）	模型（5）	模型（6）	模型（7）	模型（8）
利润	0.0581*** (7.81)	0.0605*** (8.16)	0.0619*** (8.31)	0.0634*** (8.54)	0.0578*** (7.78)	0.0602*** (8.13)	0.0577*** (7.79)	0.0602*** (8.16)
出口	-0.0617*** (-6.99)	-0.0617*** (-7.03)	-0.0672*** (-7.60)	-0.0660*** (-7.50)	-0.0618*** (-7.01)	-0.0618*** (-7.04)	-0.0639*** (-7.27)	-0.0638*** (-7.29)
企业年龄	-0.00854*** (-19.67)	-0.00822*** (-18.89)	-0.00858*** (-19.59)	-0.00830*** (-18.95)	-0.00816*** (-18.62)	-0.00790*** (-17.99)	-0.00780*** (-17.76)	-0.00752*** (-17.11)
所有制	0.167*** (5.85)	0.172*** (6.03)	0.153*** (5.33)	0.158*** (5.54)	0.168*** (5.87)	0.172*** (6.04)	0.173*** (6.09)	0.178*** (6.28)
引进外资	-0.276*** (-9.28)	-0.275*** (-8.61)			-0.265*** (-8.88)	-0.266*** (-8.33)	-0.258*** (-8.63)	-0.252*** (-7.87)
上游外资	-0.310*** (-4.96)	-0.282*** (-4.31)			-0.301*** (-4.81)	-0.274*** (-4.19)	-0.412*** (-6.37)	-0.388*** (-5.72)
下游外资	0.206*** (3.29)	0.160** (2.39)			0.209*** (3.35)	0.164** (2.46)	0.142** (2.13)	0.0828 (1.16)
对外投资			-0.0144*** (-6.64)	-0.0126*** (-5.81)	-0.0124*** (-5.73)	-0.0111*** (-5.12)	-0.0796*** (-10.72)	-0.0808*** (-10.91)
引进外资×对外投资							0.0687*** (7.92)	0.0703*** (8.12)
上游外资×对外投资							0.125*** (5.55)	0.123*** (5.50)

续表

类别	模型（1）	模型（2）	模型（3）	模型（4）	模型（5）	模型（6）	模型（7）	模型（8）
下游外资×对外投资							0.124 *** (3.06)	0.142 *** (3.50)
常数项	-0.141 *** (-3.13)	-0.0687 (-0.18)	-0.151 *** (-3.30)	-0.0675 (-0.17)	-0.185 *** (-4.04)	-0.106 (-0.28)	-0.236 *** (-5.13)	-0.157 (-0.41)
观测值	20543	20543	20543	20543	20543	20543	20543	20543
时间	否	是	否	是	否	是	否	是
行业	否	是	否	是	否	是	否	是
省份	否	是	否	是	否	是	否	是

注：***、** 和 * 分别表示结果在 1%、5% 和 10% 的水平上显著。

表 6-14　稳健性检验结果 10（技术水平指标替换）

类别	引进外资用行业内外资企业销售额占比表示				引进外资用行业内外资企业数目占比表示				引进外资用行业内外资企业员工数占比表示			
	专利流量	生产率	专利存量	生产率	专利流量	生产率	专利存量	生产率	专利流量	生产率	专利存量	生产率
规模	2.392 *** (4.12)	0.629 *** (187.02)	9.248 ** (2.85)	0.629 *** (187.16)	1.822 ** (3.11)	0.630 *** (186.93)	5.411 * (1.65)	0.630 *** (187.12)	2.847 *** (4.78)	0.638 *** (184.12)	11.89 *** (3.57)	0.638 *** (184.23)
资本密集度	0.0000710 (1.62)	0.00000521 *** (20.49)	0.000704 ** (2.87)	0.00000518 *** (20.40)	0.0000683 (1.55)	0.00000523 *** (20.57)	0.000704 ** (2.85)	0.00000520 *** (20.48)	0.0000751 * (1.72)	0.00000523 *** (20.63)	0.000716 ** (2.93)	0.00000520 *** (20.55)
利润	-0.993 (-0.77)	0.0633 *** (8.54)	-5.339 (-0.75)	0.0635 *** (8.57)	-0.889 (-0.69)	0.0622 *** (8.39)	-5.021 (-0.70)	0.0623 *** (8.42)	-0.849 (-0.67)	0.0602 *** (8.14)	-4.963 (-0.70)	0.0603 *** (8.16)
出口	1.569 (1.03)	-0.0677 *** (-7.69)	5.718 (0.67)	-0.0678 *** (-7.72)	1.942 (1.27)	-0.0661 *** (-7.52)	7.885 (0.92)	-0.0663 *** (-7.55)	1.557 (1.03)	-0.0643 *** (-7.34)	5.012 (0.59)	-0.0645 *** (-7.36)

续表

类别	引进外资用行业内外资企业销售额占比表示				引进外资用行业内外资企业数目占比表示				引进外资用行业内外资企业员工数占比表示			
	专利流量	生产率	专利存量	生产率	专利流量	生产率	专利存量	生产率	专利流量	生产率	专利存量	生产率
企业年龄	-0.218 ** (-2.86)	-0.00804 *** (-18.25)	-0.797 * (-1.87)	-0.00802 *** (-18.23)	-0.284 *** (-3.71)	-0.00809 *** (-18.42)	-1.170 ** (-2.74)	-0.00806 *** (-18.38)	-0.195 ** (-2.58)	-0.00765 *** (-17.39)	-0.632 (-1.49)	-0.00764 *** (-17.38)
所有制	2.798 (0.57)	0.159 *** (5.58)	1.075 (0.04)	0.159 *** (5.59)	2.746 (0.55)	0.165 *** (5.81)	0.372 (0.01)	0.166 *** (5.83)	3.324 (0.68)	0.173 *** (6.10)	3.368 (0.12)	0.173 *** (6.11)
引进外资	-8.924 * (-1.66)	-0.0298 (-0.96)	-9.542 (-0.32)	-0.0301 (-0.97)	-9.875 (-1.26)	-0.257 *** (-5.69)	10.13 (0.23)	-0.259 *** (-5.73)	-4.719 (-0.89)	-0.306 *** (-9.98)	-11.73 (-0.40)	-0.306 *** (-9.98)
对外投资	-7.458 *** (-8.37)	-0.0392 *** (-7.59)	14.39 ** (2.89)	-0.0405 *** (-7.85)	-3.452 *** (-4.13)	-0.0338 *** (-7.02)	46.45 *** (9.94)	-0.0363 *** (-7.53)	-10.55 *** (-11.95)	-0.0415 *** (-8.04)	-6.842 (-1.38)	-0.0419 *** (-8.16)
引进外资×对外投资	54.76 *** (39.71)	0.0420 *** (5.03)	146.4 *** (19.01)	0.0400 *** (4.96)	70.87 *** (37.53)	0.0479 *** (4.23)	135.3 *** (12.82)	0.0486 *** (4.45)	60.98 *** (43.85)	0.0496 *** (5.80)	185.4 *** (23.81)	0.0459 *** (5.58)
技术水平（专利流量）		0.0000802 * (1.76)				0.0000997 ** (2.20)				0.0000665 (1.45)		
技术水平（专利存量）				0.0000441 *** (5.40)				0.0000470 *** (5.79)				0.0000422 *** (5.15)
常数项	-20.64 (-0.31)	-0.0912 (-0.24)	-113.1 (-0.30)	-0.0879 (-0.23)	-14.97 (-0.22)	-0.0651 (-0.17)	-75.62 (-0.20)	-0.0631 (-0.16)	-27.16 (-0.41)	-0.146 (-0.38)	-142.7 (-0.38)	-0.142 (-0.37)
观测值	20543	20543	20543	20543	20543	20543	20543	20543	20543	20543	20543	20543
时间	是	是	是	是	是	是	是	是	是	是	是	是
行业	是	是	是	是	是	是	是	是	是	是	是	是
省份	是	是	是	是	是	是	是	是	是	是	是	是

注：***、** 和 * 分别表示结果在 1%、5% 和 10% 的水平上显著。

由表6－6、表6－7和表6－8可知，无论IFDI由何种指标替换均证明IFDI与OFDI交叉项作用显著为正，即在IFDI与OFDI共同作用下促进生产率的提高。由表6－9、表6－10和表6－11可知，IFDI与OFDI共同作用下促进技术水平的提高，后者直接作用于生产率；IFDI使得市场区域集中，在后者的作用下OFDI正向影响生产率；与前文一致的是，IFDI对融资约束的作用较弱，而OFDI不利于吸收能力的提高。由表6－12、表6－13和表6－14可知，IFDI用不同指标衡量并不影响上下游关联效应的作用效果，且上下游IFDI与OFDI的作用均显著为正。由表6－14可知，通过对技术水平替换指标后发现，无论IFDI采取何种指标均不影响IFDI与OFDI通过技术渠道的作用，且不同技术水平测度方法结果保持一致。另外，稳健性检验结果实现控制变量的作用并不会因指标测度方法和样本区间发生变化而改变。由此可知，无论是解释变量、交叉项以及控制变量的结果均表明模型结果稳健、可信。

第四节　结论与浙江启示

本书利用1998～2013年中国工业企业层面数据尝试回答对IFDI与OFDI相结合的经济意义，与以往研究不同的是，本书重点考察IFDI与OFDI共同作用下对企业生产率的影响，除此之外，着重探讨了IFDI与OFDI的直接作用和间接作用机制。研究发现：（1）IFDI与OFDI共同作用有助于生产率的提高；（2）IFDI与OFDI通过直接作用于技术水平提高生产率；（3）IFDI加剧市场集中，市场集中正向调节OFDI与生产率的关系；（4）IFDI缓和了企业的融资约束但作用较弱，宽松融资约束有利于OFDI正向影响生产率；（5）吸收能力有利于IFDI溢出效应的发生，但OFDI抑制了吸收能力的提高。

本书通过深入分析IFDI与OFDI相结合影响生产率的作用机理，较好地揭示了“引进外资”与“对外投资”相结合的政策意义与目的，为这一战略的执行提供理论支持和政策建议。构建开放型经济体的过程中，浙江省应注意“IFDI”与“OFDI”的协调。通过营商环境的优化以及与高标准的国际规则对接等措施，大力引进高质量外资以打通溢出渠道和激励内资企业的进步；

结合省内实际情况进一步优化金融制度，依据国家相关条例逐步开放金融市场，充分发挥外资对融资约束的作用，从而激发融资约束的间接作用；鼓励企业“走出去”的同时，商务厅等相关部门应注重对国际市场经营中各类问题的指导，尤其是文化和制度冲突等，促使企业更好地嵌入东道国和地区市场网络；促进 IFDI 与 OFDI 协同发展，跨国公司和内资企业在同一领域内的国内外两个市场经营能够更为有效地发挥 IFDI 与 OFDI 的作用。

第七章　外资进入速度、制度环境和企业生产率

第一节　引　言

改革开放以来，我国一直致力于扩大对外开放的程度，积极地引进外资。中国的外商直接投资流量从 2002 年的 527.43 亿美元增长到了 2017 年的 1340.63 亿美元，年均增长 10%。并且近期对中国的直接外商投资并未受到中美贸易战的影响，2018 年继续创历史新高，达 1390.44 亿美元①，仅次于美国居全球排名第二位。长期以来，持续优化的营商环境和积极的外资引进政策，使外资进入的速度和规模在逐年攀升。2019 年 3 月，全国人大通过了《中华人民共和国外商投资法》，这将更好的保障外国投资者的权利和知识产权，掀起更高水平的引进外资业务。当前，如何稳定存量外资、吸引新增外资及增强 FDI 溢出效应是一个重要话题。通过研究制度环境对外资溢出作用的影响，能够使我们制定合理的政策，有助于推动制度型对外开放的发展。

在 FDI 溢出理论中已有研究分别从外资与内资企业的静态效应和外资进入过程对内资企业生产率的动态影响两个方面研究了 FDI 的溢出效应和作用效果。在 FDI 溢出静态视角的研究中，大部分学者认为跨国公司可以为东道国和地区内资企业带来正向的溢出效果（liu et al.，2009；Baltabaew et al.，2014；邢天才和黄阳洋，2019），也有部分学者认为 FDI 溢出效应不明显（亓

① 数据来源于《世界投资报告》。

朋等，2008)，或者会带来负向溢出效应（Aitken & Harrison，1999；Herzer，2012)，或者会受到行业间技术差距和投资国别等的影响（许晓娟和智冬晓，2013；Havranek et al.，2011)。基于静态视角中外资对内资企业生产率溢出效应的不一致性，佩尔泽（Perze，1997）首次从理论角度提出了外资进入速度的调节作用。王成岐等（Wang et al.，2012）认为以往的研究是基于外资进入速度不变的假设，但是需要考虑外资进入的快慢程度对 FDI 溢出效果的影响。基于此，钟昌标等（2015）指出外资进入速度负向调节外资和内资企业生产率关系。刘志强（Liu，2008)、沈坤荣和孙文杰（2009）的研究表明短期内外资溢出效应为正，而在较长时期内外资溢出效应为负。但是刘灿雷等（2018）通过双重差分法发现，大规模的外资进入并未恶化内资企业利润率。已有文献主要发现了外资进入速度的负向调节作用，但随着中国营商环境的改善以及中国本土企业竞争力的提高，中国积极的引进外资，中国国内的本土企业是否有能力去适应和利用大规模的外资引进是值得我们思考的。

本书从诺斯（North，1990）制度理论出发，考虑到国内制度环境对 FDI 溢出的影响。在经典理论框架中，往往假设一个国家内制度是具有同质性的。而现实中，一个国家内也会存在着显著的制度环境的异质性（Beugelsdijk & Mudambi，2013)。以中国为代表的新兴经济体正经历着越来越迅速的经济体制和市场导向的制度改革（Park et al.，2006；Wright et al.，2005)。中国的对外开放是渐进式的开放，不同地区由于地理位置、文化差异、政府干预以及开放时间和程度的不同，其制度环境有显著的差别。因此，有必要考虑我国地区制度环境的差异对 FDI 溢出的影响。已有部分文献对这一方面做了研究，比如，李晓颖和孙来洋（Li & Sun，2017）认为地方制度正向影响跨国公司绩效，并且地方制度正向调节企业规模和年龄与跨国公司绩效之间的“U 型”关系。肖树峰和帕克（Xiao & Park，2018）的研究表明地方制度水平负向调节 FDI 溢出和内资企业生产率的关系。蒋殿春和张宇（2008）研究发现在控制制度环境的影响之后，FDI 对内资企业生产率的影响并不显著甚至是负面的，但通过研究交互影响发现，国内制度环境的改善依旧有助于 FDI 发挥积极作用。国胜铁和钟延勇（2014）指出中国转型期间的制度约束，比如对国有企业的优惠和地方保护以及劳动市场的不完善其实是不利于国有企业吸引 FDI 并从中获得技术溢出。

已有文献主要分析了制度环境对 FDI 静态溢出的关系，但是少有文献分析地区制度环境对外资进入过程即外资进入速度和内资企业生产率的影响。制度环境的差异是否会影响到外资动态溢出效应？制度环境的改善是否能使企业适应和利用更快速的外资进入？本章在以往研究的基础上，结合 FDI 溢出理论和制度理论，解决这一问题。本章第二部分为理论机制，第三部分是实证分析，第四部分对文章进行总结，并为我国政府改善营商环境，优化引进外资的制度环境，更好的促进 FDI 正向溢出提出对策建议。

第二节 制度调节下 FDI 进入速度对生产率的作用机理

外资主要是通过示范效应、人员流动效应、关联效应以及竞争效应等途径来作用于内资企业生产率（Spencer，2008）。（1）从示范效应看，随着外资进入速度的提高，跨国公司给内资企业提供了很多的模仿、学习的机会，内资企业具备一定的吸收能力，并且可以有选择的学习外资企业的产品、生产、管理和营销等技术和非技术优势来提升自身的生产率水平（钟昌标和黄远浙，2014）。（2）从人员流动效应看，外资进入速度的提高，使外资企业和内资企业之间的人员流动会更频繁，外资劳动力流入到内资企业会带动外资公司的知识和技术向内资企业转移。（3）从关联效应看，外资进入速度的提高，会促使跨国公司较快的打通上下游企业，形成生产销售网络，较快实现 FDI 的正向溢出。（4）从竞争效应看，外资进入速度的提高会带来竞争程度的进一步提高，改革开放四十年来，我国内资企业无论是生产工艺还是管理水平都有了全面的提高，完全有能力应对一定程度的外部竞争，并且外部竞争的适度提高会刺激内资企业积极提高自身技术水平、改革管理制度，进而提高其生产率水平。

但是当外资进入速度过快，FDI 的负向溢出会显现，内资企业无法适应和利用过快的外资进入速度，将不利于其生产率的提高。德米特（Desmet et al.，2008）指出当外资逐渐进入时、给东道国和地区市场带来的福利比外资的骤然进入要更多。一方面过快的外资进入速度无形中构筑了模仿壁垒（钟昌标等，2015），造成内资企业模仿壁垒的提高，企业受限于吸收能力的限制，在短时间内难以吸收、消化外资溢出效应（钟昌标和黄远浙，2014）。另一方面过快的外资进入速度，会带来内资企业和外资企业间的恶性竞争，跨国公司会抢占东道国和地区市场，也会抢占本土优秀的人力资源，内资企业无法在短时间内提高自身的竞争力从而无法与外资公司抗衡。可见，在一定的范围内，外资进入速度的提高会有利于内资企业生产率的提高，但是当外资进入速度过快则会不利于内资企业生产率的提高。因此我们提出假设1：

假设1：外资进入速度与内资企业生产率之间呈倒“U”型关系，即内资企业生产率随着外资进入速度的提高而增加，当超过某一门槛值时，外资进入速度的进一步提高将负向影响内资企业生产率。

何飞灿（He，2003）以及沃尔德（Walder，1995）认为中国的制度环境有高度的异质性。究其原因，张杰等（2010）认为在中国的对外开放的过程中，中国各个地区改革开放的次序和程度存在着显著的差异以及财税竞争导致了不同省份的地方保护和市场分割。曾萍和吕迪伟（2014）指出中国由于渐进式、分权式的改革方式，使制度环境整体上呈现出传统计划制度与市场制度共存的二元结构，导致了地区制度间明显的差距。地方制度环境的不同，其营商环境有很大不同，会影响外资动态进入的过程以及其和内资企业生产率之间的关系。

良好的制度环境往往意味着该地区较完善的经济发展水平，较完善的知识产权保护体制，较优惠的税收及补贴政策以及较高水平的市场化水平，这不仅有利于地方吸引外商直接投资，且有助于以跨国公司为载体的要素流入，尤其是高端要素的流入，也会刺激跨国企业嵌入东道国和地区生产和销售网络，利用地方制度带来的优势克服“外来者劣势”，实现有效的溢出，从而有效抑制由于外资进入速度过快对内资企业生产率的不利影响。而不佳的制度环境下，和国家一级的制度类似（Chan et al.，2008），跨国公司生产经营活动会面临更大的交易成本以及与政府之间的协调成本。一旦外资进入速度加快，跨国公司更难以融入到地区的制度环境中，会带来FDI的负向溢出，不利于当地企业生产率的提高。因此我们提出假设2：

假设 2：良好的制度环境正向调节外资进入速度对内资企业生产率的作用，而不佳的制度环境负向调节外资进入速度对内资企业生产率的影响。

中国正经历着越来越迅速的经济体制改革，不同所有制的企业在生产经营以及应对外部竞争方面存在着明显的差异。对于国有企业而言，随着外资进入速度的提高，国有企业由于受到地方的保护以及受益于当地的资源网络，其有一定的能力去调整生产经营决策以适应外资的进入并且国有企业可以通过银行贷款优势来引进外资企业的技术以获得技术溢出。但当外资进入速度增加超过某一门槛值，国有企业由于缺乏灵活有效的市场激励和人才激励措施，将缺少时间调整自身的生产经营以适应外部竞争。此外，由于国有企业更多的是依赖政府而不是市场，其本身寻求和利用 FDI 溢出的欲望较少，因此过快的外资进入速度会抑制国有企业生产率的提高，不利于其利用 FDI 溢出效应。而对于非国有企业，随着外资进入速度的提高，会压缩非国有企业的生产空间，导致一部分非国有企业退出市场。但当外资进入速度达到一定水平，能在激励的市场竞争中存活的企业更有一定的能力破除模仿壁垒，并且具备一定的学习能力，能从快速的 FDI 溢出中获益。

此外，在外资进入的过程中，地区制度环境的差异会对不同所有制企业利用 FDI 溢出产生不同的影响。在具有良好的制度环境的地区，意味着该地区拥有公平透明的营商环境，随着外资进入速度的提高，对于国有企业而言，由于制度环境的改善使地区对其减少了政府庇佑和市场保护，将和非国有企业一样，承受巨大的外部竞争，不利用其提高自身的生产率。对于非国有企业而言，良好的制度环境为其营造了一个公平的竞争环境，非国有企业可以利用自身灵活的人才和市场激励措施，来适应较快的外资进入速度，利用 FDI 正向溢出效应提高企业生产率。而在制度环境较差的地区，对于国有企业而言，意味着该地区国有企业受到政府的优惠和地方的保护，国有企业可以利用当地制度优势，从外国进入者那获得技术和知识。对于非国有企业而言，意味着其难得获得贷款支持来引进先进的技术和设备，限制了外资企业对非国有企业的技术溢出，也限制了外资企业具有先进技术和管理经营的人才流入非国有企业。因此我们提出假设 3 和假设 4：

假设 3：外资进入速度与国有企业生产率之间的关系呈倒“U”型，而外资进入速度与非国有企业生产率之间的关系呈“U 型”。

假设 4：良好的制度环境负向调节外资进入速度和国有企业生产率之间的曲线关系，正向调节外资进入速度对非国有企业生产率的曲线关系。而不佳的制度环境正向调节外资进入速度和国有企业生产率之间的曲线关系，负向调节外资进入速度对非国有企业生产率的曲线关系。

第三节　制度调节下 FDI 进入速度对生产率影响的实证研究

一、模型设定和变量说明

本章数据主要来自工业企业数据库，样本区间为 1999 ~ 2012 年，该数据包括了全部的国有企业和主营业务收入超过 500 万元的非国有企业。该数据库数据涉及企业级的关键财务信息，如工业总产值、资本、从业人数、出口值以及成立年份和企业所有权情况等信息。本章根据蔡洪斌和刘巧（Cai & Liu，2009），田巍和余淼杰（2012），李磊等（2018）方法，对该数据库做了如下处理：（1）保留了有营业状态的企业，由于 2001 年的工业企业数据库无表示营业状态变量，我们保留这一年的所有企业样本；（2）删除了企业名称重复的样本数据；（3）剔除了工业总产值、固定资产、流动资产和实收资本缺失或小于 0 的样本数据；（4）剔除了总资产小于流动资产和总固定资产的样本数据；（5）剔除了企业年龄小于 0 的样本数据；（6）剔除了从业人员小于 8 的样本数据；（7）剔除了企业存续期小于 3 年的样本数据；（8）仅保留了二位数行业代码为 14 – 42 的制造业行业数据。

根据理论分析和假设，外资进入速度和内资企业生产率之间可能呈现非曲线关系，根据巴克利等（Buckley et al.，2007），王成岐（Wang et al.，2012）以及钟昌标等（2015）的模型，我们将验证外资进入速度和内资企业生产率的非曲线关系以及进一步考察制度环境对两者的调节作用，具体模型如下：

$$tfp_{i,j,t} = \alpha_0 + \alpha_1 FDI_{j,t-1} + \alpha_2 market_i + \alpha_3 FS_{j,t-1} + \alpha_4 FS^2_{j,t-1} + \beta_x X + D + \varepsilon_{i,j,t} \quad (7-1)$$

$$tfp_{i,j,t} = \alpha_0 + \alpha_1 FDI_{j,t-1} + \alpha_2 market_i + \alpha_3 FS_{j,t-1} + \alpha_4 FS^2_{j,t-1} + \alpha_5 FS_{j,t-1} \times market_i + \alpha_5 FS^2_{j,t-1} \times market_i + \beta_x X + D + \varepsilon_{i,j,t} \quad (7-2)$$

其中，i、j 和 t 分别代表企业、2 位数行业代码及年份；$tfp_{i,j,t}$代表 j 行业中企业的生产率水平。鲁晓东和连玉君（2012）指出全要素生产率估计方法主要有最小二乘估计、固定效应估计、OP 估计及 LP 估计。最小二乘估计和固定效应估计并不能解决同时性偏差问题。莱文森和佩布林（Levinsohn & Pebrin，2003）利用中间投入项作为不可观测的生产要素代理变量解决了该问题。在 LP 方法中，工业增加值是因变量，工业中间投入是代理变量。但是由于本章样本区间为 1999 ~ 2012 年，但工业企业数据库自 2008 年后就没有提高工业增加值和中间品的投入，我们无法用 LP 法计算全要素生产率。因此参照李磊等（2018）的方法，我们使用生产函数法计算企业生产率，并用面板固定效应估计，我们使用的是工业总产值变量，固定资产净值以及年末从业人员数等变量。由于 2008 年以后工业企业数据库缺少固定资产净值变量，参照李磊等（2018）我们用固定资产总值减去折旧代替固定资产净值变量。为了控制固定效应估计带来的同时性偏差问题，我们使用 1999 ~ 2007 年的数据用 LP 方法估计全要素生产率，作为稳健性检验。

主要的解释变量是外资进入速度（$FS_{j,t-1}$）。参照钟昌标等（2015），我们将外资进入速度（$FS_{j,t-1}$）定义为行业内外资水平的增长率，反应外国资本进入我国市场的快慢程度，表达式为 $FS_{j,t-1} \frac{FDI_{i,j,t} - L.FDI_{i,j,t}}{L.FDI_{i,j,t}}$，其中 $L.FDI_{i,j,t}$代表行业层面外资水平的滞后一期。参照艾特肯和哈里森（Aitken & Harrison，1990），我们定义外资水平为外资企业（包括港澳台企业和西方企业）自身资本与实收资本之比，行业内外资水平为行业内企业外资加权所得，表达式为 $FDI_{j,t} = \frac{\sum_{i \in j} fdi_{i,j,t} * Y_{i,j,t}}{\sum_{i \in j} Y_{i,j,t}}$，其中 Y 代表从业人员数。

主要的调节变量（$market_i$），参照肖树峰和帕克（Xiao & Park，2018）采用了樊刚的市场化指数衡量国内制度环境差异。本章我们同样引入各省综合市场化指数（樊纲的市场化指数）衡量制度环境的异质性，代表地方制度环境发展水平的高低。市场化水平越低，说明制度环境越差，政府干预性越大；市场化水平越高，则说明制度环境越好，市场的规则制度越完善。该指数是刻画制度完善程度的客观指标，将制度变量从众多的经济因素中分离出来单独研究，并对其进行量化，市场化指数的构建主要由五方面构成：政府与市场关系、非国有经济的发展、产品市场的发育程度、要素市场的发育程度和市场中介组织的发育和法治环境（樊纲等，2011）。樊纲计算的市场化指数包括的年份为 1997～2009 年，王小鲁等（2016）的市场化指数包括的年份为 2008～2014 年。由于王小鲁等（2016）研究两个版本的市场化指数存在计算方法以及基期选择不同，因此我们不能将两个版本的市场化指数混合。参照俞红海等（2010）的做法，基于地区治理环境的稳定性和延续性，本章我们以樊纲等（2011）中的 1999～2009 年的市场化指数数据平均增长幅度为依据，外推 2010～2012 的市场化指数数据。

此外，X 是影响企业全要素生产率的一系列控制变量，包括企业规模、企业年龄、劳动生产率、企业债务状况、出口交互值、吸收能力和外资水平。企业年龄用观测值所取年份减去企业成立年份表示，企业规模用企业总资产取对数表示，劳动生产率用工业销售产值除以从业人员数表示，企业债务状况用企业负债合计除以总资产表示，出口交货值用出口交货值除以工业总产值表示，吸收能力参照吉尔玛（Girma，2005）定义为企业全要素生产率与行业中最高全要素生产率的相对值表示。D 表示年份、行业虚拟变量，用来控制年份、行业特征对实证结果的影响（这里行业指二分位行业代码）。表 7－1 为主要变量的相关系数矩阵，总体来说变量间的相关系数比较低，且各变量的方差膨胀因子均小于 5，因此数据不存在严重的多重共线性。

二、实证检验和结果分析

在回归分析中，为验证制度环境对外资进入速度和企业生产率的调节作用

表 7－1　主要变量相关系数矩阵

类别	模型（1）	模型（2）	模型（3）	模型（4）	模型（5）	模型（6）	模型（7）	模型（8）	模型（9）	模型（10）	模型（11）
企业生产率	1.000										
吸收能力	0.834	1.000									
企业年龄	−0.256	−0.138	1.000								
企业规模	0.463	0.345	0.099	1.000							
劳动生产率	0.287	0.218	−0.050	0.115	1.000						
出口参与度	−0.059	−0.014	−0.074	0.032	−0.030	1.000					
负债状况	−0.117	−0.102	0.139	0.005	−0.018	−0.036	1.000				
外资水平	−0.028	−0.094	−0.114	−0.004	−0.015	0.285	−0.040	1.000			
市场化指数	0.283	0.051	−0.344	0.072	0.055	0.168	−0.054	0.212	1.000		
外资进入速度	−0.001	−0.023	0.039	0.030	−0.001	−0.025	0.012	0.020	−0.023	1.000	
外资进入速度的平方	0.005	−0.003	0.003	0.006	0.002	0.003	−0.004	0.053	−0.007	0.762	1.000

以及确保实证结果的稳健性。本章在控制企业吸收能力、企业年龄、企业规模、劳动生产率、出口参与度、负债状况、外资水平和市场化指数等因素的基础上，逐步引入外资进入速度、外资进入速度的平方、外资进入速度和市场化指数的交互项以及外资进入速度的平方和市场化指数的交互项，同时文章所有模型均包括年份、行业虚拟变量（由于篇幅所限，未在表7－2～表7－4中列出）。

从表7－2～表7－4可以看出，吸收能力的系数显著为正，说明企业吸收能力对内资企业生产率有显著的积极影响（Békés et al.，2009）。企业年龄系数比较小，在模型中既有显著的也有不显著的，说明企业年龄并不是提高企业生产率的一个主要变量（Girma，2005）。企业规模对企业生产率有显著的促进作用（Buckley et al.，2006）。劳动生产率的系数显著为正，但是系数比较小，说明劳动生产率促进企业生产率的提高但是其促进作用不大。除了表7－2中模型（1）和模型（2）出口参与度的系数不显著，其他模型中其系数均显著为负，结合中国的实际情况，中国出口主要以劳动密集型产品为主，外资企业的出口行为主要利用了中国劳动力成本优势并没有将技术转移给企业，因此内资企业的出口行为并未带动其生产率的提高（钟昌标和黄远浙，2014）。企业债务状况的系数比较小，既有显著的也有不显著的，企业的债务状况不是影响企业生产率的主要因素。表7－2～表7－3中行业的外资水平系数均显著为正，说明外资水平正向影响企业生产率。但表7－4中行业的外资水平变量除了模型（1）负向显著外，其他模型均正向但不显著。市场化指数系数均显著，说明制度环境的提高对企业生产率有积极的促进作用。

1. 内资企业总体回归结果

从表7－2模型（3）可知，外资进入速度对内资企业生产率的作用呈倒“U”型，与假设1相符。可以根据哈斯等（Haans et al.，2016）判断倒“U”型的标准进行判断，我们发现：（1）模型二次型系数显著为负。（2）外资进入速度在样本区间内最小值和最大值时系数显著且与倒“U”型最左端和最右端的斜率方向一致（最小值时系数为0.01764，最大值时系数为－0.00640）。（3）临界值在样本区间内（总样本有1444714个观测值，其中位于临界值左边的观测值有929880个，位于临界值右边的观测值有514834个）。

由此可以判断，外资进入速度和内资企业生产率之间呈倒“U”型的关系。

将市场化指数（表示制度环境的变量）加入到模型后（表7-2中模型（4）和模型（5））发现，外资进入速度与市场化指数的交互项以及外资进入速度的平方和市场化指数的交互项均显著，说明市场化指数能调节外资进入速度和内资企业生产率之间的曲线关系。为了进一步确定市场化指数的作用效果，我们借鉴胡斯等（Hus et al.，2015）的方法，我们取市场化指数的均值减一个标准差、市场化指数均值和市场化指数均值加上一个标准差分别代表较差的制度环境、一般的制度环境和较好的制度环境，来观察市场化指数即制度环境的调节作用。从图7-1可以看出，m1代表较差的制度环境（市场化指数均值减一个标准差表示），这时外资进入速度与内资企业生产率之间存在倒“U”型的调节关系，一旦外资进入速度的增加超过某一临界值，其对企业生产率的负向作用开始显现。m2代表一般的制度环境（市场化指数均值表示），此时的临界值向右移动，说明制度环境的改善使外资进入速度对内资企业生产率的负向作用较晚显现。m3代表较好的制度环境（市场化指数均值加一个标准差表示），此时的制度环境使外资进入速度对内资企业生产率呈正向促进作用。图7-1说明制度环境正向调节外资进入速度和内资企业生产率的关系，假设2成立。

表7-2　　制度环境的调节作用

类别	模型（1）	模型（2）	模型（3）	模型（4）	模型（5）
吸收能力	9.093*** (1926.54)	8.707*** (1297.31)	8.707*** (1297.31)	8.708*** (1297.38)	8.708*** (1297.40)
企业年龄	-0.000402*** (-6.41)	-0.000520*** (-6.38)	-0.000520*** (-6.38)	-0.000517*** (-6.35)	-0.000517*** (-6.35)
企业规模	0.0614*** (110.09)	0.0668*** (83.24)	0.0668*** (83.23)	0.0668*** (83.20)	0.0668*** (83.18)
劳动生产率	0.00001000*** (90.30)	0.0000122*** (76.80)	0.0000122*** (76.80)	0.0000122*** (76.78)	0.0000122*** (76.78)
出口参与度	-0.0345*** (-26.08)	-0.00680*** (-3.03)	-0.00679*** (-3.03)	-0.00678*** (-3.02)	-0.00677*** (-3.02)

续表

类别	模型（1）	模型（2）	模型（3）	模型（4）	模型（5）
债务状况	0.00900*** (8.73)	-0.0192*** (-11.98)	-0.0192*** (-11.98)	-0.0192*** (-11.98)	-0.0192*** (-11.98)
外资水平	0.356*** (35.41)	0.788*** (45.02)	0.786*** (44.75)	0.791*** (45.02)	0.795*** (45.16)
市场指数	0.0244*** (38.77)	0.0218*** (21.51)	0.0218*** (21.51)	0.0221*** (21.81)	0.0222*** (21.88)
外资进入速度		0.0128*** (10.49)	0.0160*** (8.13)	0.0472*** (9.60)	0.0663*** (9.44)
外资进入速度的平方			-0.000885** (-2.05)	-0.00123*** (-2.83)	-0.00749*** (-4.41)
外资进入速度×市场化指数				-0.00392*** (-6.93)	-0.00646*** (-7.39)
外资进入速度的平方×市场指数					0.000850*** (3.81)
常数	-0.291*** (-25.71)	1.259*** (65.26)	1.260*** (65.28)	1.254*** (64.94)	1.253*** (64.84)
观测值	1086894	686290	686290	686290	686290

注：***、**和*分别表示结果在1%、5%和10%的水平上显著。

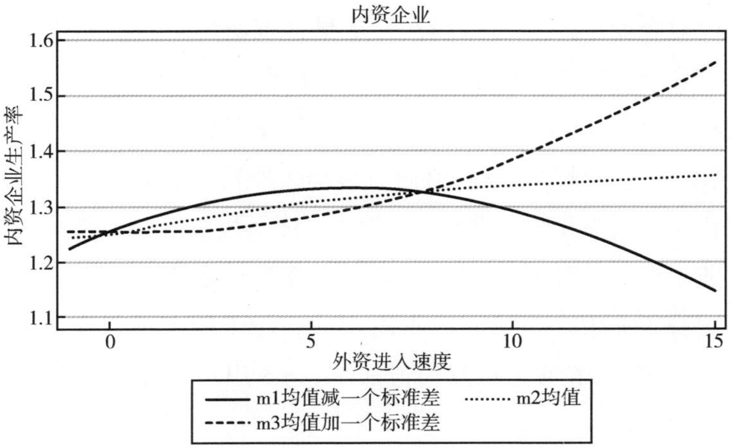

图7－1　制度环境调节作用拟合

2. 内资企业所有制分样本回归结果

内资企业按照所有制分为国有企业和非国有企业（包括集体企业和私营企业等），以考察企业所有制对制度环境调节作用的影响。表 7 – 3 中模型（1）～模型（3）代表国有企业的回归结果，模型（4）～模型（6）代表非国有企业的回归结果。对于国有企业和非国有企业，在模型（1）和模型（4）中，外资进入速度的系数均显著为正。模型（2）和模型（5）中，引入外资进入速度的平方，平方项系数不显著。究其原因，在中国等转型经济国家中，FDI 溢出机制会受到国内制度环境的严重制约，特别是在我国改革开放的大部分时期里，我国国内制度环境是相对不完善的，而对于不同所有制的企业，国有企业因国内地方制度的“过分保护”而限制了其学习空间的提高，非国有企业则因长期受到地方制度的限制影响了其发展空间（蒋殿春和张宇，2008）。但是在模型（3）和模型（6）中，引入了外资进入速度及其平方和市场化指数的交互项后，交互项均显著，并且模型中外资进入速度平方项显著，说明制度环境还是可以调节国有企业及非国有企业中外资进入速度和企业生产率之间的曲线关系。通过考察图 7 – 2，对于国有企业，m1 代表制度环境较差时，外资进入速度和企业生产率呈“U”型关系；但是当 m2 代表制度环境一般时，外资进入速度的提高最终会抑制企业生产率的提高；并且 m3 代表制度环境较好时，临界值向左移动，说明制度环境的改善，使外资进入速度对企业生产率的抑制作用更早显现。说明制度环境负向调节外资进入速度和国有企业生产率之间的曲线关系。对于非国有企业，m1 代表制度环境较差时，外资进入速度和企业生产率呈倒“U”型关系；但是当 m2 代表制度环境一般时，临界值向右移动，外资进入速度的提高对企业生产率抑制作用会较晚显现；并且 m3 代表制度环境较好时，外资进入速度的提高对企业生产率的抑制作用不会显现。说明制度环境正向调节外资进入速度和非国有企业生产率之间的曲线关系。（m1 用市场化指数均值减一个标准差表示，m2 用市场化指数均值表示，m3 用市场化指数均值加一个标准差表示）。

表 7－3　　不同所有制下制度环境的调节作用

类别	国有企业			非国有企业		
	模型（1）	模型（2）	模型（3）	模型（4）	模型（5）	模型（6）
吸收能力	9.604 *** (572.53)	9.604 *** (572.45)	9.604 *** (572.43)	8.553 *** (1175.28)	8.553 *** (1175.28)	8.554 *** (1175.38)
企业年龄	0.000184 (0.93)	0.000185 (0.93)	0.000182 (0.92)	-0.000603 *** (-6.69)	-0.000603 *** (-6.69)	-0.000601 *** (-6.67)
企业规模	0.0619 *** (20.14)	0.0619 *** (20.15)	0.0619 *** (20.14)	0.0682 *** (81.12)	0.0682 *** (81.11)	0.0681 *** (81.07)
劳动生产率	0.0000160 *** (22.56)	0.0000160 *** (22.56)	0.0000160 *** (22.56)	0.0000125 *** (74.91)	0.0000125 *** (74.91)	0.0000124 *** (74.88)
出口参与度	-0.00319 (-0.39)	-0.00317 (-0.39)	-0.00325 (-0.40)	-0.00683 *** (-2.93)	-0.00683 *** (-2.93)	-0.00681 *** (-2.92)
负债状况	-0.00290 (-1.00)	-0.00290 (-1.00)	-0.00289 (-0.99)	-0.0242 *** (-12.80)	-0.0242 *** (-12.80)	-0.0242 *** (-12.79)
外资水平	0.953 *** (16.53)	0.957 *** (16.51)	0.951 *** (16.41)	0.768 *** (41.66)	0.766 *** (41.44)	0.777 *** (41.91)
市场化指数	0.0398 *** (15.98)	0.0398 *** (15.98)	0.0394 *** (15.73)	0.0164 *** (14.77)	0.0164 *** (14.77)	0.0168 *** (15.14)
外资进入速度	0.0106 *** (2.72)	0.00686 (1.02)	-0.0353 * (-1.71)	0.0130 *** (10.14)	0.0153 *** (7.40)	0.0718 *** (9.23)
外资进入速度的平方		0.00109 (0.69)	0.0115 ** (2.34)		-0.000638 (-1.40)	-0.00762 *** (-3.98)
外资进入速度×市场化指数			0.00692 ** (2.17)			-0.00710 *** (-7.45)
外资进入速度的平方×市场化指数			-0.00171 ** (-2.25)			0.000872 *** (3.54)
常数项	-0.675 *** (-13.57)	-0.675 *** (-13.58)	-0.672 *** (-13.50)	1.409 *** (67.73)	1.410 *** (67.75)	1.401 *** (67.28)
观测值	55940	55940	55940	630350	630350	630350

注：***、** 和 * 分别表示结果在 1%、5% 和 10% 的水平上显著。

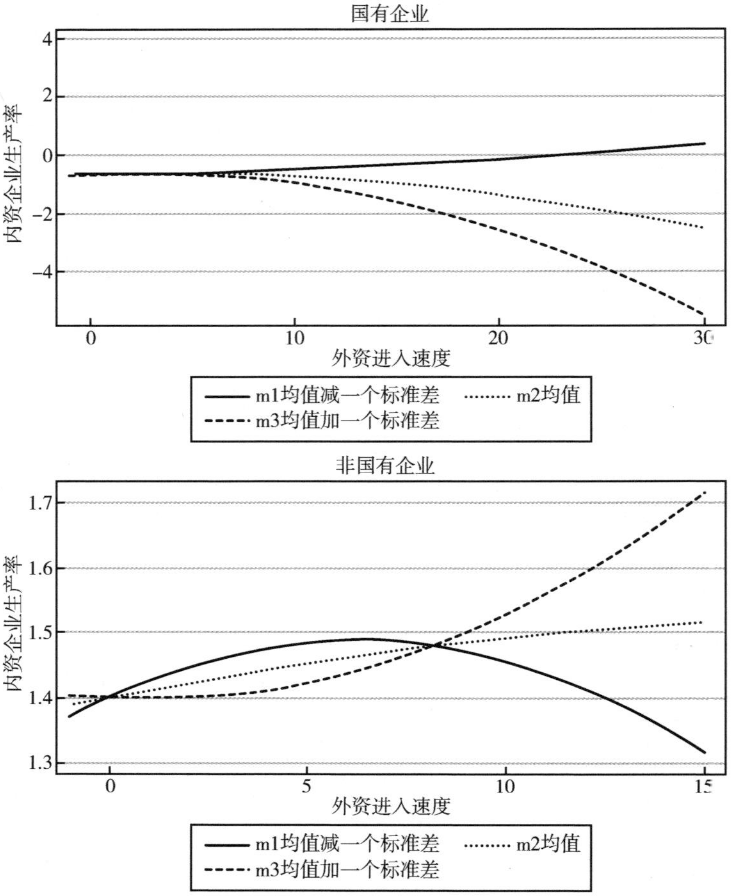

图 7－2　不同所有制下制度环境调节作用拟合

3. 稳健性检验

我们借鉴李磊等（2018），考虑工业企业数据中主要变量的获取问题，我们使用 1999～2007 年工业企业的数据，采用莱文森和佩布林（Levinsohn & Pebrin，2003）、鲁晓东和连玉君（2012）等的方法，用 LP 法估计内资企业的全要素生产率代替前文 FE 方法估计的内资企业生产率。稳健性检验如表 7－4 所示，外资进入速度的平方项显著为负，说明外资进入速度和内资企业生产率之间呈倒“U”型关系，外资进入速度及其平方项和市场化指数的交互项均显著，说明制度环境的调节作用是存在的，稳健性检验的结果基本和前文保持一致。进一步看制度环境调节作用的稳健性，如图 7－3，m1 代表较差的制度环境（市场化指数均值减一个标准差表示），m2 代表一般的制度环境（市场化指数均值表示），m3 代表较好的制度环境（市场化指数均值加一个标准差表示），随着制度环境的改善，临界值向右移动，外资进入速度越高对企业生产率的负向作用会越晚显现。图 7－3 说明制度环境正向调节外资进入速度和内资企业生产率之间的倒“U”型关系，证实了制度环境调节作用的稳健性。

表 7－4　　稳健性检验

类别	模型（1）	模型（2）	模型（3）	模型（4）	模型（5）
吸收能力	14.32*** (874.44)	14.38*** (815.26)	14.38*** (815.50)	14.38*** (815.75)	14.38*** (815.96)
企业年龄	0.000410 (1.61)	0.000457 (1.58)	0.000451 (1.56)	0.000445 (1.54)	0.000443 (1.54)
企业规模	0.0339*** (11.65)	0.0298*** (9.40)	0.0298*** (9.39)	0.0297*** (9.36)	0.0297*** (9.36)
劳动生产率	0.00000905*** (9.45)	0.0000102*** (9.69)	0.0000101*** (9.63)	0.0000101*** (9.64)	0.0000102*** (9.67)
出口参与度	-0.0414*** (-3.46)	-0.0435*** (-3.40)	-0.0443*** (-3.46)	-0.0442*** (-3.46)	-0.0441*** (-3.45)
债务状况	0.00564 (0.76)	0.00575 (0.72)	0.00563 (0.70)	0.00527 (0.66)	0.00542 (0.68)
外资水平	-0.485*** (-5.61)	0.129 (1.29)	0.0953 (0.95)	0.111 (1.11)	0.117 (1.17)
市场指数	0.0238*** (6.24)	0.0338*** (7.35)	0.0338*** (7.36)	0.0347*** (7.54)	0.0351*** (7.64)
外资进入速度		0.0102** (2.42)	0.0390*** (5.40)	0.147*** (7.22)	0.273*** (8.26)
外资进入速度的平方			-0.00658*** (-4.92)	-0.00637*** (-4.76)	-0.0478*** (-5.51)
外资进入速度×市场化指数				-0.0146*** (-5.68)	-0.0312*** (-7.27)

续表

类别	模型（1）	模型（2）	模型（3）	模型（4）	模型（5）
外资进入速度的平方×市场指数					0.00545 *** （4.83）
常数	0.517 *** （8.31）	0.989 *** （13.77）	0.995 *** （13.86）	0.983 *** （13.69）	0.977 *** （13.61）
观测值	92352	78434	78434	78434	78434

注：*** 、** 和 * 分别表示结果在 1% 、5% 和 10% 的水平上显著。

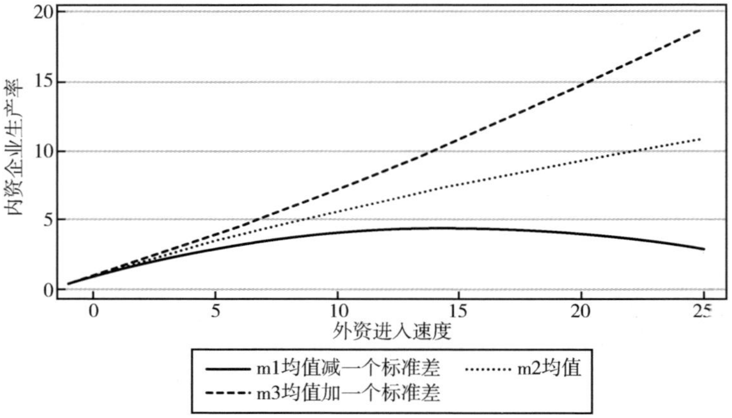

图 7－3 制度环境稳健性检验拟合

第四节 结论和浙江启示

本章利用 1999～2012 年中国工业企业面板数据考察了外资进入速度和内资企业生产率之间的关系，重点考察了制度环境对外资进入速度和内资企业生产率的调节作用，进一步扩展和丰富了 FDI 溢出理论和制度理论。研究发现：（1）外资进入速度与内资企业生产率之间呈倒“U”型关系。（2）良好的制度环境正向调节外资进入速度和内资企业生产率之间的关系，而不佳的制度环境负向调节外资进入速度和内资企业生产率之间的关系。（3）考虑企业所有制差异后，外资进入速度与国有企业和非国有企业之间的关系不确定，但是加入制度环境调节后，发现良好的制度环境负向调节外资进入速度和国有企业生产率之间的曲线关系，正向调节外资进入速度和非国有企业的曲线关系。最后本章用 LP 法计算了企业生产率进行稳健性检验，结果表明制度环境对外资进入速度和内资企业生产率之间关系的调节作用是比较稳健的。

本章的研究结果为中国以及浙江省的进一步改革开放，尤其是优化营商环境提出了政策建议。政府需要意识到短时间内过快的吸引外资，可能会抑制内资企业生产率的提高。但是通过改善地区制度环境，可以使内资企业适应较快的外资进入速度以及较好利用较快的外资进入速度带来的正向溢出效应。因此政府不仅要确保外资进入速度在一个合理的范围，更要把政策的着力点放在制度环境的改善上，政府可以通过放宽市场准入，保护外资企业的知识产权，健全市场体制等措施营造法治化、国际化、便利化营商环境，以高水平的对外开放促进企业生产率的提高以及经济的高质量发展。在中国进一步改革开放的过程中，浙江省制度环境不断在改善，对于国有企业而言可能会面临更大的内外部的冲击，国有企业应该抓住新一轮改革的契机，改善企业管理制度和经营体制才能更好地利用 FDI 溢出效应。

第八章　对外直接投资速度与企业绩效：基于吸收能力视角分析*

第一节　引　言

在市场自由化的推动下，国际化越来越成为企业发展的重要战略，而对外直接投资作为企业国际化的最主要方式，与企业的实质利益更是密切相关。自2005年商务部放宽对企业外向投资的审批以来，企业对外直接投资呈现出“爆发式”增长的趋势，即在2005年投资金额同比增长达122.9%，并在2015年超越日本成为世界第二投资大国且实现资本的净输出。根据商务部最新公布的统计数据，2016年中国非金融类对外直接投资更是达到了1701.1亿美元，同比增长44.1%。事实上，对外投资规模的持续扩大，反映了企业加速进入国际市场。其中，1970~2015年共有6479家企业持续开展海外投资①，占对外直接投资企业的20.86%，这无疑提供了新的中国素材。如，中国水电建设集团国际工程有限公司，同时在已有市场和新市场投资，仅在2007年一年间就投资了40次，截至2015年已投资111次。

传统的国际经济学理论，无论是邓宁的国际生产折衷理论、海默的垄断优势理论还是（Johanson & Vahlne，1977）的Uppsala模型，均认为企业国际

---

* 本章主要成果已发表：魏凡，黄远浙，钟昌标. 对外直接投资速度与母公司绩效：基于吸收能力视角分析［J］. 世界经济研究，2017（12）：94－103，134.

① 企业对外投资统计数据来自于商务部公布的《境外企业（机构）投资名录》。

化是一种连续事件、渐进式过程，需要循序渐进。然而反观目前国内企业的加速国际化行为，似乎难以从以上传统理论中得出解释。另外，与中国企业的高速扩张相比，中国企业的经营绩效并没有得到快速提升。由此，这种以往未受到过多关注的“中国事实”是否会对企业绩效产生影响，对外投资速度快慢产生的作用效果究竟如何，作用机理又怎样，亟待进一步研究。

第二节　文献综述

已有研究多是从静态视角分析对外直接投资（OFDI）与企业绩效的关系，发现不同的投资模式、投资动机对母国企业出口、产出、就业等绩效产生不同的影响（Georgopoulos et al.，2009；Cozza et al.，2015；杨亚平和吴祝红，2016 等）。也有少数学者在研究国际化扩张时发现了二者之间更为复杂的关系。如杰林格等（Geringer et al.，1989）发现在不同的国际化阶段中企业在其发展中的作用效果有所差异，总体来看国际化与企业绩效之间的关系呈现出倒“U”型。然而，卡帕和科塔比（Capar & Kotabe，2003）在服务行业的研究却截然相反，他们的实证结果表明国际化阶段与企业绩效之间的关系为“U 型”。此外，也有文献表明国际化与绩效存在“S 型”曲线关系（Contractor et al.，2003）。

值得注意的是，在进一步的研究中有学者发现，在国际化动态扩张的过程中，国际化的快慢对于企业的经营也是十分重要的。如扎赫尔（Zaheer，1995）和常海金和李杰（Chang & Rhee，2011）的研究表明多个国际化模式、快速扩张市场更有利于克服外来者劣势，提高企业的投资回报率；也有学者基于投资组合理论角度分析，发现投资多个国家的 OFDI 模式可以从投资组合的增长和转换中获取更多利润，从而其绩效要优于“渐进式”投资模式（Li et al.，2007），克莱格（Clegg et al.，2016）利用中国企业数据也支撑了以上观点。

然而，也有学者发现企业参与国际化的速度与绩效并不能始终保持一致性。如维美伦和巴克马（Vermeulen & Barkema，2002）的实证研究表明国际化速度本身对绩效并不存在影响，但速度的加快会负向调节子公司数量与绩效之间的正向关系，即速度越快，子公司数量越多，企业绩效反而较低，进而导致子公司越难以生存（Jiang et al.，2014）。而王成岐（Wang et al.，2004）、杨金玉等（Yang et al.，2016）、加西亚·加西亚等（García-García,）、江瑞华等（Jiang et al. 2017）则认为国际化速度对母公司绩效的影响是非线性的，二者的关系往往呈现为倒“U”型，即较慢的企业国际化速度有利于提高成本效率，较快的国际化速度反而会导致企业价值损失。

事实上，造成以上研究结论不一致的原因，可能在于二者之间的关系会受到企业内部或外部因素的影响，不同国别的企业有不同的文化、技术水平、行业异质性以及东道国和地区市场，这些差异将导致 OFDI 速度与绩效关系有所不同。如常海金和李杰（Chang & Rhee，2011）、格舍夫斯基等（Gerschewski et al.，2015）以及加西亚·加西亚等（García-García et al.，2017）均发现在高强度的行业全球化压力下，竞争效应使得较快的海外投资速度有利于提高企业绩效，而企业的内部能力（研发强度、广告强度、知识水平等）也在其中发挥着显著的正向调节作用。

从对国内外学者相关研究的梳理中可以看出，已有文献就对外直接投资与母公司绩效的关系作了一定程度的探索，但具体研究中国企业 OFDI 速度与绩效的文献少之又少。需要特别指出的是，无论是研发强度、广告强度，抑或是知识水平等，其实都是企业吸收能力的具体表现。吸收能力作为企业的一种动态能力，与竞争优势紧密相连，吸收能力越强的企业，对外界环境的经营掌握能力也就越强，同时也会削弱外部不利因素对 OFDI 速度与绩效关系的负面影响，即本书认为在作用于 OFDI 速度对母公司绩效影响的企业内部能力因素中，吸收能力是至关重要的，但遗憾的是已有研究往往容易忽略或是片面分解这一因素。因此，本书将从吸收能力视角重点分析中国企业 OFDI 速度对其绩效的具体影响，并从经济学角度对其进行解释。

第三节　吸收能力调节下 OFDI 速度对绩效影响的作用机理

企业通过在东道国和地区设立子公司或并购当地厂商等形式，得以和本土企业、政府机关、研发机构等建立联系，并从中获取自身所缺乏的资源、先进技术知识、管理经验以及前沿信息等。在此基础上，海外子公司或研发机构等通过跨国公司内部机制，将已得的经验知识和信息反馈回母公司，母国公司加以消化、整合、再创新，并运用到加工生产环节中，参与国内市场竞争。据此，我们提出假设1。

假设1：对外直接投资有利于提高母公司绩效。

一方面，企业在扩展国外市场时，不仅需要时间对每个国际化决策进行筛选、完善，还需要时间将国外资源纳入企业网络中整合（Tsai，2000）。因此，母公司作为投资主体，其经营绩效一方面取决于海外市场子公司的经营状况，另一方面也取决于技术知识等资源在国内的转化利用情况。从外向投资过程来看，短时间内跨国公司缓慢进入东道国和地区更有可能会对母公司绩效产生积极的影响。首先，子公司有足够的时间克服外来者劣势，学习东道国和地区其他企业的产品、管理方法、生产和营销技巧等，吸收技术或非技术优势，适应整个全新的市场环境，制定合适的市场战略。其次，子公司将所得资源反馈回母公司以及母公司的吸收获取均属于时期现象，母子公司之间的接触学习越充分，OFDI逆向溢出效应也越容易产生。因此，在阶段内投资速度的适当减缓有利于跨国公司的后续管理，从而进一步提高自身竞争优势。

相反地，一方面，企业以较快的速度进入东道国和地区市场，往往会产生时间压缩不经济效应①（Dierickx & Cool，1989），由于不具备所有权优势，新兴经济体企业以较快的速度开展海外投资，难以在短期内根据自己的投资经验做出精准的投资决策。子公司在海外市场也会承担更多的“新加入者成本”和“外来者成本”，外来者劣势加上不断增加的时间压力会导致执行国际化决策更加困难，必不可少的组织重构和适应也就无从实现。另一方面，投资所产生的回报一般并不能立时显现，企业在一笔海外投资还未实现部分或全部利润时，紧接着进行下次投资或者进入不同的东道国和地区，这种较快的OFDI速度表面上是海外市场的不断扩张，但实际上由于动态变化的国际环

① 经济学中时间压缩不经济理论认为一个组织把巨大的人力、财力压缩投入到一个较短的时期内，与把这些人力、财力分散投入到一段较长的时间内相比显得不经济。

境以及母公司有限的认知范围和管理水平，往往会产生事倍功半的结果。因此，在特定时期内企业海外投资速度越快，也越容易受时间压缩不经济的影响，从而产生负面效应。据此，提出假设2。

假设2：OFDI速度对母公司绩效的调节作用为倒“U”型，当海外投资速度较低时，母公司绩效随着投资速度的提高而上升，但当海外投资速度达到一定水平后，投资速度进一步上升对母公司绩效的正向效果开始下降。

子公司在海外市场汲取经验知识只是母公司从对外直接投资过程中获得逆向溢出效应的必要非充分条件，更重要的在于逆向溢出效应还受到经济主体即母公司吸收能力的限制，其关键在于母公司能否对传递回国的经验知识进行有效的消化吸收、转化和再创新。一般来说：（1）吸收能力强的企业自身知识储备较为深厚，对知识的敏感性较强，学习能力和整合能力越强，在投资速度较快时越能快速识别和判断有用的知识，获得新的学习优势，并对学习成果加以消化吸收及整合，有利于降低快速OFDI的负面效应；（2）吸收能力强的企业，其自身具有较高的社会融入程度、开放程度以及市场把握程度，往往对外界环境的反应较为灵敏，所以当企业以较快的速度进入东道国和地区市场，特别是在进入文化、政治等差异较大的东道国和地区时，相对于其他企业更能够快速与当地市场制度相融合，更快适应不断变化的新环境，并且积极利用环境中的机会，捕捉到利基市场（niche market），在一定程度上降低了外来者劣势和制度成本；（3）吸收能力强的企业，专利、产权等无形资产比重较大，在较快的投资情况下，可以充当企业面临下滑和破产风险的缓冲器，同时反映出的高技术水平，也能够抵御快速投资所产生的部分风险。据此，我们提出假设3。

假设3：吸收能力负向影响OFDI速度对母公司绩效的调节作用，即吸收能力越高的企业，能够在一定程度上削弱OFDI速度过快对绩效的不利影响。

国有企业退出机制相对滞后，对市场反应较为迟钝，缓慢进入国际市场产生的竞争效应较弱，并不会威胁低效企业继续在国际市场经营，而随着海外投资速度的不断加快，则会迫使低效企业另寻出路，由此国有企业绩效得以提高。此外，国有企业对外投资的背后往往有政府参与的因素存在，受到政府各项政策和制度的优惠较多，往往可以从非市场渠道获得竞争资源，如此一来，这些优惠和支持不仅可以弥补国有企业竞争优势的不足，还能够抵消快速投资东道国和地区所带来的市场风险和其他不利因素。

相对于国有企业而言，非国有企业市场化程度较高，更注重自身绩效。投资速度提高时，非国有企业可以通过其高吸收能力来获取逆向溢出效应，而投资过快时所面临的国际市场竞争压力也会增大，在时间压缩不经济效应的作用下，部分非国有企业可能会被挤出东道国和地区市场或被迫缩小国内经营规模以弥补海外市场损失。此外，无论是国有企业还是非国有企业，都能够通过其吸收能力对投资速度的调节过程产生影响，即吸收能力越强，抵御投资速度过快带来的负面影响作用越大。据此，提出假设4。

假设4：OFDI速度与国有企业绩效关系表现为“U型”，对非国有企业绩效的调节作用呈现倒“U”型关系。无论是国有企业还是非国有企业，吸收能力均负向影响速度与绩效的关系。

第四节　吸收能力调节下OFDI速度对绩效影响的实证分析

一、模型设定和变量说明

本书数据来自中国工业企业数据库和历年境外企业（机构）投资名录，需要指出的是，鉴于目前OFDI企业层面数据可得性较差，将《境外企业（机构）投资名录》与工企数据库匹配兼并是OFDI微观层面研究的常规做法（毛其淋和许家云，2014）。基于谢千里等（2008）、钟昌标等（2015）的做法，本书对合并数据进行了如下处理：（1）删除了合并数据中某些变量的零观测值，如工业增加值、固定资产合计、实收资本、职工数等于0的观测值；（2）删除合并后的中间投入、工业总产值、实收资本、固定资产合计、职工数缺失的观测值。最后样本期缩短至2004～2007年，保留了383574家企业，全样本观测值为921866，其中OFDI企业观测值为1629。

1. 全要素生产率的测算

生产率的测算通常包括人均劳动生产率和全要素生产率，但由于劳动生产率无法衡量资本对于产出的贡献，因此越来越多的研究开始将全要素生产率作为生产率的衡量依据。本书对企业绩效的考察也主要是基于微观企业全要素生产率这一指标。鲁晓东和连玉君（2012）指出全要素生产率估计的主流方法中用的比较多的有最小二乘估计（索洛残值）、固定效应估计、OP 方法以及 LP 方法。其中，最小二乘估计和固定效应估计存在内生性问题，未能解决同时性偏差，而 OP 方法由于不能估计投资变量为“零值”的样本，其效果也未必理想。莱文森和彼得林（Levinsohn & Petrin，2003）则用中间投入品作为生产率的代理变量解决了上述问题。考虑到本书使用的数据情况，我们采用 LP 方法进行全要素生产率的测算。

参考鲁晓东和连玉君（2012）的做法，将工业增加值作为因变量，工业中间投入是代理变量，资本存量按$I_t = K_t - K_{t-1} + D_t$进行测算。其中，I 为投资，K 为固定资产总值，D 为固定资产折旧。与此同时，所有价格均调整为以 1995 年为基期的不变价格，不变价格工业增加值和工业中间投入根据各省工业品出厂价格指数进行平减，不变价格资本存量根据固定资产投资价格指数进行调整，所有价格指数均来自各年度《中国统计年鉴》，劳动要素投入采用企业年平均从业人数。

2. OFDI 速度的测算

具有争议的观点主要集中在国际化速度的界定上。从物理学角度看，速度表示物体运动的快慢，等于位移与发生位移所用时间的比值。基于此，界内学者关于国际化速度的定义也是从时间维度展开，维梅伦和巴克马（Vermeulen & Barkema，2002）是首先比较全面界定这一概念的作者，他们认为国际化速度表现为一定时间内企业海外扩张的子公司数量均值，均值越大，速度越快。也有不少学者认为企业第一次国际化距企业成立的时间即为该企业的国际化速度（Oviatt & McDougall，2005；Luo et al.，2005）。常海金和李杰（Chang & Rhee，2011）进一步补充，认为国际化速度表明企业在多长时间内能够到达的特定国际化水平，即定义国际化速度为企业第一次 FDI 开始时每年新进入东道国和地区的平均 FDI 数量。考虑到本书所用数据情况，在参考常海金和李杰（Chang & Rhee，2011）的基础上，定义 OFDI 速度为特定时段内企业投资次数的数量变化，反映了企业对外投资的快慢程度。考虑到企业投资的间断性和数据的平稳性，投资速度具体表现为将企业初始投资次数与特定时间段（当期距初始投资年份的时长）的比值作为权数，再加上企业当期投资次数，数学表达式为$Speed_{i,j,t}=\frac{inv_c_{i,j}}{year-year_min+1}+inv_no_{i,j,t}$。其中，i、j 和 t 分别代表企业、二位行业代码和统计年份，inv_c 为企业初始投资次数，inv_no 为企业当期投资次数，year_min 为企业初始投资年份，将 Speed 定义为企业对外投资速度的代理变量，Speed 数值越大，说明企业对外直接投资的速度越快。表 8－1 列示了部分企业对外投资次数情况。

表 8－1　　1970～2015 中国企业对外直接投资次数（部分）

投资次数	企业数目	投资次数	企业数目	投资次数	企业数目
1	24574	11	29	31	3
2	3941	12	12	……	……
3	1180	13	16	55	2
4	506	14	12	57	1
5	284	15	10	60	1
6	157	……	……	61	1
7	82	22	7	63	1
8	61	23	4	83	1
9	50	24	2	86	1
10	46	……	……	111	1

注：数据来自于商务部公布的《境外投资企业（机构）名录》；考虑到排版等原因，在不影响说明的情况下，只列示了部分内容。

3. 模型设定

本书结合巴克利等（Buckely et al.，2007）与王成岐等（Wang et al.，2012）研究中的模型，做进一步扩展，具体如下：

$$TFP_{i,j,t}=\alpha_0+\alpha_1\,ofdi_{j,t}+\alpha_2X+D+\varepsilon_{i,j,t} \tag{8-1}$$

$$TFP_{i,j,t}=\alpha_0+\alpha_1Speed_{j,t}+\alpha_2Speed_{j,t}^2+\alpha_3Absorb_{j,t}\times Speed_{j,t}+\alpha_4Absorb_{j,t}\times Speed_{j,t}^2+\alpha_5X+D+\varepsilon_{i,j,t} \tag{8-2}$$

其中，i、j 和 t 分别代表企业、二位行业代码和时间。模型（8－1）为考察对外直接投资对企业绩效的具体影响，模型（8－2）在模型（8－1）基础上重点考察对外直接投资速度对企业绩效的调节作用，根据前文理论分析，OFDI速度可能存在非线性影响，因此引入速度的平方项，以检验是否存在曲线效应，并且在模型（8－2）加入吸收能力Absorb与速度Speed的交互项，以验证假设3是否成立。参照吉尔玛（Girma，2005）和钟昌标等（2015）的做法，我们将吸收能力定义为企业全要素生产率与行业中平均全要素生产率的相对值Absorb。

此外，X是影响企业绩效的一系列控制变量，包括企业年龄（Age）、人力资本（Hc）、外资比例（Fdi）、资产负债率（Lev）、出口参与度（Export）、企业规模（Size）等。企业年龄等于观测值当期与注册时间之差，人力资本用人均工资取对数表示，外资比例用港澳台资本、外商资本之和比上实收资本表示，资产负债率为流动负债与流动资产之比，出口程度为出口交货值与工业总产值之比，企业规模则用固定资产合计的对数形式表示。表8－2为主要变量的相关系数矩阵，总体来说相关系数较低，且平均方差膨胀因子为1.7小于5，因而变量间不存在严重的多重共线性问题。

表8－2　　主要变量相关系数矩阵

变量	TFP	Speed	$Speed^2$	Absorb	Size	Hc	Age	Export	Fdi	Lev
TFP	1.000									
Speed	0.170	1.000								
$Speed^2$	0.134	0.838	1.000							
Absorb	0.889	0.121	0.088	1.000						
Size	0.785	0.135	0.121	0.659	1.000					
Hc	0.433	0.124	0.131	0.330	0.415	1.000				
Age	0.287	−0.018	−0.005	0.251	0.383	0.101	1.000			
Export	−0.163	0.023	0.002	−0.114	−0.202	−0.075	−0.119	1.000		
Fdi	−0.018	−0.004	−0.001	−0.007	−0.051	0.100	−0.113	0.267	1.000	
Lev	−0.140	−0.048	−0.029	−0.113	−0.029	−0.092	0.008	0.026	−0.102	1.000

二、实证检验和结果分析

1. OFDI 对母公司生产率影响的实证分析

我们在控制企业层面变量的基础上展开分析。由表 8－3 可以看出，企业规模和人均工资系数显著为正，意味着二者均有利于提高企业绩效，具体来看，企业规模越大，越能够应对国际市场的变化，缓冲市场风险的能力也就越强。类似地，人力资本雄厚，也侧面反映出优秀企业的组织能力，从而有利于提高绩效。此外，企业年龄的系数显著为负，这一点与吉尔玛（Grima，2005）的研究结果一致，成立时间越长的企业成长越慢。而出口程度系数显著为负，表明我国企业并不存在"出口中学效应"（苏振东和洪玉娟，2013），由于加工贸易等方式的存在，单纯追求出口密集度并不能促进企业生产率提高。就外资比例与负债率而言，两者对企业生产率起抑制作用，具体来讲，单纯地增加外资数量并不是企业生产率提高的一个原因，而资产负债率越高，可用于生产的流动资金越少，企业破产风险和财务压力越大，越不利于提高企业绩效，即资产负债率实际上扮演着企业海外投资资金指示器的角色。吸收能力的系数显著为正，说明吸收能力对企业绩效提高产生显著的积极影响。

从上述总体分析可以看出，本书所选取的控制变量对企业生产率的影响较大。由此，我们将 OFDI 作为虚拟变量纳入至模型中，即令参与过对外直接投资的企业 OFDI＝1，反之 OFDI＝0，以考察是否参与 OFDI 对企业生产率有无影响，这也是本书研究的基础。由模型（2）结果可以看出，OFDI 系数值显著为正，表明对外直接投资有利于促进企业生产率的提高，即假设 1 成立。

事实上，上述的基础分析由于缺少对外投资定量指标，会存在一定偏误，并不能真实反映 OFDI 与企业绩效的关系。基于此，本书接下来将采用倾向得分匹配方法（PSM），在以上控制变量的基础上，对 OFDI 与非 OFDI 企业绩效表现做进一步的比较研究。

表 8-3　　OFDI 对母公司绩效的影响

变量	模型（1）	模型（2）
Ofdi		0.0780*** (9.32)
Size	0.0657*** (115.46)	0.0644*** (107.88)
Hc	0.1002*** (146.28)	0.1013*** (145.37)
Age	-0.0024*** (-10.02)	-0.0026*** (-10.02)
Export	-0.0447*** (-52.67)	-0.0343*** (-41.04)
Fdi	-0.0316*** (-24.46)	-0.0356*** (-27.06)
Lev	-0.0036** (-2.24)	-0.0004** (-2.27)
Absorb	5.3177*** (723.06)	5.9546*** (2312.80)
常数项	-0.5523*** (-147.11)	-0.5410*** (-139.22)
行业效应	是	是
地区效应	是	是
年份效应	是	是
观测值	921866	921866
R^2	0.9311	0.9295

注：***、**和*分别表示结果在1%、5%和10%的水平上显著。

有关 PSM 研究的方法比较多，比如最近邻匹配、卡钳匹配、核匹配、最优匹配、精密匹配等。以往研究中最常用的是最近邻匹配方法，我们采用该方法并以 1:3 进行匹配，并在此基础上计算其平均处理效应（Average Treatment Effect on the Treated，ATT），匹配结果如表 8-4 所示。

表 8-4　　基于最近邻匹配方法的 ATT 值比较

变量	样本	参与组	控制组	差值	标准差	t 值
TFP	匹配前	7.2534	7.0862	0.1672	0.0366	4.57
	匹配后（ATT）	7.2534	7.1787	0.0747	0.0423	1.77

从上述匹配结果看，当企业的全要素生产率作为被解释变量时，ATT 值为 0.0747，且在 10% 的水平上通过了显著性检验，即表明对外直接投资有助于企业提高生产率。相比较于未匹配前的组间差值 0.1672，可以得知表 8-3 的结果可能会高估对外直接投资对企业绩效的影响。但总体来看，企业参与海外投资对其绩效提高起积极作用，与已有研究结论一致。

2. OFDI 速度对母公司生产率调节作用的实证分析

在假设 1 成立的基础上，本书继续对 OFDI = 1 的企业展开分析，重点考察企业以不同的 OFDI 速度走出国门，是否会对其生产率产生影响，稳健性结果见表 8-5。在表 8-5 中的模型（1）、模型（2）先后引入 OFDI 速度一次项及二次项，并控制行业、省份、年份的固定效应。首先由模型（1）结果不难看出，投资速度一次项 Speed 系数为 0.0599，且通过 1% 的显著性检验，表明投资速度对企业生产率的提高起正向调节作用。由前文理论假设，考虑到投资速度可能存在非线性影响，因此我们在模型（2）中继续引入投资速度的二次项 $Speed^2$，结果显示，Speed 系数为正，$Speed^2$ 系数显著为负，且对比模型（1）和模型（2）发现，非线性模型要优于线性模型（2）中的 R^2 且大于模型（1）中的 R^2，因此本书认为模型（2）更可取，即意味着 OFDI 速度对企业生产率的调节作用呈现为倒“U”型。可见企业在开展对外直接投资时，并不是越快越好，投资速度对企业生产率的正向调节作用存在“度”的限制，与假设 2 相符。主要原因在于，当 OFDI 速度处于低水平时，略微提高投资速度有利于增加企业的国外学习机会，获取技术、市场等资源从而有利于自身进步，提高生产率，但当 OFDI 速度超过某一临界值后，速度的进一步加快无形中构筑了模仿壁垒。短时间内，企业不仅难以对所处市场环境加以准确分析和判别，同时也无法快速消化吸收已得资源，并将其转化成提高生产率所必需的要素，从而使得速度对企业生产率的正向效果开始下降甚至为负。

表 8-5　　OFDI 速度对母公司绩效的调节作用

变量	模型（1）	模型（2）	模型（3）	模型（4）
Speed	0. 0599 *** (3. 25)	0. 0938 *** (3. 05)	0. 0945 ** * (2. 98)	0. 0930 ** * (3. 02)
Size	0. 2622 *** (19. 55)	0. 2621 *** (19. 55)	0. 2586 *** (19. 18)	0. 2585 *** (19. 19)
Hc	0. 3022 *** (7. 87)	0. 3044 *** (7. 90)	0. 3020 *** (7. 86)	0. 3016 *** (7. 85)
Age	-0. 0001 (-0. 06)	-0. 0001 (-0. 04)	-6. 69e-06 (-0. 00)	-4. 85e-06 (-0. 00)
Export	-0. 0516 (-1. 12)	-0. 0534 (-1. 16)	-0. 0578 (-1. 26)	-0. 0574 (-1. 25)
Fdi	-0. 0818 (-1. 50)	-0. 0809 (-1. 48)	-0. 0761 (-1. 41)	-0. 0764 (-1. 42)
Lev	-0. 1585 *** (-5. 49)	-0. 1579 *** (-5. 46)	-0. 1546 *** (-5. 41)	-0. 1546 *** (-5. 41)
$Speed^2$		-0. 0022 * (-1. 74)	-0. 0022 * (-1. 73)	-0. 0021 * (-1. 70)
Absorb	3. 8787 *** (25. 96)	3. 8731 *** (25. 95)	3. 9820 *** (26. 22)	3. 9846 *** (26. 22)
Speed × Absorb			-2. 4065 *** (-3. 63)	-2. 2714 ** (-3. 00)
$Speed^2$ × Absorb				-0. 0569 (-0. 49)
常数项	-1. 7763 *** (-11. 17)	-1. 8027 *** (-11. 24)	-1. 8697 *** (-11. 62)	-1. 8694 *** (-11. 62)
行业效应	是	是	是	是
地区效应	是	是	是	是
年份效应	是	是	是	是
观测值	1629	1629	1629	1629
R^2	0. 6730	0. 6733	0. 6763	0. 6764

注：***、** 和 * 分别表示结果在 1%、5% 和 10% 的水平上显著。

为检验企业吸收能力对 OFDI 速度的调节作用是否存在影响，本书先后在模型（3）、模型（4）中引入吸收能力与投资速度的交叉项 Speed × Absorb、吸收能力与投资速度平方的交叉项 $Speed^2$ × Absorb，并进行数据的中心化处理，以削减误差。由结果可以看出，吸收能力与速度的交互项、吸收能力与速度平方项的交互项系数均为负，意味着吸收能力对速度与生产率的倒“U”型关系存在负向调节作用。则假设 3 成立，亦即吸收能力较强的企业，更易于突破过快投资所带来的模仿壁垒，从而有利于削弱速度过快对企业绩效的不利影响。具体来讲，吸收能力强的企业由于自身知识储备、技术等已处于较高水平，相对于吸收能力弱的企业，在慢速投资阶段可获有用资源受限，投资速度对生产率的影响亦较弱。反之，当处于投资速度较快阶段时，吸收能力越强的企业一方面更能迅速适应新市场环境，缩短内部整合优化时间，另一方面也更易于突破过快投资所带来的模仿壁垒，从而有利于削弱速度过快对企业绩效的不利影响，这一点与加西亚·加西亚（García-García，2017）的研究结论一致，国际化经验（即属于吸收能力）将会使国际化速度与企业长期绩效的倒“U”型曲线更加扁平化。综上，吸收能力负向影响 OFDI 速度的调节作用，吸收能力越强的企业，其投资速度与生产率之间的倒“U”型曲线越趋于平坦。

按母公司所有制类型不同可分为国有企业和非国有企业，并分别进行回归分析，考察所有制异质性对于 OFDI 速度调节作用的影响，主要回归结果如表 8－6 所示。从模型（1）～模型（8）可以看出，速度对国有企业和非国有企业的生产率都具有正向影响，但是在引入 OFDI 速度的平方项后，可以发现，速度的平方项对非国有企业生产率存在负向影响，但对国有企业生产率的影响并不显著，即 OFDI 速度与非国有企业的生产率之间存在倒“U”型的非线性关系，而速度对国有企业生产率的倒“U”型调节作用较弱，原因可能在于国有企业的对外投资多为政策导向，一定程度上规避了海外投资风险。此外，在继续引入速度与吸收能力的交互项以及速度平方项与吸收能力的交互项后，吸收能力均负向调节国有企业和非国有企业投资速度与生产率的关系。这一点与假设 4 相符。

表 8-6　　不同所有制结构下 OFDI 速度的调节作用

变量	国有企业				非国有企业			
	模型（1）	模型（2）	模型（3）	模型（4）	模型（5）	模型（6）	模型（7）	模型（8）
Speed	0.1345* (1.79)	0.3419* (1.92)	0.3924** (2.25)	0.3878** (2.18)	0.0684** (2.96)	0.1289*** (3.51)	0.1304*** (3.46)	0.1294** (3.52)
Age	0.0088 (1.60)	0.0089 (1.61)	0.0090 (1.60)	0.0090 (1.58)	-0.0030 (-1.57)	-0.0029 (-1.53)	-0.0030 (-1.55)	-0.0030 (-1.55)
Size	0.235*** (3.80)	0.2360*** (3.80)	0.2256*** (3.55)	0.2256*** (3.53)	0.374*** (28.79)	0.3739*** (28.81)	0.3736*** (28.75)	0.3736*** (28.74)
Export	-0.1386 (-0.47)	-0.1367 (-0.46)	-0.1470 (-0.49)	-0.1422 (-0.46)	-0.0114 (-0.20)	-0.0146 (-0.26)	-0.0143 (-0.25)	-0.0141 (-0.25)
Fdi	0.5264 (0.79)	0.5635 (0.82)	0.6796 (1.08)	0.6881 (1.07)	-0.0194 (-0.29)	-0.0185 (-0.28)	-0.0134 (-0.20)	-0.0137 (-0.20)
Hc	0.4238** (3.02)	0.4347** (3.10)	0.4213** (3.02)	0.4203** (3.00)	0.3006*** (6.76)	0.3057*** (6.85)	0.3009*** (6.73)	0.3007*** (6.72)
Lev	-0.2105 (-1.04)	-0.1975 (-0.99)	-0.1780 (-0.90)	-0.1787 (-0.90)	-0.2278*** (-6.09)	-0.2267*** (-6.04)	-0.2251*** (-5.97)	-0.2252*** (-5.97)
$Speed^2$		-0.0461 (-1.49)	-0.0513 (-1.67)	-0.0505 (-1.61)		-0.0038** (-2.54)	-0.0038** (-2.51)	-0.0037** (-2.50)
Absorb	4.524*** (7.54)	4.5759*** (7.51)	4.6411*** (7.53)	4.6456** (7.49)	3.0874*** (6.50)	3.0948*** (6.54)	3.6773*** (6.70)	3.6869*** (6.71)
Speed × Absorb			-4.7121* (-1.92)	-4.3876* (-1.93)			-2.3647** (-2.49)	-2.2878** (-2.29)
$Speed^2$ × Absorb				-0.0689* (-1.78)				-0.0377* (-1.74)
常数项	-2.700*** (-3.79)	-2.9289*** (-3.84)	-2.8649*** (-3.73)	-2.8657*** (-3.70)	0.9045*** (5.01)	0.8458*** (4.66)	0.8574*** (4.59)	0.8588*** (4.71)
行业效应	是	是	是	是	是	是	是	是
地区效应	是	是	是	是	是	是	是	是
年份效应	是	是	是	是	是	是	是	是
观测值	92	92	92	92	1537	1537	1537	1537
R^2	0.7137	0.7167	0.7223	0.7223	0.5161	0.5171	0.5195	0.5195

注：***、** 和 * 分别表示结果在 1%、5% 和 10% 的水平上显著。

第五节 结论与浙江启示

本书利用2004~2007年中国工业企业数据库和商务部境外投资企业（机构）名录兼并的数据，从微观企业层面对中国境外投资展开分析。与众多研究对外投资与母国企业绩效的文献不同，本书除了研究对外直接投资与母公司绩效的关系之外，还重点分析对外直接投资速度的调节作用，进一步拓展了国际投资理论的研究方向。经验研究结果表明：（1）对外直接投资对母公司生产率存在显著的正向影响；（2）对外直接投资速度对所有企业绩效的调节作用呈现倒“U”型；（3）吸收能力负向影响投资速度与企业绩效间的倒“U”型曲线，在对不同所有制企业进行分样本回归后也得到了一致的结论；（4）对外直接投资速度对不同所有制企业生产率的调节作用相似，均表现为倒“U”型，但对国有企业绩效的调节作用要弱于非国有企业。

上述结果对中国以及浙江省企业“走出去”有一定借鉴意义。首先，就浙江省而言，本书认为浙江省政府应该通过一系列优惠政策推动企业走出国门，参与国际市场竞争以提升在全球价值链中的地位，但政策着力点更应放在海外投资速度的调控上，避免企业盲目过快投资。其次，不同类型企业的监管力度和方向应该有所差异，“一刀切”的政策不利于跨国企业从中获益。对于国有企业而言，通过进一步推动市场化改革以增强其市场竞争能力，合理引导部分落后或低效企业退出国有领域，实现市场投资主体的多元化，以减轻和缓解时间压缩下投资速度过快对企业产生的负面效果；对于非国有企业，应加大监管力度，必要时采取引导和其他措施限制其过快进入东道国和地区市场，以避免更大的国际市场冲击。最后，企业自身能力至关重要，在国际化背景下，只有自身过硬才能抵御市场冲击，因此要求企业通过增加研发投入，引进优秀人才等方式提升吸收能力，以此将过快的投资速度对生产率的负面影响降到最低。

第九章　对外直接投资宽度、东道国和地区发展水平与企业创新*

第一节　引　言

随着经济全球化程度的提高，跨国公司在国际市场中的地位愈发重要。中国作为世界上具有代表性的发展中国家，其企业对外直接投资行为成为国内外学者研究的重点。近年来，中国企业对外直接投资发展速度大大提升，投资规模不断扩大，截至2016年，中国实现了由资本净输入国到净输出国的转变，对外投资金额达到1961.5亿美元，同比增长34.7%。与此同时，我们发现中国企业对外直接投资时不仅在同一国家多次投资，投资东道国和地区也朝着多元化方向发展。2003年底，中国对外直接投资企业已经分布在全球139个国家或地区，占全球国家或地区的60%；截至2016年底，中国境内投资者在境外设立的企业范围更是扩大到全球190个国家或地区①。在中国企业不断“走出去”的过程中，子公司海外扩散程度会越来越多元化，也会越来越复杂，这种企业在新市场“开疆拓土”（对外直接投资宽度扩大）的行为能否给企业创造价值，以及创造何种价值十分值得深入探究。

在科技高度发达的今天，创新能力强是企业在国际舞台上竞争的必要保

---

* 本章主要成果已发表：尹静宜，叶劲松．对外直接投资宽度、东道国和地区发展水平与企业创新［J］．中国发展，2018，18（5）：39－45．

① 企业对外投资统计数据来自于商务部公布的《境外企业（机构）投资名录》。

障。现阶段，中国经济发展面临诸多问题，经济增长方式和产业结构亟须转型和升级，政府着手从供给侧改革出发，而企业作为供给侧改革的主体，其创新能力的提升是改革成功的关键。企业创新的提升主要有两个途径，一方面企业内部自主研发促进创新发展，另一方面则得益于外部技术溢出。对于发展中国家的企业而言，对外直接投资的逆向技术溢出效应是推动企业创新的重要途径。随着近几年中国企业在不同东道国和地区的投资发展，海外投资宽度的扩大对企业创新是否能够产生影响，以及产生怎样的影响亟待研究。

第二节　文献综述

关于对外直接投资的研究起源已久，传统对外直接投资理论主要关注投资行为本身，学者们深入研究对外直接投资的动因、区位选择以及影响因素等方面。随着经济全球化的进一步发展，传统的对外直接投资理论对企业国际化的一些新变化的解释显得力不从心，越来越多的学者将注意力放在对外直接投资行为能给投资母国、东道国和地区带来怎样的影响上，尤其是对企业创新的影响。

已有的研究多是从不同层面分析对外直接投资行为对企业创新的影响作用，菲利佩蒂等（Filippetti et al.，2016）利用40个国家的数据验证了OFDI对以专利所代表的创新呈正向影响；还有学者从中国省级层面研究发现对外直接投资对创新产生积极的促进作用（李梅和金照林，2011；沙文兵，2012；Li et al.，2016）；很多学者基于企业层面的研究也都证实了OFDI对企业创新的影响是正向的（Chen et al.，2012；Wu et al.，2015；赵春恒和岳中刚，2015；李梅和余天娇，2016），其中毛其淋和许家云（2014）验证了OFDI能够促进企业创新，并且这种促进作用具有持续性。此外，李思慧和于津平（2016）的研究证实了通过逆向溢出机制企业的对外直接投资行为对创新投入起到促进作用。

关于企业对外直接投资宽度对创新影响的研究不多见。跨国公司选择在多个不同的市场中经营，即本书所讨论的扩大对外直接投资宽度，通过对企业获取和利用各种资源的能力产生影响，改变企业创新。在现有研究中，学者们多是从知识或国际化网络结构的空间布局角度来解释对外直接投资宽度的作用。创新是不同要素的产出集，当企业拥有较为广阔的国际化宽度时，其能在多国经营中从不同市场获得知识并将其结合，多种互补性知识的储存有利于提高创新能力（Kafouros et al. ，2012）。有学者从研发国际化角度分析了研发国际化对企业创新的影响，结果发现研发国际化宽度与企业创新绩效之间存在“U 型”关系，研发国际化宽度到达临界值后克服成本使得企业创新绩效提高（Hsu et al. ，2015）；而卡福罗斯等（Kafouros et al. ，2015）的研究发现知识网络结构宽度对创新的非线性作用呈倒“U”型；还有研究指出由于学习的深度对企业创新来说仍然很重要，过大的宽度可能会使组织成本和边际成本增加，边际收益递减，也即随着宽度的增加，来自不同地区所组成的全球知识库所带来的优势会逐渐减少（Leiponen & Helfa，2010）。

值得注意的是，企业对外直接投资宽度对创新产生的不同影响可能是由于多方面原因造成的，如企业自身吸收能力、技术水平、投资动机以及投资东道国和地区等方面的差异。投资东道国和地区的选择在一定程度上意味着企业在对外投资时对市场潜力和环境、人力资本、自然资源等因素的选择，因此有学者的研究表明中国 OFDI 逆向技术溢出应区分发达国家、新兴经济体与发展中国家。陈昊和吴雯（2016）探究了 OFDI 的国别差异对母国技术进步的影响，结果表明投资于发达国家时主要通过消化吸收研发要素和成果促进母国技术进步，而投资于转型及发展中国家时未能获得逆向技术溢出。

梳理上述文献发现，已有的研究关于对外直接投资对企业创新能够产生何种影响进行了一定探索，但并未关注企业对外直接投资海外子公司分布的网络结构对企业创新的影响作用，因此本书着重研究了对外直接投资宽度对企业创新的影响，并将投资东道国和地区的发展水平考虑在内，这对探究如何提升中国企业国际竞争力具有重要的现实意义。

第三节　东道国和地区发展水平调节下 OFDI 宽度对创新影响的作用机理

跨国公司在进行对外直接投资时，能够通过在不同国家或地区开展投资行为（调整对外直接投资的宽度）改变其对国际市场资源和知识的获取范围以及利用能力，从而影响到企业创新。当企业对外直接投资在少数国家分布时，即企业投资宽度处于较低水平时，对企业创新存在以下积极的影响机制：（1）创新平台互补机制。通过在不同国家开展投资活动，跨国公司能够接触到国际市场异质性的知识库，给母公司提供吸收不同元素的机会，从而增加企业发现新的有价值组合的可能性，利用这种全球知识库对企业内部同质化的知识和技术互相补充，促进企业创新的发展。（2）创新研发分摊机制。企业海外投资宽度的扩张能够利用投资东道国和地区的知识存量分摊母公司的研发成本，还可以在多个市场经营增加运营灵活性，分摊企业创新的风险。（3）创新资源流动机制。一方面在海外市场投资活动的扩张能够促进人力资本的流动，而人力资本能够帮助企业吸收消化国外市场的知识技术，因此人力资本的流动同时带动了知识技术在不同海外子公司之间的流动；另一方面，企业创新离不开资金支持，投资宽度增加能够使企业享受到规模经济带来的利润回报，为创新活动提供了资金保障。

然而，企业对外直接投资宽度并不是越大越好，当超过一定范围时，投资宽度对企业创新带来的负面作用会超过以上优势，从而对企业创新发展产生了消极的影响。企业在对外直接投资的过程中面临着投资宽度（在多个陌生市场投资）和深度（集中于少数几个市场投资）的权衡，当投资宽度越大时，则意味着企业牺牲了投资深度为代价。企业将投资范围扩大得更广使得自身资源分配被分散，投资战线过长导致难以集中深度挖掘个别市场的潜力，企业创新的机会成本随之增加。此外，投资宽度的过度扩张使企业面临严峻的外来者劣势，企业需要不断适应多个不同市场的制度和规则，花费更多精力熟悉投资东道国和地区的市场环境，导致企业创新的沉没成本增加，因此本书认为投资宽度对企业创新发展存在一个“度”的限制。据此，本书提出假设1。

假设1：对外直接投资宽度对企业创新产生非线性影响，呈倒“U”型结构，即当对外直接投资宽度较低时，企业创新随着投资宽度的增大而增加；当对外直接投资宽度达到一定临界值后，企业创新随着宽度的进一步增大而减少。

发达国家是世界先进知识和技术的源头，在研发投入和产出、人力资本、知识存量和技术水平等方面都具有明显优势。投资东道国和地区的选择隐含着企业投资动机的选择，中国作为极具代表性的新兴经济体，与发达经济体相比存在显著的技术差距，因此向发达国家投资的一个主要动机即吸收学习当地的先进知识和技术。当企业在多个发达国家进行投资时，能够给企业带来一定优势，一方面发达国家拥有深厚的知识储备、前端技术以及先进的人才，跨国公司能够有效利用东道国和地区互补的知识存量为企业的自主研发带来便利、节约研发成本。通过学习国际市场的技术前沿和开发东道国和地区先进的人才资源促进母公司创新发展；另一方面发达国家具有一系列完备的制度和规则，在知识产权保护、政府治理等方面成就显著，这种完善的制度为跨国公司海外子公司在海外的学习和研发提供了政策支持。且发达国家的市场经济发展水平更高，市场壁垒较小，政府干预程度较低，为跨国公司在海外运营创造了良好的市场环境，促进知识、技术和人才在不同市场之间的自由转移和流动，为母公司创新发展建立了共享平台。在发达国家这种优质的制度和市场环境下，对外直接投资宽度的增加能够带来范围经济。据此，本书提出假设2。

假设2：当投资东道国和地区是发达国家时，对外直接投资宽度对企业创新产生正向影响作用，即企业创新随着投资宽度的增大而增大。

发展中国家在经济、技术方面发展水平较低，与发达国家存在一定差距，但发展中国家也拥有一些独特优势，如廉价的劳动力、丰富的自然资源和广阔的市场等，从而吸引大量跨国公司选择到发展中国家开展投资行为。当跨国公司海外投资宽度处于较低水平时，企业在发展中国家的投资宽度增加，能够为企业创新带来较大的边际收益，其促进作用主要体现在下列三个方面：

(1) 与发达国家相比，发展中国家具有和中国相近的制度和文化距离，当在多个发展中国家投资时企业在相似的环境中面临更小的生存压力和经营风险，因此给企业创新带来的负面影响是有限的；(2) 投资宽度的改变伴随着企业面对“全球资源库”规模和多样性的改变，尤其是发展中国家具有丰富的自然资源和廉价劳动力，跨国公司通过增加在发展中国家的投资宽度能够迅速开发利用当地生产资源，增加为企业创新提供潜在的机会；(3) 中国相比于发展中国家来说，具有一定的所有权优势，且发展中国家市场潜力较大，增加在发达国家的投资宽度能够通过规模经济为企业带来多元化的利润回报以及现金流，为企业创新提供雄厚的资金支持。然而发展中国家与发达国家相比，一方面制度发展并不完备，当跨国公司不断扩大在发展中国家的投资宽度时，外来者劣势问题会逐步凸显，不完善的制度难以为跨国公司在海外市场提供法律保障，增加了企业在东道国和地区市场经营的难度以及创新的风险；另一方面，发展中国家的市场发展欠缺，在欠发达的市场中经营会增加协调成本和沟通成本，成本的增加挤占了企业创新发展，对其产生消极影响。因此，当投资东道国和地区为发展中国家、跨国公司对外投资宽度处于较低水平时，企业创新随着投资宽度的增加而得以提升。当对外直接投资宽度达到一定“度”的时候，投资宽度对企业创新产生负向作用。综上，本书提出假设3。

假设3：当投资东道国和地区是发展中国家时，对外直接投资宽度对企业创新产生倒“U”型影响，即企业创新随着宽度的增大呈现先递增后递减的规律。

第四节　东道国和地区发展水平调节下 OFDI 宽度对创新影响的实证分析

一、模型设定和变量说明

1. 数据说明

本书在研究企业对外直接投资时根据已有文献的常规做法，利用《中国工业企业数据库》与商务部《境外投资企业（机构）名录》合并数据为研究样本。参考魏凡等（2017）的做法，对合并数据进行处理。最后所得数据样本中OFDI企业观测值为2209个，样本期间为1999～2008年。

2. 变量测算与说明

实证模型的因变量为企业创新。根据数据的可获得性，采用新产品产值（Innov）作为衡量指标，新产品产值体现出把专利转化成产品这一创新的完整过程，反映出企业创新的市场价值，在衡量企业创新时比专利数量更合适（Liu and Buck，2007；魏守华等，2009）。

实证模型的自变量为对外直接投资宽度。本书参考卡福罗斯等（Kaforous et al.，2012）和张海波（2017）的研究，用企业海外投资东道国和地区数目来衡量投资宽度（Breadth），选择存量指标。企业对外投资的国家数目越多，反映出该企业对外直接投资宽度越大。

本书还选取了一系列能够对企业创新产生影响的控制变量。借鉴王奇珍等（2016）、刘晓丹和衣长军（2017）、魏凡等（2017）的研究，并结合数据的可获得性选取了包括人力资本（HC）、资本密集度（CI）、企业规模（FS）、出口密集度（EI）、企业利润率（PR）、资产负债率（LEV）和融资约束（FFR）等一系列控制变量，变量说明如表9－1所示。

表9－1　　主要变量说明

变量类别	变量符号	变量名称	变量说明
因变量	Innov	企业创新	Ln（新产品产值）
自变量	Breadth	对外直接投资宽度	企业对外投资国家数目
控制变量	HC	人力资本	Ln（人均工资）
	CI	资本密集度	固定资产合计/全部从业人员年平均数
	FS	企业规模	Ln（固定资产合计）
	EI	出口密集度	出口交货值/企业销售额
	PR	企业利润率	利润总额/企业销售额
	LEV	资产负债率	总负债/总资产
	FFR	融资约束	利息支出/固定资产合计

表9－2为企业各个指标的描述性统计，从中可以发现OFDI企业在创新、

人力资本、企业规模以及出口密集度等方面明显优于非 OFDI 企业，反映了 OFDI 企业在创新方面确实具有一定优势。表 9－3 为主要解释变量的相关系数矩阵，总体来说变量之间相关性较低，平均方差膨胀因子为 2.31，即可以认为样本数据不存在严重的多重共线性问题。

表 9－2　　企业各指标描述性统计（1999～2008 年）

变量	OFDI 企业均值	非 OFDI 企业均值	全样本企业均值
Innov	11.2715	9.5524	9.6342
HC	2.8799	2.6963	2.7049
CI	4.3890	3.9687	3.9883
FS	11.2152	9.5142	9.5935
EI	0.4336	0.4213	0.4218
PR	0.0726	0.1017	0.1003
LEV	0.5732	0.5739	0.5739
FFR	0.0732	0.2247	0.2173

表 9－3　　主要变量相关系数矩阵

变量	Innov	Breadth	$Breadth^2$	AC	CI	FS	EI	PR	LEV	FFR
Innov	1.000									
Breadth	0.141	1.000								
$Breadth^2$	0.104	0.893	1.000							
HC	0.292	0.214	0.123	1.000						
CI	0.379	0.019	0.012	0.285	1.000					
FS	0.672	0.084	0.069	0.189	0.718	1.000				
EI	－0.200	0.002	－0.011	－0.064	－0.248	－0.310	1.000			
PR	－0.014	－0.006	－0.001	0.150	0.108	0.040	－0.060	1.000		
LEV	－0.039	0.006	－0.005	－0.127	－0.161	－0.105	0.101	－0.358	1.000	
FFR	－0.052	0.053	0.003	－0.016	－0.252	－0.210	0.079	－0.098	0.207	1.000

3. 模型设计

本书基于微观企业 1999～2008 年的面板数据对前文理论假设进行实证检验，结合本书的主要研究目标，具体模型设定如下：

$$Innov_{i,t} = \partial_0 + \partial_1 Breadth_{i,t} + \partial_2 Breadth_{i,t}^{\ 2} + \partial_3 X + \mu_{i,t} \qquad (9-1)$$

式（9－1）中i和t分别代表企业和时间，X代表本书选取的一系列对企业创新产生影响的控制变量。本模型重点研究对外直接投资宽度对企业创新的影响作用，并依据理论分析，进一步考察了OFDI宽度对企业创新的非线性作用，加入了投资宽度的二次项来验证曲线效应。

二、实证检验和结果分析

1. OFDI宽度对企业创新的影响总样本分析

本书利用中国制造业跨国企业对外投资数据进行实证研究，考察对外直接投资宽度对企业创新的影响作用，实证结果如表9－4的模型（1）和模型（2）所示。模型（1）探究了对外直接投资宽度对企业创新的线性作用，模型（2）中通过加入OFDI宽度的二次项研究是否存在非线性影响。模型（1）中可以看出OFDI宽度的系数显著为正，即OFDI宽度对企业创新存在正向的影响，但本书进一步在模型（2）中加入投资宽度的二次项，实证结果表明OFDI宽度一次项在1%的水平上显著为正，投资宽度二次项在5%的水平上显著为负，且模型（2）AIC和SC的值也都均小于模型（1），表明了模型（2）的非线性关系更好地拟合了投资宽度对企业创新的影响作用，即证实了假设1。

表9－4　OFDI宽度对企业创新的影响作用

变量	模型（1）	模型（2）	模型（3）	模型（4）	模型（5）	模型（6）
Breadth	0.0463** (2.4066)	0.1485*** (4.0686)	0.1980** (2.8536)	0.3232* (1.8379)	0.0448** (2.1708)	0.1338** (3.1732)
$Breadth^2$		−0.0024** (−3.2906)		−0.0232 (−0.7749)		−0.0020** (−2.4187)
HC	0.7434*** (11.7995)	0.7124*** (11.2175)	0.6320*** (6.5330)	0.6240*** (6.4110)	0.7681*** (9.4740)	0.7378*** (9.0156)
CI	−0.3719*** (−5.2019)	−0.3632*** (−5.0935)	−0.8562*** (−7.1012)	−0.8524*** (−7.0611)	−0.1550* (−1.7064)	−0.1438 (−1.5854)

续表

变量	模型（1）	模型（2）	模型（3）	模型（4）	模型（5）	模型（6）
FS	0.6605 *** (10.3184)	0.6418 *** (10.0195)	0.9413 *** (9.0029)	0.9369 *** (8.9455)	0.6105 *** (7.3151)	0.5904 *** (7.0588)
EI	0.0625 ** (2.1975)	0.0608 ** (2.1473)	0.0842 (0.3695)	0.0629 (0.2742)	0.1111 (1.5895)	0.1043 (1.4943)
PR	0.0055 ** (2.0580)	0.0054 ** (2.0124)	2.2265 ** (3.1590)	2.2185 ** (3.1461)	2.0825 ** (3.1083)	2.1090 ** (3.1557)
LEV	0.4958 ** (2.2550)	0.4879 ** (2.2260)	0.2077 (0.6446)	0.2127 (0.6598)	0.7549 ** (2.5722)	0.7306 ** (2.4943)
FFR	0.7686 ** (2.4422)	0.6523 ** (2.0665)	0.8145 * (1.9394)	0.8015 * (1.9060)	0.5416 (1.1859)	0.4795 (1.0511)
常数项	2.7188 *** (4.8294)	2.8660 *** (5.0913)	1.9582 ** (2.3625)	1.9076 ** (2.2935)	2.2096 ** (2.8656)	2.3747 ** (3.0756)
观测值	2209	2209	824	824	1385	1385
AIC	-0.0919	-0.0982	-0.3070	-0.3056	-0.0177	-0.0225
SC	1.7368	1.7331	1.2067	1.2137	1.6850	1.6840
R^2	0.2156	0.2212	0.2754	0.2762	0.2233	0.2281

注：***、**、*分别表示参数估计值在1%、5%和10%的置信水平上显著。

2. 基于投资东道国和地区发展水平的分样本分析

在总样本的基础上，本书在对投资东道国和地区发展水平划分时进行以下处理：（1）企业海外子公司全部建立在发达国家（发展中国家）时，将该企业的投资东道国和地区划为发达国家（发展中国家）；（2）当企业海外子公司既有在发达国家又有在发展中国家时，若投资东道国和地区在发达国家的海外子公司占比过半，则本书将该企业的投资东道国和地区划为发达国家，反之则为发展中国家。具体回归结果见表9-4的模型（3）~模型（6）。

表9-4中模型（3）和模型（4）是投资东道国和地区为发达国家的回归结果，模型（3）中投资宽度的系数显著为正，在进一步考察对外直接投资宽度是否对创新产生曲线效应后，模型（4）中投资宽度二次项的系数为负，但是结果并不显著，说明当投资东道国和地区为发达国家时，OFDI宽度对企业

创新的非线性作用并不明显；且通过比较两个模型的 AIC 和 SC 的值，发现模型（3）的值更小，则表明模型（3）的模型更为可取，能够较好地拟合 OFDI 宽度对企业创新的作用。因此，当投资东道国和地区为发达国家时，OFDI 宽度对企业创新的影响是正向的，验证了前文所提假设 2。主要原因在于当投资东道国和地区为发达国家时，跨国公司增加海外投资宽度能够为母公司带来广阔的“知识池”，这种海外先进的知识和技术能够通过逆向技术溢出效应使母公司获益，进而能够使母公司更专注于核心技术的研发，同时在发达国家投资宽度的扩张使企业在发展良好的市场环境中运营，减少制度性风险，为企业创新的发展带来促进作用。

表9－4 中模型（5）和模型（6）是投资东道国和地区为发展中国家的回归结果，利用 AIC 和 SC 的值，本书认为模型（6）的模型更为可取。OFDI 宽度的一次项为正且二次项为负，均在 5% 的水平上显著，说明当投资东道国和地区为发展中国家时，OFDI 宽度对企业创新的影响是非线性的，呈现先递增后递减的趋势，即此时 OFDI 宽度对企业创新存在一个“度”的限制，并不是投资宽度越大越好。主要原因在于，当在发展中国家的投资宽度处于较低水平时，宽度增加给企业带来的优势远超其经营成本；当投资宽度过大时，由于当地尚未健全的制度和成熟的市场，会增加企业的海外投资成本和风险，挤占母公司创新所需的资源，进而对企业创新带来不利影响。

第五节　结论与浙江启示

本书利用《中国工业企业数据库》与商务部《境外投资企业（机构）名录》合并数据研究中国制造业跨国企业对外投资宽度对企业创新的影响作用，并进一步研究了在不同发展水平的东道国和地区进行投资时投资宽度对企业创新产生的影响。主要有以下结论：（1）企业对外直接投资宽度对创新的影响呈倒“U”型，即企业创新随着投资宽度的增加呈现先递增后减少的趋势；（2）当投资东道国和地区为发达国家时，对外直接投资宽度的增加对企业创新产生正向促进关系；（3）当投资东道国和地区为发展中国家时，对外直接投资宽度对企业创新呈倒“U”型影响。

对外直接投资作为中国以及浙江省企业获取国际市场先进知识技术和广阔资源的一个重要途径备受关注，且企业对外直接投资宽度在一定程度上确实能为其自身创新发展带来显著促进作用，但通过本书的研究发现海外投资宽度也存在一个“度”的限制。因此根据研究结论，本书提出以下建议：（1）跨国公司在进行对外直接投资时应明确自身的投资动机，审慎制定投资战略，避免盲目开展海外投资而给企业自身经营发展带来困难；（2）若以提升自身创新能力为主要目的，浙江省企业应更多考虑对发达国家投资，通过在发展水平较高的国家开展投资活动，获取前端的知识技术溢出，促进母公司创新发展；（3）企业投资于发展中国家时，可以利用其丰富的自然资源和廉价的劳动力，快速占领发展中国家市场享受规模经济带来的优势，进一步为企业创新奠定基础。但在形成一定投资规模之后，要注意克服发展中国家制度和市场不完善给创新带来的不利影响。

参考文献

［1］白洁：《对外直接投资的逆向技术溢出效应——对中国全要素生产率影响的经验检验》，载于《世界经济研究》2009 年第 8 期。

［2］才国伟、杨豪：《外商直接投资能否改善中国要素市场扭曲》，载于《中国工业经济》2019 年第 10 期。

［3］曾萍、吕迪伟：《生产率对民营企业出口的影响：基于制度环境与融资约束的调节作用》，载于《国际贸易问题》2014 年第 12 期。

［4］陈德湖、马平平：《外商直接投资、产业关联与技术外溢》，载于《统计研究》2013 年第 30 卷 7 期。

［5］陈菲琼、虞旭丹：《企业对外直接投资对自主创新的反馈机制研究：以万向集团 OFDI 为例》，载于《财贸经济》2009 年第 3 期。

［6］陈丰龙、徐康宁：《经济转型是否促进 FDI 技术溢出：来自 23 个国家的证据》，载于《世界经济》2014 年第 3 期。

［7］陈昊、吴雯：《中国 OFDI 国别差异与母国技术进步》，载于《科学学研究》2016 年第 1 期。

［8］陈建军：《浙江经济：比较优势和“走出去”战略》，载于《浙江大学学报（人文社会科学版)》2002 年第 1 期。

［9］陈弢：《区域旅游发展协调度的时空差异研究》，载于《地理研究》2014 年第 3 期。

［10］陈涛涛、潘文卿、陈晓：《吸引外资对于对外投资能力的影响研究》，载于《国际经济合作》2011 年第 5 期。

［11］程凯、杨逢珉：《FDI、OFDI 对出口产品质量的影响研究》，载于

《经济经纬》2019 年第 3 期。

［12］浙江省发展和改革委员会外资处：《吹响浙江“引进来”和“走出去”集结号——〈浙江省利用外资和境外投资“十三五”规划〉解读》，载于《浙江经济》2016 年第 16 期。

［13］崔昊：《对外直接投资，逆向技术溢出与母国技术进步》，南开大学，2012 年。

［14］戴翔：《中国企业“走出去”的生产率悖论及其解释——基于行业面板数据的实证分析》，载于《南开经济研究》2013 年第 2 期。

［15］杜威剑、李梦洁：《对外直接投资会提高企业出口产品质量吗——基于倾向得分匹配的变权估计》，载于《国际贸易问题》2015 年第 8 期。

［16］樊纲、王小鲁、朱恒鹏：《中国市场化指数 ：各地区市场化相对进程报告 2011 年报告》，经济科学出版社 2011 年版。

［17］冯春晓：《我国对外直接投资与产业结构优化的实证研究——以制造业为例》，载于《国际贸易问题》2009 年第 8 期。

［18］葛小寒、陈凌：《国际 R&D 溢出的技术进步效应——基于吸收能力的实证研究》，载于《数量经济技术经济研究》2009 年第 7 期。

［19］龚梦琪、刘海云：《中国工业行业双向 FDI 的环境效应研究》，载于《中国人口·资源与环境》2018 年第 28 卷 3 期。

［20］国胜铁、钟廷勇：《制度约束、FDI 技术溢出渠道与国内企业技术进步——基于中国工业企业数据的考察》，载于《经济学家》2014 年第 6 期。

［21］何洁：《外国直接投资对中国工业部门外溢效应的进一步精确量化》，载于《世界经济》2000 年第 12 期。

［22］洪俊杰、黄薇、张蕙等：《中国企业走出去的理论解读》，载于《国际经济评论》2012 年第 4 期。

［23］洪俊杰、林建勇、王星宇：《新常态下“引进外资”与“对外投资”两大战略关系再思考与协调研究》，载于《国际贸易》2016 年第 3 期。

［24］胡真舫：《“十一五”时期浙江省吸引外商直接投资的战略选择和政策建议》，浙江大学，2004 年。

［25］黄凌云、刘冬冬、谢会强：《对外投资和引进外资的双向协调发展

研究》，载于《中国工业经济》2018 年第 3 期。

[26] 黄先海、石东楠：《对外贸易对我国全要素生产率影响的测度与分析》，载于《世界经济研究》2005 年第 1 期。

[27] 黄远浙、钟昌标、俞峰：《行业间外资进入速度对内资企业绩效的影响分析》，载于《国际贸易问题》2014 年第 3 期。

[28] 霍忻、刘宏：《中国对外直接投资的逆向技术溢出效应》，载于《首都经济贸易大学学报》2016 年第 2 期。

[29] 贾妮莎、韩永辉、邹建华：《中国双向 FDI 的产业结构升级效应：理论机制与实证检验》，载于《国际贸易问题》2014 年第 11 期。

[30] 蒋殿春、张宇：《经济转型与外商直接投资溢出效应》，载于《经济研究》2008 年第 7 期。

[31] 蒋冠宏：《我国企业跨国并购与行业内逆向技术溢出》，载于《世界经济研究》2017 年第 1 期。

[32] 蒋冠宏、蒋殿春：《中国对发展中国家的投资——东道国制度重要吗?》，载于《管理世界》2012 年第 11 期。

[33] 金银亮：《FDI、经济增长与区域分布差异——对江苏、浙江分布差异的观察》，载于《江苏科技大学学报（社会科学版)》2014 年第 4 期。

[34] 赖明勇、包群、彭水军等：《外商直接投资与技术外溢：基于吸收能力的研究》，载于《经济研究》2005 年第 8 期。

[35] 李洪亚、宫汝凯：《技术进步与中国 OFDI：促进与溢出的双重考察》，载于《科学学研究》2016 年第 1 期。

[36] 李辉、邢智毅、刘小岷：《我国双向投资的发展阶段及对策》，载于《湖北经济学院学报》2013 年第 2 期。

[37] 李辉、张荣：《中国双向投资问题研究》，载于《亚太经济》2012 年第 5 期。

[38] 李辉、张雪莲：《进出口贸易和外商直接投资与对外直接投资长期影响效应实证分析》，载于《内蒙古财经学院学报》2010 年第 4 期。

[39] 李骥宇、李宏兵：《中国对外直接投资如何影响出口竞争力提升？——基于“一带一路”战略下技术密集型产品的实证研究》，载于《经济

经纬》2018 年第 5 期。

[40] 李坤望、王有鑫:《FDI 促进了中国出口产品质量升级吗?——基于动态面板系统 GMM 方法的研究》,载于《世界经济研究》2013 年第 5 期。

[41] 李磊、包群:《融资约束制约了中国工业企业的对外直接投资吗?》,载于《财经研究》2015 年第 6 期。

[42] 李磊、冼国明、包群:《“引进来”是否促进了“走出去”?——外商投资对中国企业对外直接投资的影响》,载于《经济研究》2018 年第 53 卷第 3 期。

[43] 李梅:《国际 R&D 溢出与中国技术进步——基于 FDI 和 OFDI 传导机制的实证研究》,载于《科研管理》2012 年第 4 期。

[44] 李梅、金照林:《国际 R&D、吸收能力与对外直接投资逆向技术溢出——基于我国省际面板数据的实证研究》,载于《国际贸易问题》2011 年第 10 期。

[45] 李梅、余天骄:《研发国际化是否促进了企业创新——基于中国信息技术企业的经验研究》,载于《管理世界》2016 年第 11 期。

[46] 李思慧、于津平:《对外直接投资与企业创新效率》,载于《国际贸易问题》2016 年第 12 期。

[47] 厉英珍、赵立静:《浙江对外直接投资的特征、问题与对策》,载于《浙江树人大学学报(人文社会科学)》2017 年第 4 期。

[48] 凌丹、赖伟豪、刘慧岭:《双向 FDI 技术溢出、技术进步与产业结构升级》,载于《武汉理工大学学报(社会科学版)》2018 年第 31 卷第 6 期。

[49] 刘灿雷、康茂楠、邱立成:《外资进入与内资企业利润率:来自中国制造业企业的证据》,载于《世界经济》2018 年第 41 卷第 11 期。

[50] 刘凤琴、马俊海:《农业持续系统协调度的分析预测模型》,载于《农业系统科学与综合研究》2003 年第 4 期。

[51] 刘海云、董志刚:《全球价值链视角下 IFDI 是否促进了 OFDI——基于跨国面板数据的实证分析》,载于《国际商务(对外经济贸易大学学报)》2018 年第 1 期。

[52] 刘海云、龚梦琪:《要素市场扭曲与双向 FDI 的碳排放规模效应研

究》，载于《中国人口·资源与环境》2018 年第 28 卷第 10 期。

［53］刘海云、龚梦琪：《双向 FDI 与跨越“中等收入陷阱”》，载于《国际贸易问题》2019 年第 7 期。

［54］刘海云、聂飞：《中国制造业对外直接投资的空心化效应研究》，载于《中国工业经济》2015 年第 4 期。

［55］刘晓丹、衣长军：《中国对外直接投资微观绩效研究——基于 PSM 的实证分析》，载于《世界经济研究》2017 年第 3 期。

［56］刘文纲、张景云：《中国企业国际化经营的发展与现状分析》，载于《首都经济贸易大学学报》2002 年第 6 期。

［57］鲁晓东、连玉君：《中国工业企业全要素生产率估计：1999—2007》，载于《经济学（季刊）》2012 年第 11 卷第 2 期。

［58］罗黎军：《中国对外直接投资的母国决定因素》，复旦大学，2012 年。

［59］罗长远：《FDI 对中国私人资本成长的影响：基于 1987 ~ 2001 年省际面板数据分析》，载于《世界经济》2006 年第 1 期。

［60］罗长远、陈琳：《FDI 是否能够缓解中国企业的融资约束》，载于《世界经济》2011 年第 4 期。

［61］毛其淋、许家云：《中国对外直接投资促进抑或抑制了企业出口?》，载于《数量经济技术经济研究》2014 年第 9 期。

［62］毛其淋、许家云：《中国企业对外直接投资是否促进了企业创新》，载于《世界经济》2014 年第 8 期。

［63］马文军、卜伟、易倩著：《产业安全研究——理论、方法与实证》，载于《中国社会科学出版社》2018 年。

［64］倪伟清、厉英珍：《浙江利用 FDI 的结构演变分析》，载于《浙江树人大学学报（人文社会科学版）》2015 年第 4 期。

［65］聂飞、刘海云：《中国 OFDI 对 IFDI 规模和质量的影响：理论机制与实证》，载于《国际贸易问题》2019 年第 1 期。

［66］聂飞、刘海云、毛海欧：《中国利用外资促进了对外直接投资吗——基于集聚经济效应的实证研究》，载于《国际贸易问题》2016 年第

10 期。

[67] 潘文卿、陈晓、陈涛涛等:《吸引外资影响对外投资吗?——基于全球层面数据的研究》，载于《经济学报》2015 年第 2 卷第 3 期。

[68] 亓朋、许和连、艾洪山:《外商直接投资企业对内资企业的溢出效应，对中国制造业企业的实证研究》，载于《管理世界》2008 年第 4 期。

[69] 祁毓、郭均均:《FDI 会影响地方政府效率吗?》，载于《数量经济技术经济研究》2012 年第 2 期。

[70] 茹运青、孙本芝:《我国 OFDI 不同进入方式的逆向技术溢出分析——基于技术创新投入产出视角的实证检验》，载于《科技进步与对策》2012 年第 10 期。

[71] 沙文兵:《对外直接投资、逆向技术溢出与国内创新能力——基于中国省际面板数据的实证研究》，载于《世界经济研究》2012 年第 3 期。

[72] 邵玉君:《FDI、OFDI 与国内技术进步》，载于《数量经济技术经济研究》2017 年第 9 期。

[73] 申金山、宋建民、关柯:《城市基础设施与社会经济协调发展的定量评价方法与应用》，载于《城市环境与城市生态》2000 年第 5 期。

[74] 沈坤荣、耿强:《外国直接投资、技术外溢与内生经济增长——中国数据的计量检验与实证分析》，载于《中国社会科学》2001 年第 5 期。

[75] 沈坤荣、孙文杰:《市场竞争、技术溢出与内资企业 R&D 效率——基于行业层面的实证研究》，载于《管理世界》2009 年第 1 期。

[76] 寿娣:《浅析 FDI 对浙江经济发展的影响》，载于《信息化建设》2019 年第 5 期。

[77] 宋跃刚、吴耀国:《制度环境、OFDI 与企业全要素生产率进步的空间视角分析》，载于《世界经济研究》2016 年第 11 期。

[78] 苏冬蔚、毛建辉:《股市过度投机与中国实体经济：理论与实证》，载于《经济研究》2019 年第 10 期。

[79] 苏振东、洪玉娟:《中国出口企业是否存在“利润率溢价”?——基于随机占优和广义倾向指数匹配方法的经验研究》，载于《管理世界》2013 年第 5 期。

[80] 隋映辉：《协调发展：结构、量度与体系》，载于《经济科学》1989 年第 6 期。

[81] 谭同举：《我国 IFDI 与 OFDI 之间的互动关系研究》，华东师范大学，2017 年。

[82] 田毕飞、梅小芳、杜雍等：《外商直接投资对东道国国际创业的影响：制度环境视角》，载于《中国工业经济》2018 年第 5 期。

[83] 田素华、王璇：《FDI 双向流动和净流动影响因素研究——基于全球 58 个经济体的实证分析》，载于《世界经济研究》2017 年第 7 期。

[84] 田巍、余淼杰：《企业生产率和企业"走出去"对外直接投资：基于企业层面数据的实证研究》，载于《经济学（季刊）》2012 年第 2 期。

[85] 汪波、方丽：《区域经济发展的协调度评价实证分析》，载于《中国地质大学学报（社会科学版）》2004 年第 6 期。

[86] 汪丽娟、吴福象、蒋欣娟：《双向 FDI 技术溢出能否助推经济高质量发展》，载于《财经科学》2019 年第 4 期。

[87] 汪晓兰：《中国双向投资发展阶段及其贸易效应研究》，安徽大学，2015 年。

[88] 王碧珺、谭语嫣、余淼杰等：《融资约束是否抑制了中国民营企业对外直接投资》，载于《世界经济》2015 年第 12 期。

[89] 王奉贤：《我国双向 FDI 对价值链升级的影响机理与实证研究》，浙江财经大学，2016 年。

[90] 王奇珍、朱英明、王玉东：《出口贸易能提高创新产出吗？——基于中国微观企业的实证分析》，载于《北京工商大学学报（社会科学版）》2016 年第 1 期。

[91] 王恕立、胡宗彪：《服务业双向 FDI 的生产率效应研究——基于人力资本的面板门槛模型估计》，载于《财经研究》2013 年第 39 卷第 11 期。

[92] 王恕立、王许亮：《双向 FDI 的生产率效应研究——基于中部地区的省际面板数据》，载于《武汉理工大学学报（社会科学版）》2016 年第 29 卷第 5 期。

[93] 王小鲁、樊纲、余静文：《中国分省份市场化指数报告（2016）》，

社会科学文献出版社，2016 年。

[94] 王增涛、庞妙庭、赵春艳：《我国吸引外资与对外投资关系的实证研究》，载于《财政研究》2009 年第 4 期。

[95] 魏凡、黄远浙、钟昌标：《对外直接投资速度与母公司绩效：基于吸收能力视角分析》，载于《世界经济研究》2017 年第 12 期。

[96] 魏守华、姜宁、吴贵生：《内生创新努力、本土技术溢出与长三角高技术产业创新绩效》，载于《中国工业经济》2009 年第 2 期。

[97] 温忠麟、叶宝娟：《中介效应分析：方法和模型发展》，载于《心理科学进展,》2014 年第 5 期。

[98] 吴跃明、郎东锋、张子珩等：《环境—经济系统协调度模型及其指标体系》，载于《中国人口·资源与环境》1996 年第 2 期。

[99] 武鹏、潘小春：《我国 FDI 流入与流出协调发展：现状，问题与政策建议》，载于《经济问题探索》2014 年第 7 期。

[100] 肖光恩：《对外经济合作决定因素的实证分析——以湖北省为例》，载于《郑州航空工业管理学院学报》2009 年第 2 期。

[101] 谢康、于蕾：《“引进来”与“走出去”相结合的中国对外投资战略》，载于《世界经济研究》2003 年第 6 期。

[102] 谢千里、罗斯基、张轶凡：《中国工业生产率的增长与收敛》，载于《经济学（季刊)》2008 年第 8 期。

[103] 邢天才、黄阳洋：《银行业集中度与间接融资比率对 FDI 经济溢出效应的影响研究》，载于《宏观经济研究》2019 年第 8 期。

[104] 徐清、冼国明：《双重二元经济结构下我国双向投资的性质与协调发展》，载于《上海财经大学学报》2013 年第 4 期。

[105] 许晓娟、智冬晓：《中国本土企业获得 FDI 垂直技术溢出了吗？——基于 1999 - 2006 年中国制造业企业的实证研究》，载于《中国软科学》2013 年第 8 期。

[106] 严兵、张禹、李雪飞：《中国企业对外直接投资的生产率效应——基于江苏省企业数据的检验》，载于《南开经济研究》2016 年第 4 期。

[107] 羊子林：《关于加快实施“走出去”战略的思考》，载于《求是》

2014 年第 7 期。

［108］杨挺、卢进勇：《投资促进在 FDI 中的作用——基于中国的实证研究》，载于《国际贸易问题》2011 年第 1 期。

［109］杨亚平、吴祝红：《中国制造业企业 OFDI 带来“去制造业”吗——基于微观数据和投资动机的实证研究》，载于《国际贸易问题》2016 年第 8 期。

［110］姚树洁、冯根福、韦开蕾：《外商直接投资和经济增长的关系研究》，载于《经济研究》2006 年第 12 期。

［111］叶建平、申俊喜、胡潇：《中国 OFDI 逆向技术溢出的区域异质性与动态门限效应》，载于《世界经济研究》2014 年第 10 期。

［112］尹应凯：《试论发展中国家利用外资与对外投资的互动关系》，载于《国际贸易问题》2002 年第 1 期。

［113］俞红海、徐龙炳、陈百助：《终极控股股东控制权与自由现金流过度投资》，载于《经济研究》2010 年第 45 卷第 8 期。

［114］袁诚、陆挺：《外商直接投资与管理知识溢出效应：来自中国民营企业家的证据》，载于《经济研究》2005 年第 3 期。

［115］袁东、李霖洁、余淼杰：《外向型对外直接投资与母公司生产率——对母公司特征和子公司进入策略的考察》，载于《南开经济研究》2015 年第 3 期。

［116］张春萍：《中国对外直接投资的贸易效应研究》，载于《数量经济技术经济研究》2012 年第 6 期。

［117］张海波：《对外直接投资能促进我国制造业跨国企业生产率提升吗——基于投资广度和投资深度的实证检验》，载于《国际贸易问题》2017 年第 4 期。

［118］张宏、王建：《东道国区位因素与中国 OFDI 关系研究——基于分量回归的经验证据》，载于《中国工业经济》2009 年第 6 期。

［119］张杰、李勇、刘志彪：《制度对中国地区间出口差异的影响：来自中国省际层面 4 分位行业的经验证据》，载于《世界经济》2010 年第 33 卷第 2 期。

［120］张林：《中国双向 FDI、金融发展与产业结构优化》，载于《世界经济研究》2016 年第 10 期。

［121］张梦婷、钟昌标、俞峰：《发展中国家 IFDI 对 OFDI 的影响：母国因素的调节作用研究》，载于《经济问题探索》2017 年第 4 期。

［122］张相文、郭宝忠、张超：《制度因素对 FDI 溢出效应的影响——基于中国工业企业数据库的实证研究》，载于《宏观经济研究》2014 年第 8 期。

［123］张晓东、池天河：《90 年代中国省级区域经济与环境协调度分析》，载于《地理研究》2001 年第 4 期。

［124］张毅、陈圻：《中国区域物流业与经济发展协调度研究——基于复合系统模型与 30 个省区面板数据》，载于《软科学》2010 年第 12 期。

［125］赵春恒、岳中刚：《企业研发型 OFDI 逆向溢出与创新绩效——基于技术寻求视角》，载于《南京邮电大学学报（社会科学版）》2015 年第 2 期。

［126］赵伟：《浙江实施“走出去”战略的比较优势与规模预期》，载于《浙江社会科学》2001 年第 1 期。

［127］赵伟、古广东、何元庆：《外向 FDI 与中国技术进步：机理分析与尝试性实证》，载于《管理世界》2006 年第 7 期。

［128］郑绪涛、柳剑平等：《R&D；活动的溢出效应、吸收能力与补贴政策》，载于《中国软科学》2011 年第 11 期。

［129］钟昌标、黄远浙：《外资进入速度与节奏对我国企业绩效影响的实证研究》，经济科学出版社，2014 年。

［130］钟昌标、黄远浙、刘伟：《外商直接投资最佳行业渗透水平——基于溢出效应视角的实证分析》，载于《南开经济研究》2013 年第 6 期。

［131］钟昌标、黄远浙、刘伟：《外资进入速度、企业异质性和企业生产率》，载于《世界经济》2015 年第 38 卷第 7 期。

［132］周继红：《全球化中的吸引外资新取向》，载于《国际贸易问题》2003 年第 4 期。

［133］周亮亮：《我国双向投资问题研究》，东北财经大学，2012 年。

［134］周学仁、李东阳：《FDI 与东道国可持续发展相互作用的研究综

述》，载于《世界经济》2009 年第 8 期。

[135] 朱华：《中国“引进来”，“走出去”战略评析及其下一步》，载于《改革》2009 年第 4 期。

[136] 朱华：《关于“引进来”与“走出去”相互关系的理论思考》，载于《大连海事大学学报（社会科学版）》2010 年第 9 卷。

[137] 朱玮玮：《双向 FDI 与中国制造业产业结构升级——基于省级动态面板的实证分析》，载于《兰州财经大学学报》2017 年第 1 期。

[138] Abramovitz M. “Catching Up, Forging Ahead, and Falling Behind”, *Journal of Economic History*, 1986, 46 (2): 385 – 406.

[139] Aitken B. J. and Harrison A. E. “Do domestic firms benefit from direct foreign investment? Evidence from Venezuela”, *American Economic Review*, 1999, 89 (3): 605 – 618.

[140] Aitken, Brian, Gordon H. Hanson and Ann E. Harrison, “Spillovers, Foreign Investment, and Export Behavior.”, *Journal of International Economics*, 1997, 43 (1): 103 – 32.

[141] Apergis, Nicholas, “Foreign Direct Investment Inward and Outward; Evidence from Panel Data, Developed and Developing Economies, and Open and Closed Economies.”, *The American Economist*, 2009, 54 (2): 21 – 27.

[142] Arregle, Jean-Luc, Toyah L. Miller, Michael A. Hitt and Paul W. Beamish, “How Does Regional Institutional Complexity Affect Mne Internationalization?”, *Journal of International Business Studies*, 2016, 47 (6): 697 – 722.

[143] Arregle, Jean-Luc, Toyah L. Miller, Michael A. Hitt and Paul W. Beamish, “Do Regions Matter? An Integrated Institutional and Semiglobalization Perspective on the Internationalization of Mnes.”, *Strategic Management Journal*, 2013, 34 (8): 910 – 34.

[144] Awate S., M. M. Larsen and R. Mudambi, “Accessing vs sourcing knowledge: A comparative study of R&D internationalization between emerging and advanced economy firms”, *Journal of International Business Studies*, 2015, 46 (1): 63 – 86.

[145] Baltabaev and Botirjan, "Foreign Direct Investment and Total Factor Productivity Growth: New Macro-Evidence", *The World Economy*, 2014, 37 (2): 311-334.

[146] Banalieva, Elitsa R. and Charles Dhanaraj, "Home-Region Orientation in International Expansion Strategies.", *Journal of International Business Studies*, 2013, 44 (2): 89-116.

[147] Békés G., J. Kleinert and F. Toubal, "Spillovers from Multinationals to Heterogeneous Domestic Firms: Evidence from Hungary", *World Economy*, 2009, 32 (10): 1408-1433.

[148] Beugelsdijk S. and Mudambi R., "MNEs as border-crossing multi-location enterprises: The role of discontinuities in geographic space", *Journal of International Business Studies*, 2013, 44 (5): 413-426.

[149] Blomstrom M. and A. Kokko, "Policies to Encourage Inflows of TechnologyThrough Foreign Multinationals", *Foreign Direct Investment*. Palgrave Macmillan UK, 1995.

[150] Blomstrom M. and A. Kokko, "The Economics of Foreign Direct Investment Incentives", *Social Science Electronic Publishing*, 2003 (1): 37-60.

[151] Blomstrom M. and A. Kokko, "Multinational Corporations and Spillovers", *Journal of Economic Surveys*, 2010, 12 (3): 247-277.

[152] Blomstrom, Magnus and Ari Kokko, "Foreign Direct Investment and Spillovers of Technology.", *International Journal of Technology Management*, 2001, 22 (5-6): 435-54.

[153] Blonigen, Bruce A.; Ronald B. Davies; Helen T. Naughton and Glen R. Waddell, "Spacey Parents: Spatial Autoregressive Patterns in Inbound Fdi", *National Bureau of Economic Research*, 2005.

[154] Branstetter L. "Is foreign direct investment a channel of knowledge spillovers? Evidence from Japan's FDI in the United States", *Journal of International Economics*, 2006, 68 (2): 1-344.

[155] Bresnahan T. F. and P. C. Reiss, "Entry and competition in concen-

trated markets", *Journal of Political Economy*, 1991, 99 (5): 977 –1009.

[156] Bruce A. and A. Blonigen, "Review of the Empirical Literature on FDI Determinants", *Atlantic Economics Journal*, 2005, 33 (4): 383 –403.

[157] Buckley P. J., Clegg J. and Wang C. Q., "Inward Fdi and Host Country Productivity: Evidence from China's Electronics Industry ", *Transnational Cooporations*, 2006, 15 (1): 13 –37.

[158] Buckley P. J., S. Munjal P. Enderwick and N. Forsans, "Do foreign resources assist or impede internationalisation? Evidence from internationalisation of Indian multinational enterprises", *International Business Review*, 2016, 25 (1): 130 –140.

[159] Buckley P. J., Clegg L. J., Cross A. R., Liu X., Voss H. and P. Zhang, "The determinants of Chinese Outward foreign direct investment", *Journal of International Business Studies*, 2007, 38: 499 –518.

[160] Buckley, Peter J., Chengqi Wang, and Jeremy Clegg, "The impact of foreign ownership, local ownership and industry characteristics on spillover benefits from foreign direct investment in China", *International Business Review*, 2007, 16 (2): 142 –158.

[161] Buckly P. J. and M. Carson, "The future of the multicultural enterprise", *Macmillan*, 1976.

[162] Cai H., and Q. Liu. "Competition and Cooporate Tax Avoidance: Evidence from Chinese Industrial Firms", *Economic Journal*, 2009, 119 (4): 764 –795.

[163] Capar N. and Kotabe M., "The Relationship between International Diversification and Performance in Service Firms" , *Journal of International Business Studies*, 2003, 34 (4): 345 –355.

[164] Castellani D., A. Jimenez and A. Zanfei, "How remote are R&D labs? Distance factors and international innovative activities", *Journal of International Business Studies*, 2013, 44 (7): 649 –675.

[165] Castellani D., S. Montresor T. Schubert and A. Vezzani, "Multina-

tionality, R&D and productivity: Evidence from the top R&D investors worldwide", *International Business Review*, 2017, 26 (3): 405 -416.

[166] Caves R. E., "Multinational Firms, Competition, and Productivity in Host-Country Markets", *Economica (New Series)*, 1974, 41 (162): 176 -193.

[167] Chan C. M., Isobe T., and Makino S., "Which country matters? Institutional development and affiliate performance", *Strategic Management Journal*, 2008, 29 (11): 1179 -1205.

[168] Chang S. J. and Rhee J. H. "Rapid FDI Expansion and Firm Performance", *Journal of International Business Studies*, 2011, 42 (8): 979 -994.

[169] Chang S. J., and D. Xu. "Spillovers and Competition among Foreign and Local Firms in China", *Strategic Management Journal*, 2008, 29 (5): 495 - 518.

[170] Chen V. Z., Li J. and Shapiro D. M., "International reverse spillover effects on parent firms: Evidences from emerging-market MNEs in developed markets", *European Management Journal*, 2012, 30 (3): 204 -218.

[171] Chen H. and T. Chen, "Network Linkages and Location Choice in Foreign Direct Investment", *Journal of International Business Studies*, 1998, 29 (3): 445 -467.

[172] Cheung Y. W. and X. W. Qian. "The empirics of China's outward direct investment", *Pacific Economics Reviews*, 2009, 14 (3): 312 -341.

[173] Chiappini and Raphael, "Do Overseas Investments Create or Replace Trade? New Insights from a Macro-sectoral Study on Japan", *Journal of International Trade and Economic Development*, 2016, 25 (3): 403 -425.

[174] Child, John and Suzana B. Rodrigues, "The Internationalization of Chinese Firms: A Case for Theoretical Extension?", *Management and Organization Review*, 2005, 1 (3): 381 -410.

[175] Chow G. C., "Technological change and the demand for computers", *American Economic Review*, 1967, 57 (5): 1117 -1130.

[176] Clegg J., Lin H. M., Voss H. et al. "The OFDI Patterns and Firm

Performance of Chinese Firms: The Moderating Effects of Multinationality Strategy and External Factors", *International Business Review*, 2016, 25 (4): 971 –985.

[177] Coe, David T.; Elhanan Helpman and Alexander W. Hoffmaister, "International R&D Spillovers and Institutions.", *European Economic Review*, 2009, 53 (7): 723 –741.

[178] Cohen W. M. and D. A. Levinthal, "Innovation and Learning: The Two Faces of R&D", *Economic Journal*, 1989, 99 (397): 569 –596.

[179] Collinson, Simon and Alan M. Rugman, "The Regional Nature of Japanese Multinational Business.", *Journal of International Business Studies*, 2008, 39 (2): 215 –230.

[180] Contractor F. J., Kundu S. K. and Hsu C. C. "A Three-Stage Theory of International Expansion: the Link between Multinationality and Performance in the Service Sector", *Journal of International Business Studies*, 2003, 34 (1): 5 –18.

[181] Cozza C., Rabellotti R. and Sanfilippo M., "The Impact of Outward FDI on the Performance of Chinese Firms", *China Economic Review*, 2015 (36): 42 –57.

[182] Cubitt R. P. and M. Hollis, "The mutual investment game: peculiarities of indifference", *Analysis*, 1991, 51 (3): 113 –120.

[183] Dahlman C. J. and R. Nelson, "Social Absorption Capability, National Innovation Systems and Economic Development", *Social Capability and Long-Term Economic Growth*, Palgrave Macmillan UK, 1995.

[184] Damijan J. P. and Knell M., "How Important Is Trade and Foreign Ownership in Closing the Technology Gap? Evidence from Estonia and Slovenia", *Review of World Economics*, 2005, 141 (2): 271 –295.

[185] De Backer, Koen and Leo Sleuwaegen, "Does Foreign Direct Investment Crowd out Domestic Entrepreneurship?", *Review of Industrial Organization*, 2003, 22 (1): 67 –84.

[186] Desmet K., F. Meza and J. A. Rojas, "Foreign Direct Investment and

Spillovers: Gradualism may be Better", *Canadian Journal of Economics/Revue canadienne d'économique*, 2008, 41 (3): 926 –953.

[187] Desmet K., Meza F., Rojas, and A. J., "Foreign direct investment and spillovers: gradualism may be better", *Canadian Journal of Economics*, 2008, 41 (3): 926 –953.

[188] Dierickx I. and Cool K., "Asset Stock Accumulation and Sustainability of Competitive Advantage ", *Management Science*, 1989, 35 (12): 1504 –1511.

[189] Dierk Herzer, "How Does Foreign Direct Investment Really Affect Developing Countries' Growth? ", *Review of International Economics*, 2012, 20 (2): 396 –414.

[190] Djankov S. and Hoekman B., "Foreign Investment and Productivity Growth in Czech Enterprises", *The World Bank Economic Review*, 2000, 14 (1): 49 –64.

[191] Driffield N., J. H. Love and K. Taylor, "Productivity and labour demand effects of inward and outward FDI on UK industry", *The Manchester School*, 2009, 77 (2): 171 –203.

[192] Dunning J. H., "Explaining the international direct investment position of countries: towards a dynamic or developmental approach", *In International Capital Movements*, 1982: 84 –121.

[193] Dunning J. H., "The investment development cycle and Third World multinationals" , *Transnational Corporations and Economic Development*, 1988 (3): 135 –166.

[194] Dunning J. H., "Toward an eclectic theory of international production", *The International Executive*, 1980, 22 (3): 1 –3.

[195] Dunning J. H., "Non-equity forms of foreign economic involvement and the theory of international production", *University of Reading Department of Economics*, 1982.

[196] Dunning J. H., "Multinational Enterprise in the Global Economy", Addison Wesley Publishing Co., *Wokingham*, 1993.

[197] Dunning J. H., Kim C. and J. Lin, "Incorporationg Trade ratio into the investment development path: A case study of Korea and Taiwan", *Oxford Development Studies*, 2001, 29 (2): 145 - 154.

[198] Dunning, John H., "Explaining the International Direct Investment Position of Countries: Towards a Dynamic or Developmental Approach", J. Black and J. H. Dunning, *International Capital Movements: Papers of the Fifth Annual Conference of the International Economics Study Group*. London: Palgrave Macmillan UK, 1982: 84 - 121.

[199] Dunning, John H., "Explaining Changing Patterns of International Production: In Defence of the Eclectic Theory", *Oxford Bulletin of Economics and Statistics*, 1979, 41 (4): 269 - 295.

[200] Dunning, John H., "Explaining the International Direct Investment Position of Countries: Towards a Dynamic or Developmental Approach", J. Black and J. H. Dunning, *International Capital Movements: Papers of the Fifth Annual Conference of the International Economics Study Group*. London: Palgrave Macmillan UK, 1982: 84 - 121.

[201] Emilio Pagoulatos and Robert Sorensen, "Two-Way International Trade: An Econometric Analysis", Wel. twirts chaftliches Archiv, 1975 (3): 454 - 465.

[202] Feenstra, Robert C. and Gordon H. Hanson, "Foreign Direct Investment and Relative Wages: Evidence from Mexico's Maquiladoras.", *Journal of International Economics*, 1997, 42 (3): 371 - 393.

[203] Feinberg, S. E. and A. K. Gupta, "MNC subsidiaries and country risk: Internalization as a safeguard against weak external institutions", *Academy of Management Journal*, 2009, 52 (2): 381 - 399.

[204] Filippetti A., Frenz M. and Ietto-Gillies G., "The impact of internationalization on innovation at countries' level: the role of absorptive capacity", *Cambridge Journal of Economics*, 2016, 41 (2): 413 - 439.

[205] Filippetti A., M. Frenz and G. Ietto-Gillies, "The impact of internationalization on innovation at countries' level: the role of absorptive capacity", *Cam-*

bridge Journal of Economics, 2017, 41 (2): 413 -439.

[206] Findlay R. , "Relative backwardness, direct foreign investment, and the transfer of technology: a simple dynamic model", *The Quarterly Journal of Economics*, 1978, 92 (1): 1 -16.

[207] Flores, Ricardo, Ruth V. Aguilera, Arash Mahdian and Paul M. Vaaler, "How Well Do Supranational Regional Grouping Schemes Fit International Business Research Models?", *Journal of International Business Studies*, 2013, 44 (5): 451 -474.

[208] Franck B. and R. F. Owen. "Fundamental R&D Spillovers and the Internationalization of a Firm's Research Activities", *Geotechnical and Geological Engineering*, 2003, 21 (12): 1 -19.

[209] Garcia-Garcia R. , Garcia-Canal E. and Guillen M. F. "Rapid Internationalization and Long-Term Performance: The Knowledge Link", *Journal of World Business*, 2017.

[210] Georgopoulos A. and Preusse H. G. "Cross-border acquisitions vs. Greenfield investment: A comparative performance analysis in Greece", *International Business Review*, 2009, 18 (6): 592 -605.

[211] Geringer J. Michael, Beamish Paul W. and Dacosta Richard C. , "Diversification Strategy and Internationalization: Implications for MNE Performance", *Strategic Management Journal*, 1989, 10 (2): 109 -119.

[212] Ghemawat, Pankaj, "Semiglobalization and International Business Strategy. ", *Journal of International Business Studies*, 2003, 34 (2): 138 -152.

[213] Girma S. "Absorptive Capacity and Productivity Spillovers from FDI: A Threshold Regression Analysis", *Oxford Bulletin of Economics and Statistics*, 2005, 67 (3): 281 -306.

[214] Girma S. and Y. Gong, "Putting people first? Chinese state-owned enterprises' adjustment to globalisation", *International Journal of Industrial Organization*, 2008, 26 (2): 573 -585.

[215] Girma S. , H. Görg and M. Pisu, "Exporting, linkages and productivi-

ty spillovers from foreign direct investment", *Canadian Journal of Economics*, 2008, 41 (1): 320 - 340.

[216] Girma S. "Absorptive Capacity and Productivity Spillovers from FDI: A Threshold Regression Analysis", *Oxford Bulletin of Economics and Statistics*, 2005, 67 (3): 281 - 306.

[217] Gu Q. and J. W. Lu. "Effects of inward investment on outward investment: The venture capital industry worldwide 1985 - 2007", *Journal of International Business Studies*, 2011, 42 (2): 263 - 284.

[218] Haans R. F. J., C. Pieters and Z. L. He. "Thinking about U: Theorizing and testing U-and inverted U-shaped relationships in strategy research", *Strategic Management Journal*, 2016, 37 (7): 1177 - 1195.

[219] Haddad M. and A. E. Harrison. "Are there positive spillovers from direct foreign investment? Evidences from panel data for Morocco", *Journal of Development Economics*, 1993, 42 (1): 51 - 74.

[220] Havranek, Tomas Irsova amd Zuzana, "Estimating vertical spillovers from FDI: Why results vary and what the true effect is", *Journal of International Economics*, 2011, 85 (2): 234 - 244.

[221] Hayek F. A., "The use of knowledge in society", *The American economic review*, 1945, 35 (4): 519 - 530.

[222] He C. F. "Location of foreign manufacturers in China: Agglomeration economies and country of origin effects", *Papers in Regional Science*, 2003, 82 (3): 351 - 372.

[223] Helpman E., Melitz M. J. and S. R. Yeaple. "Export versus FDI with Heterogeneous Firms", *The American Economic Review*, 2004, 94 (1): 300 - 316.

[224] Hertenstein P., Hertenstein P., D. Sutherland and J. Anderson. "Internationalization within networks: Exploring the relationship between inward and outward FDI in China's auto components industry", *Asia Pacific Journal of Management*, 2017, 34 (1): 69 - 96.

[225] Hitt M. A., Hoskisson R. E. and H. Kim. "International Diversification: Effects on Innovation and Firm Performance in Product-Diversified Firms", *The Academy of Management Journal*, 1997, 40 (4): 767 – 798.

[226] Hitt M. A., H. Li and W. J. Worthington. "Emerging Markets as Learning Laboratories: Learning Behaviors of Local Firms and Foreign Entrants in Different Institutional Contexts", *Management and Organization Review*, 2005, 1 (3): 353 – 380.

[227] Hoskisson, Robert E., Lorraine Eden, Chung Ming Lau and Mike Wright, "Strategy in Emerging Economies.", *Academy of Management Journal*, 2000, 43 (3): 249 – 467.

[228] Hsu C., Lien Y. and Chen H. "R&D internationalization and innovation performance", *International Business Review*, 2015, 24 (2): 187 – 195.

[229] Hymer S., "The Efficiency Contradictions of Multinational Corporations", *American Economic Review*, 1970, 60 (2): 441 – 448.

[230] Javorcik B. S. and Spatareanu M., "To share or not to share; Does local participation matter for spillovers from foreign direct investment?", *Journal of Development Economics*, 2008, 85 (1 – 2): 194 – 217.

[231] Javorcik B. S., "Does foreign direct investment increase the productivity of domestic firms? In search of spillovers through backward linkages", *The American Economic Review*, 2004, 94 (3): 605 – 627.

[232] Jiang R. J., Beamish P. W., and Makino S. "Time Compression Diseconomies in Foreign Expansion", *Journal of World Business*, 2014, 49 (1): 114 – 121.

[233] Johanson J. and Vahlne J. E., "The Internationalization Process of the Firm—A Model of Knowledge Development and Increasing Foreign Market Commitments", *Journal of International Business Studies*, 1977, 8 (1): 23 – 32.

[234] Kafouros M. and Wang E. Y., "Technology transfer within China and the role of location choices", *International Business Review*, 2015, 24 (3): 353 – 366.

[235] Kafouros M. I., Buckley P. J. and Clegg J., "The effects of global knowledge reservoirs on the productivity of multinational enterprises: The role of international depth and breadth", *Research Policy*, 2012, 41 (5): 848 – 861.

[236] Kafouros M. I. and P. J. Buckley, "Under what conditions do firms benefit from the research efforts of other organizations?", *Research Policy*, 2008, 37 (2): 225 – 239.

[237] Karl S. and D. Ken, "What will an appreciation of China's currency do to inward and outward FDI?", *Transnational Corporations Review*, 2010, 4 (2): 1 – 4.

[238] Karlsen T., P. R. Silseth, G. R. G. Benito and L. S. Welch, "Knowledge, internationalization of the firm, and inward-outward connections", *Industrial Marketing Management*, 2003, 32 (5): 385 – 396.

[239] Katherin M. and M. C. Cornelia, "Is China on the investment development path?", *Journal of Asia Business Studies*, 2007, 1 (2): 1 – 9.

[240] Kichun Kang, "Is the relationship between foreign direct investment and trade different across developedand developing countries? Evidence from Korea", *Asian-Pacific Economic Literature*, 2012, 26 (2): 144 – 154.

[241] Kiyoshi Kojima, "International Trade and Foreign Investment: Substitutes or Complements", *Hitotsubashi Journal of Economics*, 1975, 16 (1): 488 – 497.

[242] R. Kneller and M. Pisu, "Industrial linkages and export spillovers from FDI", *World Economy*, 2007, 30 (1) : 105 – 134.

[243] Kneller, Richard and Mauro Pisu, "Industrial Linkages and Export Spillovers from Fdi." *The World Economy*, 2007, 30 (1): 105 – 134.

[244] Kojima K. "Transfer of rechnology to developing countries—Japanese Type versus American Type", *Hitotsubashi Journal of Economics*, 1977, 17 (2): 1 – 14.

[245] Konara P. and V. Shirodkar, "Regulatory Institutional Distance and MNCs' Subsidiary Performance: Climbing up Vs. Climbing Down the Institutional

Ladder", *Journal of International Management*, 2018, 24 (4): 333 -347.

[246] Konings, Jozef, "The Effects of Foreign Direct Investment on Domestic Firms.", *Economics of Transition and Institutional Change*, 2001, 9 (3): 619 -633.

[247] Kugler M. and Spillovers, "from foreign direct investment: Within or between industries?", *Journal of Development Economics*, 2006, 80 (2): 0 -477.

[248] Lai H. C., Y. C. Chiu Y. C. Liaw and T. Y. Lee, "Technological Diversification and Organizational Divisionalization: The Moderating Role of Complementary Assets", *British Journal of Management*, 2010, 21 (4): 983 - 995.

[249] Lee K. and M. G. Plummer, "Competitive Advantages, Two-Way Foreign Investment, and Capital Accumulation in Korea", *Asian Economic Journal*, 1992, 6 (2): 93 -113.

[250] Leiponen A. and Helfat C. E., "Innovation objectives, knowledge sources, and the benefits of breadth", *Strategic Management Journal*, 2010, 31 (2): 224 -236.

[251] Levinsohn J. and Petrin A., "Estimating Production Functions Using Inputs to Control for Unobservables", *Review of Economic Studies*, 2000, 70 (2): 317 -341.

[252] Lewbel A. "Constructing Instruments for Regressions With Measurement Error When no Additional Data are Available, with An Application to Patents and R&D", *Econometrica*, 1997, 65 (5): 1201 -1213.

[253] Li J., Strange R. and Ning L. et al., "Outward foreign direct investment and domestic innovation performance: Evidence from China", *International Business Review*, 2016, 25 (5): 1010 -1019.

[254] Li L., Qian G. and Qian Z., "Speed of Internationalization: Mutual Effects of Individual-and Company-Level Antecedents ", *Global Strategy Journal*, 2015, 5 (4): 303 -320.

[255] Li J., Y. Li and D. Shapiro, "Knowledge Seeking and Outward FDI of Emerging Market Firms: The Moderating Effect of Inward FDI", *Global Strategy*

Journal, 2012, 2 (4): 277 - 295.

[256] Li Xiaoying, Sun and Laixiang. "How do sub-national institutional constraints impact foreign firm performance? ", *International Business Review*, 2017, 26 (3): 555 - 565.

[257] Li Jing, Jun Xia, Daniel Shapiro and Zhouyu Lin, "Institutional Compatibility and the Internationalization of Chinese Soes: The Moderating Role of Home Subnational Institutions", *Journal of World Business*, 2018, 53 (5): 641 - 652.

[258] Li Xi, Xuewen Liu and Yong Wang, "A Model of China's State Capitalism. ", Available at SSRN 2061521, 2015.

[259] Liu X. and Buck T., "Innovation performance and channels for international technology spillovers: Evidence from Chinese high-tech industries", *Research Policy*, 2007, 36 (3): 355 - 366.

[260] Liu X. M., Pamela Siler, Chengqi Wang and Yingqi Wei, "Productivity Spillovers from Foreign Direct Investment: Evidence from UK Industry Level Panel Data", *Journal of International Business Studies*, 2000, 31 (3): 407 - 425.

[261] Liu X. H., Buck T. and C. Shu, "Chinese economic development, the next stage: Outward FDI?", *International Business Review*, 2005 (14): 97 - 115.

[262] Liu X., C. Wang and Y. Wei, "Do Local Manufacturing Firms Benefit from Transactional Linkages with Multinational Enterprises in China", *Journal of International Business Studies*, 2009, 40 (7): 1113 - 1130.

[263] Liu Zhiqiang., "Foreign direct investment and technology spillovers: Theory and evidence", *Journal of Development Economics*, 2008, 85 (1): 176 - 193.

[264] Lo D., Hong F. and G. Li, "Assessing the Role of Inward Foreign Direct Investment in Chinese Economic Development, 1990 - 2007: Towards a Synthesis of Alternative Views", *Structural Change and Economic Dynamics*, 2016 (37): 107 - 120.

[265] Van Loo F. "The Effect of Foreign Direct Investment on Investment in-

Canada". *The Review of Economics and Statistics*, 1977, 59 (4): 474 - 481.

[266] Luo Yadong and Rosalie L. Tung, "International Expansion of Emerging Market Enterprises: A Springboard Perspective." , *Journal of International Business Studies*, 2007, 38 (4): 481 - 498.

[267] Ma X. , C. Wu and L. Zhang, "How Does Inward FDI Hinder or Promote Outward FDI? Three Cases of Chinese Automotive Industry", *Forntiers of Business Research in China*, 2015, 9 (2): 268 - 292.

[268] MacDougall G. D. A. , "The benefits and costs of private investment from abroad: A theoretical approach", *The Economic Record*, 1960, 36 (73): 13 - 35.

[269] Makino S. , Lau C. M. and R. S. Yeh, "Asset-exploitation versus Asset-seeking: Implications for location choice of foreign direct investment from newly industrialized economics", *Journal of International Business Studies*, 2002, 33 (3): 403 - 421.

[270] Mariem B. and D. Sébastien, "Foreign direct investments in Europe: are the East-West differences still so noticeable?", *European Journal of Comparative Economics*, 2016 (13): 37 - 61.

[271] Mathews J. A. , "Dragon multinationals: New players in 21 st century globalization", *Asia Pacific journal of management*, 2006, 23 (1): 5 - 27.

[272] Melitz M. J. , "The Impact of Trade on Intra industry Reallocations and Aggregate Industry Productivity", *Econometrica*, 2003, 71 (6): 1695 - 1725.

[273] Meyer K. E. and E. Sinani, "When and where does foreign direct investment generate positive spillovers & quest; A meta-analysis", *Journal of International Business Studies*, 2009, 40 (7): 1075 - 1094.

[274] Michael A. Witt and Arie Y. Lewin, "Outward Foreign Direct Investment as Escape Response to Home Country Institutional Constraints", *Journal of International Business Studies*, 2007, 38 (4): 579 - 594.

[275] Michie J. "Foreign direct investment and 'human capital enhancement' in developing countries", *Competition and Change*, 2002, 6 (4): 363 - 372.

[276] Mody, Ashoka, "Is Fdi Integrating the World Economy?", *The World Economy*, 2004, 27 (8): 1195 – 222.

[277] Narula, Rajneesh and John H. Dunning, "Industrial Development, Globalization and Multinational Enterprises: New Realities for Developing Countries.", *Oxford Development Studies*, 2000, 28 (2): 141 – 167.

[278] North D. C., "Institutions, institutional change and economic performance. Cambridge", *UK: Cambridge University Press*, 1990.

[279] Oviatt B. M. and Mcdougall P. P. "Defining International Entrepreneurship and Modeling the Speed of Internationalization", *Entrepreneurship Theory and Practice*, 2005, 29 (5): 537 – 554.

[280] Pan-Long Tsai and Ching-Lung Tsay, "Outward foreign direct investment and inward international labor migration: substitutes or complements?", *International Economic Journal*, 2008, 22 (1): 127 – 139.

[281] Park S. H. and G. R. Ungson, "The effect of national culture, organizational complementarity, and economic motivation on joint venture dissolution", *Academy of Management journal*, 1997, 40 (2): 279 – 307.

[282] Park S. H., Li S., Tse and D. K., "Market liberalization and firm performance during China's economic transition", *Journal of International Business Studies*, 2006, 37 (1): 127 – 147.

[283] Parry T. G., "The Multinational Enterprise: International Investment and Host-Country Impacts", *Journal of International Business Studies*, 1981, 12 (1): 156 – 158.

[284] Peng, Mike W., Denis Y., L. Wang and Yi Jiang, "An Institution-Based View of International Business Strategy: A Focus on Emerging Economies.", *Journal of International Business Studies*, 2008, 39 (5): 920 – 936.

[285] Perez T., "Multinational Enterprises and Technological Spillovers: An Evolutionary Model", *Evolutionary Economics*, 1997 (7): 169 – 192.

[286] Perri A., V. G. Scalera and R. Mudambi, "What are the most promising conduits for foreign knowledge inflows? innovation networks in the Chinese phar-

maceutical industry", *Industrial and Corporate Change*, 2017, 26 (2): 333 -355.

[287] Pittaway L., M. Robertson, K. Munir, D. Denyer and A. Neely, "Networking and innovation: a systematic review of the evidence", *International journal of management reviews*, 2004, 5 (3 -4): 137 -168.

[288] Ruane F., and J. Sutherland, "Export performance and Destination characteristics of Irish manufacturing industry", *Review of World Economics*, 2005, 14 (3): 442 -459.

[289] Rugman, Alan M. and Alain Verbeke, "A Perspective on Regional and Global Strategies of Multinational Enterprises.", *Journal of International Business Studies*, 2004, 35 (1): 3 -18.

[290] Sauvant K. P., "China: Inward and outward foreign direct investment", *Transnational Corporations Review*, 2011, 3 (1): i -iii.

[291] Sauvant K. P., Jost T., Davies K. and A. M. P. Garcés, "Inward and outward FDI country profiles", *New York: Vale Columbia Center on Sustainable International Investment*, 2011.

[292] Sauvant K., "Foreign Direct Investments from Emerging Markets", *Macmillan*, 2011, 28 (4): 24 -28.

[293] Shi X. and Y. Wu, "The effect of internal and external factors on innovative behaviour of Chinese manufacturing firms", *China Economic Review*, 2017 (46): S50 -S64.

[294] Soo Khoon G., Koi Nyen W. and T. Siew Yean, "Trade Linkages of Inward and Outward FDI: Evidence from Malaysia", *Economic Modelling*, 2013, 35 (5): 224 -230.

[295] Stokey and L. Nancy, "Wait-and-see: Investment options under policy uncertainty", *Review of Economic Dynamics*, 2015 (21): 246 -265.

[296] Sun S., "How does FDI Affect Domestic Firms' Exports? Industrial Evidence", *World Economy*, 2009, 32 (8): 1203 -1222.

[297] Tham Siew Yean, TY Nee and AKJ Yi, "Outward Foreign Direct Investment from Malaysia", *Journal of Southeast Asian Economies*, 2015 (32):

44 – 72.

[298] Trevino L. J., Daniels J. D. and H. Arbelaez, "Market reform and FDI in Latin America: an empirical investigation", *International Trade Journal*, 2002, 16 (4): 367 – 392.

[299] Tsai W. "Social Capital, Strategic Relatedness and the Formation of Intra organizational Linkages", *Strategic Management Journal*, 2000, 21 (9): 925 – 939.

[300] Vermeulen F. and Barkema H. "Pace, Rhythm, and Scope: Process Dependence in Building a Profitable Multinational Cooporation", *Strategic Management Journal*, 2002, 23 (7): 637 – 653.

[301] Vernon R., "International trade and international investment in the product cycle", *Quarterly Journal of Economics*, 1966, 8 (4): 307 – 324.

[302] Wagner H. "Internationalization Speed and Cost Efficiency: Evidence from Germany", *International Business Review*, 2004, 13 (4): 447 – 463.

[303] Walder A. "Local governments as industrial firms: An organizational analysis of China's transitional economy", *American Journal of Sociology*, 1995, 101 (2): 263 – 301.

[304] Wang C., Hong J., Kafouros M. and et al., "Exploring the Role of Government Involvement in Outward FDI from Emerging Economies", *Journal of International Business Studies*, 2012, 43 (7): 655 – 676.

[305] Wang Chengqi, Deng Ziliang, Kafouros Mario I. and Chen Yan, "Reconceptualizing the spillover effects of foreign direct investment: A process-dependent approach", *International Business Review*, 2012, 21 (3): 452 – 464.

[306] Wang Chengqi, Hong Junjie, Mario Kafouro and Agyenim Boateng, "What Drives Outward FDI of Chinese Firms? Testing the Explanatory Power of Three Theoretical Frameworks", *International Business Review*, 2012, 21 (3): 425 – 438.

[307] Wang J. Y., and M. Blomstrom, "Foreign investment and technology transfer: A simple model", *International Trade and Investmert*, 1992, 36 (1):

137 - 155.

[308] Wang C., Deng Z., Kafouros M. I. and Chen Y. "Reconceptualizing the Spillover Effects of Foreign Direct Investment: A Process-Dependent Approach", *International Business Review*, 2012, 21 (3): 452 - 464.

[309] Wang, Chengqi and Li Yu, "Do Spillover Benefits Grow with Rising Foreign Direct Investment? An Empirical Examination of the Case of China.", *Applied Economics*, 2007, 39 (3): 397 - 405.

[310] Willmore L., "Transnatinals and Foreign trade: Evidences from Brazil", *Journl of Develpment Studies*, 1992, 28 (2): 314 - 336.

[311] Wright M., Filatotchev I., Hoskisson R. E. and Peng M. W. "Strategy research in emerging economies: Challenging the conventional wisdom", *Journal of Management Studies*, 2005 (26): 1 - 34.

[312] Wu A. and Voss H., "When does absorptive capacity matter for international performance of firms? Evidence from China", *International Business Review*, 2015, 24 (2): 344 - 351.

[313] Wu, Jie and Nitin Pangarkar, "Rising to the Global Challenge: Strategies for Firms in Emerging Markets.", *Long Range Planning*, 2006, 39 (3): 295 - 313.

[314] Wu Jie and Xiaoyun Chen, "Home Country Institutional Environments and Foreign Expansion of Emerging Market Firms.", *International Business Review*, 2014, 23 (5): 862 - 872.

[315] Xia Jun, Kimberly Boal and Andrew Delios, "When Experience Meets National Institutional Environmental Change: Foreign Entry Attempts of Us Firms in the Central and Eastern European Region.", *Strategic Management Journal*, 2009, 30 (12): 1286 - 1309.

[316] Xiao J. and F. Sun, "The challenges facing outbound Chinese M&A", *International Financial Law Review*, 2005, 24 (12): 44 - 46.

[317] Xiao Shufeng and Park, Byung I. "Bring institutions into FDI spillover research: Exploring the impact of ownership restructuring and institutional develop-

ment in emerging economies", *International Business Review*, 2018, 27 (1): 289 - 308.

[318] Yamakawa Y., Peng M. W. and D. L. Deeds, "What drives new ventures to internationalize from emerging to developed economics?", *Enterprises: Theory and Practice*, 2008, 32 (1): 59 - 82.

[319] Yang J. Y., Lu J. and Jiang R. "Too Slow or Too Fast? Speed of FDI Expansions, Industry Globalization, and Firm Performance", *Long Range Planning*, 2016.

[320] Yao Shujie, Pan Wang, Jing Zhang and Jinghua Ou, "Dynamic Relationship between China's Inward and Outward Foreign Direct Investments", *China Economic Review*, 2016 (40): 54 - 70.

[321] Yao S. and D. Sutherland, "Chinalco and Rio Tinto: A long march for China's national champions", *China Quarterly*, 2009 (199): 829 - 836.

[322] Yao S., P. Wang, J. Zhang and J. Ou, "Dynamic relationship between China's inward and outward foreign direct investments", *China Economic Review*, 2016 (40): 54 - 70.

[323] Yao Shujie, Pan Wang, Jing Zhang and Jinghua Ou, "Dynamic Relationship between China's Inward and Outward Foreign Direct Investments.", *China Economic Review*, 2016 (40): 54 - 70.

[324] Yiu, Daphne W., ChungMing Lau and Garry D. Bruton, "International Venturing by Emerging Economy Firms: The Effects of Firm Capabilities, Home Country Networks, and Cooporate Entrepreneurship.", *Journal of International Business Studies*, 2007, 38 (4): 519 - 540.

[325] You K. and O. H. Solomon, "China's Outward Foreign Direct Investment and Domestic Investment: An Industrial Level Analysis", *China Economic Review*, 2015 (34): 249 - 260.

[326] Yougwoo R. and J. Rodrigue, "Firm Level Investment and Export Dnynamics", *International Economic Review*, 2016, 57 (1): 271 - 304.

[327] Yusaf H., Akbar J. and Bard Bride, "Multinational Enterprise Strate-

gy, Foreign Direct Investment and Economic Development; The Case of the Hungarian Banking Industry", *Journal of World Business*, 2004 (39): 89-105.

[328] Zaheer S., "Overcoming the Liability of Foreignness", *Academy of Management Journal*, 1995, 38 (2): 341-363.

[329] Zhang X. and K. Daly, "The determinants of China's outward foreign investment", *Emerging Markets Reviews*, 2011, 12 (4): 389-398.

[330] Zhang Y. A., Y. Li and H. Li, "FDI Spillovers over Time in an Emerging Market: The Roles of Entry Tenure and Barries to Imitation ", *Academy of Management Journal*, 2014, 57 (3): 698-722.

[331] Zhao J. H., Luo Y., Singh N. and et al. "The internationalization speed of e-commerce companies: an empirical analysis", *International Marketing Review*, 2005, 22 (6): 693-709.

[332] Zhou Dongsheng, Shaomin Li and David K. Tse, "The Impact of Fdi on the Productivity of Domestic Firms: The Case of China", *International Business Review*, 2002, 11 (4): 465-684.

后　记

本书由宁波大学钟昌标、黄远浙和叶劲松合著完成，特别感谢浙江省社科规划优势学科重大委托项目（项目名称：浙江省引进外资与对外投资两大战略的协调机制与政策研究；项目编号：16YSXK05ZD）、国家自然科学基金面上项目（项目名称：引进外资与对外投资两大战略的协调机制与政策研究；项目编号：71673182）、国家社科基金一般项目（项目名称：双向FDI联动促进中国外贸发展模式转变的作用机理与对策研究；项目编号：19BJY198）以及国家自然科学基金青年项目（项目名称：中国对外直接投资宽度与深度对企业创新的影响研究；项目编号：71704087）的资助。

另外，感谢张梦婷（第三章）、匡莹和朱顺林（第五章）的贡献，以及陈亦康、程洪乾、费冲、干天霖、马振东、李雯霏、李婷婷、刘乾、沈灿灿、唐郁颖、万榕、魏凡、王超、尹静宜、袁莉和曾雯等对本书的贡献和付出。